LA RESPUESTA

Cómo aprendí a ser feliz

LA RESPUESTA

Cómo aprendí a ser feliz

KIPAL

OBERON

Primera edición, febrero 2024

Responsable editorial: Susana Krahe Pérez-Rubín
Diseño de cubierta: Patricia Bataller

PAPEL DE FIBRA
CERTIFICADA

C/ Valentín Beato, 21 - 28037 Madrid
Depósito legal: M-8657-2024
ISBN: 978-84-415-5046-9
Impreso en España

Para Víctor, Paula y Clara

«Vuestros corazones conocen, en silencio,
el secreto de los días y las noches».

KHALIL GIBRAN

ÍNDICE

PRÓLOGO

¿Cómo es un venerable maestro? ¿Lleva túnica? ¿La cabeza afeitada? ¿Sonríe beatíficamente?

El que yo conozco, no. Tiene un aspecto muy occidental. Va en moto, está fuerte y tonificado, y dice tacos. Es el autor de este libro, Kiko, el verdadero nombre de Kipal.

Conocí a Kiko hace unos veinte años. Me lo presentó una amiga común, Mireia, una buena practicante de meditación budista. Le dije:

—Me gustaría saber más sobre budismo. ¿Sabes de algún curso o algún buen libro para introducirme?

—Hay muchos materiales y cursos, pero nada como que te enseñe otra persona: un meditador avanzado. Creo que te iría genial hablar con Kiko. Es un crack, ha dirigido a muchos grupos y lleva toda la vida en esto —respondió Mireia.

—¿Pero ese hombre querrá charlar conmigo? No lo conozco de nada —repliqué.

—Kiko está siempre encantado de ayudar. Te doy su teléfono. Llámale. Es gestor de empresas y tiene mucho trabajo, pero encontrará tiempo para quedar contigo. Ya verás.

A los pocos días, quedamos en un bar, cerca de mi casa. Cuando apareció por la puerta, me impuso su aspecto: alto, musculado, bronceado... Debía tener unos cincuenta años y yo apenas treinta. Dejó el casco sobre una silla y preguntó:

—¿Tú qué tomas?

—Una cerveza —respondí.

—Pues yo lo mismo que tú. Siempre bebo lo mismo que la otra persona.

Y en unos minutos empezó la primera lección del que se convertiría en mi maestro budista durante veinte años (y siguiendo). Habló y habló durante una hora o dos y, embobado, empecé a absorber las escurridizas lecciones del Dharma.

Considero que Kiko es un gran maestro. Sin túnica y sin alpargatas. Pero con toda una vida de meditación a sus espaldas. A los dieciocho años, en un viaje, descubrió el mundo del rock, la fiesta y la desinhibición hippie y, al mismo tiempo, el budismo y su intuición le señalaron el camino correcto. Desde entonces, ha hecho de la meditación la causa más importante de su vida.

Kiko ha sido empresario, padre, navegante, deportista y diez mil cosas más, pero, por encima de todo, un buscador de la verdad serio y comprometido. Ha estudiado todas las corrientes de espiritualidad budista, ha participado en los retiros más exigentes, ha peregrinado a templos sagrados y, sobre todo, ha meditado y meditado y ha conseguido descubrir qué se esconde detrás de la locura humana: la mente grande siempre serena, grandiosa, eterna.

En mi opinión, la mejor característica de Kiko es su lógica a prueba de bomba. Eso le permite apuntar a la verdad del Dharma como pocos. Conoce y ha integrado en sus carnes los principios del budismo y mantiene siempre el barco rumbo a puerto. No se despista. No se confunde. Es, una y otra vez, certero.

Kiko es realista, científico, claro, valiente y potente. Tiene un compromiso con la verdad y con el resto de los seres humanos. Su misión es ayudar a otros a hacer el mismo camino que él recorre.

Este libro es una narración con aventuras y desventuras, pero encierra importantísimas lecciones y algunos de los contenidos que he tenido el privilegio de disfrutar a lo largo de los años. Disfrútalo tú también, y que tengas la fortuna de que te señalé el camino del Dharma.

Rafael Santandreu

PRIMERA PARTE

CONOCER

«Señoras y señores pasajeros, en breves minutos aterrizaremos en el aeropuerto de El Prat. Rogamos...» Desperté poco a poco. Qué bien sonaban en mis oídos esas palabras. Barcelona era mi ciudad y yo volvía a sentirme en casa. Me incorporé y eché un vistazo por la ventanilla. La costa de Barcelona se recortaba contra un intenso mar azul que me deslumbró. Apoyé la frente en la ventanilla y busqué con la mirada edificios y torres y campanarios que me resultaran familiares, hipnotizado e impaciente por comprobar cómo aumentaban de tamaño a medida que nos acercábamos. Hasta que perdimos altura y el imponente edificio acristalado de la terminal se alzó ante mis ojos. Cuando aterrizamos, suspiré aliviado. El aeropuerto era la puerta que me devolvía al hogar, a ese espacio familiar donde todo estaba bien. Regresaba a casa después de pasar las vacaciones de verano en casa de mi abuela, en Tailandia.

Mi abuela materna era tailandesa, una mujer fuerte y hermosa, con una melena salpicada de canas que recogía en un moño bajo y unas manos largas y huesudas. Cada verano, mis padres me enviaban a pasar las vacaciones con ella, en la ciudad de Trat cerca de la frontera con Camboya, que se encuentra a unos trescientos veinte kilómetros de Bangkok.

La primera vez que pisé la capital tailandesa me impactó. No puedo decir si para bien o para mal, si me gustó o no, porque la descubrí como un niño descubre las formas, colores y olores de cualquier cosa nueva: sin prejuicios, sin expectativas, agudizando los sentidos y abandonándome a la experiencia de lo extraordinario.

Tailandia es luminosa. La luz del amanecer tiñe la ciudad de un tono rosa anaranjado. Al mediodía, los colores son tan intensos que todo parece más vivo: el cielo, los árboles, las calles, la gente, hasta uno mismo. La capital es puro caos. Bangkok es ciudad en continuo movimiento con una actividad insaciable: riadas de gente, aglomeraciones, tráfico intenso, embotellamientos. Una vibrante mezcla de personas y vehículos que, sin embargo, se mueven a un mismo ritmo.

Sumergirse en el bullicio de Bangkok de la mano de mi abuela era la mayor aventura para un niño occidental como yo.

Mi abuela esperaba con impaciencia mi llegada y se desvivía por mí, quizá porque yo era su único nieto. Y supongo que esa era también la razón de su fijación por transmitirme la cultura y la lengua tailandesas, inquietud que mi madre no debía de compartir, porque ella solo me hablaba en tailandés cuando se enfadaba conmigo. De modo que fue mi abuela quien me enseñó a hablar tailandés, porque, como por mis venas corría sangre tailandesa, me consideraba el depositario de la tradición familiar. Sin embargo, me transmitió un legado muchísimo más importante: una manera nueva de ver y de comprender la vida, ya que mi abuela como la casi totalidad de los tailandeses era budista.

Mi infancia está llena de imágenes de mis estancias en Tailandia. Recuerdo templos altísimos en forma de campana, con las paredes cubiertas de coloridos frescos sobre la vida de Buda, que yo observaba como si fueran las ilustraciones de los libros que me solía leer mi abuela. Recuerdo también las relucientes imágenes de Buda que mi abuela veneraba: budas yacientes, budas sentados, budas que me intimidaban por su imponente tamaño, pequeños budas sonrientes que me parecían niños que querían jugar conmigo.

Me acuerdo de las visitas a las comunidades monásticas para llevar comida o cosas cotidianas que pudieran necesitar los monjes, que vivían gracias a las donaciones. Y de que me encantaba acompañar a la abuela a entregar las ofrendas a los monjes que todas las mañanas recorrían nuestra calle en pequeños grupos, con sus túnicas naranjas, sus pies descalzos y una eterna sonrisa de agradecimiento.

Pero si había algo que le gustaba a mi abuela era contarme historias sobre Buda, y a mí me encantaba escucharlas, más por cómo las narraba que por otra cosa. El caso es que desde muy pequeño me sabía de memoria la vida de Buda, porque mi abuela, si trataba de Buda, libro que veía, libro que compraba y que luego leía y releía. Desde entonces y con el tiempo, he llegado a leerme un sinfín de relatos y estudios de todo tipo sobre la vida de Buda, desde los más fantasiosos hasta los textos científicos más rigurosos. Y estoy convencido de que las lecturas junto a mi abuela contribuyeron a que, más adelante, yo fuera capaz de comprender las diversas tradiciones, escuelas y linajes que existen dentro del budismo.

De mis veranos en Trat, recuerdo con especial cariño un j que recurría mi abuela para enseñarme a meditar —supongo que era la única manera de que un crío como yo le prestara atención—. Para «jugar», nos sentábamos los dos en el suelo con las piernas cruzadas y mi abuela colocaba una hoja de papel encima de mi cabeza.

—*Nu*, cierra los ojitos —me pedía. *Nu* es «ratón» en tailandés.

Yo cerraba los ojos entusiasmado.

—Siente la hoja de papel en tu cabeza, en los pelos de tu cabeza —decía mi abuela—. Siente. No te muevas. No hagas movimientos bruscos, no pienses mucho. Si lo haces, no sentirás la hoja de papel y la hoja se caerá.

El juego de mi abuela consistía en eso, nada más. Ella se lo pasaba en grande mirándome y yo lo notaba. Al finalizar el juego, la abuela recitaba en pali unas palabras que yo intentaba repetir. Decía que era una dedicación de méritos:

Gracias por estar aquí.
Gracias por aprender y practicar.
Gracias por que lo aprendido y practicado sea en beneficio de mí mismo, pero, sobre todo y por encima de todo que sea compartido en beneficio de todos los seres sintientes.

Desde esta clase hasta la siguiente, me comprometo:
a que con todo ser sintiente que se encuentre conmigo,
que le vea o me vea,
que piense en mí o piense en él,
que le hable o me hable,
que le toque o me toque,
que sea liberado del sufrimiento.

Yo asentía sin entender, porque me fascinaba todo lo que hacía o decía mi abuela tailandesa. Más adelante supe que la dedicación de méritos consiste en entregar —y digo «entregar», no «compartir»— todos los potenciales positivos que uno adquiere con la práctica a todos los seres sintientes sin distinción, ya sean altos, bajos, guapos, feos, amigos, enemigos… En el budismo, la dedicación de méritos es habitual después de la meditación, enseñanza o transmisión, ya que la intención de la práctica budista es que todos los seres sintientes alcancen el bienestar por medio de la autocomprensión, mal llamada iluminación.

En el budismo de los antiguos, el Theravada, esta práctica se traduce en ayuda a los necesitados a nivel económico, psicológico, etc.

Entre juegos y lecturas, mi abuela me enseñó a meditar y a abrir mi mente a las enseñanzas de Buda. Porque mi abuela veneraba a Buda. Por eso, para ella fue un orgullo que su hermano se ordenara monje. Se notaba que eso la hacía feliz. ¡Qué poco imaginaba yo por entonces hasta qué punto la figura de mi tío abuelo marcaría mi vida años después!

Tailandia y mi infancia quedaron atrás con la muerte de mi abuela, cuando yo tenía catorce años. Entré en la adolescencia sin ocasionar demasiado revuelo a mi alrededor. Me refiero a que no recuerdo una adolescencia rebelde o tormentosa. Guardo muy buenos recuerdos de esa etapa. Estudiaba lo justo y necesario para ir aprobando, salía con mis amigos y no daba demasiada guerra a mis padres. Sin embargo, poco antes de cumplir los dieciocho años empecé a notar que algo me faltaba, que algo escapaba a mi entendimiento. Era como si ese algo estuviera permanentemente ante mis ojos y no lo viera. No tenía ni forma ni sonido ni olor, mis sentidos no podían captarlo, ni mi mente racionalizarlo, pero estaba ahí, no había duda. No tenía nada de fantasmagórico o paranormal, sino todo lo contrario: yo lo percibía como algo acogedor, sencillo y, sin embargo, inalcanzable. A veces pensaba que era algo tan simple que la complejidad de mi mente no llegaría a comprenderlo jamás.

Fue entonces cuando empezó «mi búsqueda», por llamarla de alguna manera.

Desde siempre había percibido algo a mi alrededor, algo que no podía ni ver ni comprender, pero que percibía, algo que siempre estaba ahí, con más o menos intensidad dependiendo de mis fases vitales, ya fuera en mis estudios, mis relaciones y mi trabajo. Sin duda, las enseñanzas de mi abuela, mis veranos en Tailandia, habían influido en mí y era consciente de ello, pero, en cualquier caso, yo percibía ese algo, y ese algo ha sido el objeto de mi búsqueda.

Durante mi juventud, cuando me daba por probar cosas nuevas y llevar una vida alocada, ese algo desaparecía por momentos. No obstante, siempre volvía. Sí, al principio, lo novedoso era divertido, pero, una vez saciada mi curiosidad, carecía de sentido, de modo que yo regresaba al punto de partida. Con la idea de despejar algunas dudas, decidí entonces estudiar en diferentes escuelas y abordajes. Y no me lo tomé a la ligera: dedicaba tiempo, estudiaba, y si no obtenía lo que buscaba o lo que averiguaba no me convencía, seguía buscando. De todos modos, la búsqueda siempre resultaba útil, ya que un descubrimiento me llevaba a otro, y así fue como pasé del hinduismo Vedanta al Advaita, para luego pasar al budismo en sus diferentes escuelas, la Theravada, la Mahayana y la Varjayana, y a los diferentes linajes dentro de estas.

Con la mayoría de edad también me tocó elegir carrera, y decidí estudiar Derecho. Así que mis padres contentos y yo también, porque ellos tenían un bufete de abogados y yo me aseguraba un trabajo que me daría para vivir bien y me permitiría tener tiempo para mis cosas. De todos modos, debo reconocer que mis padres habrían apoyado cualquier decisión mía porque lo han hecho siempre, ahora y cuando yo era joven. El caso es que, cuando acabé la carrera de Derecho, mis padres me abrieron la puerta para que entrara a trabajar en su bufete, cosa que acepté sin pensarlo dos veces. Eso sí, si alguna vez he tenido diferencias con ellos, ha sido por temas de trabajo, ya que somos tres mentalidades distintas.

Mis padres se conocieron en un congreso, fue un auténtico flechazo y mi madre dejó Trat para trasladarse a vivir a Barcelona, donde se casaron y abrieron un bufete especializado en Derecho internacional y en adquisiciones y fusiones, junto con varios colegas. Procedían de culturas distintas, expresaban sus emociones de manera diferente y, en cuanto a carácter, eran la noche y el día, y esas diferencias les complementaban, quizá por eso siempre estaban riendo y bromeando y se llevaban tan bien.

Mi padre era un tipo alto y delgado, con la barba y el pelo canosos. Inteligente, con un buen sentido de humor y afectuoso, de ademanes formales y sumamente riguroso en su profesión. Para él, su trabajo era su vocación. No perdía ocasión en darme explicaciones jurídicas con toda clase de referencias legales sobre cualquier tema, lo que ponía de manifiesto una memoria envidiable, hasta tal punto que a veces, por mucho que yo lo quería y admiraba, me resultaba pesado.

Mi madre, con su melena azabache recogida en una sencilla coleta, su sobria elegancia en el vestir y su perenne sonrisa, era pura elegancia y cordialidad. Era metódica y ordenada en su trabajo y, a diferencia de mi padre, no daba demasiadas vueltas a las cosas, sino que iba directa al grano, aunque con suma amabilidad. La virtud más importante de mi madre era su facilidad para ser feliz. Mejor aún, para ser despreocupadamente feliz.

Para mí, alcanzar prestigio en el terreno profesional no estaba entre mis metas personales. Aun así, desde que me incorporé al bufete, dediqué a mi trabajo el tiempo y la atención que merecía. Discrepancias con mis padres las hubo, pero siempre llegábamos a un acuerdo. Al fin y al cabo, los tres éramos abogados.

Mi trabajo en el bufete me permitió independizarme cómodamente. Me instalé en un edificio de mediados del siglo XIX en pleno Eixample barcelonés, un ático con terraza que ofrecía unas preciosas vistas de la ciudad. Llevaba una vida muy organizada entre trabajo, estudio y lectura sobre los temas que me interesaban. Devoraba un sinfín de libros sobre escuelas budistas y sus maestros y sobre cualquier escrito relativo a la conciencia. Para meditar, había habilitado una habitación del ático como sala de meditación. Allí tenía mi altar con la imagen de Buda, que me recordaba la dirección a seguir, y poco a poco fui añadiendo a su lado las fotos de los que consideraba mis maestros en la búsqueda.

A medida que profundizaba en mi práctica de la meditación y observaba cómo surgían mis pensamientos discursivos, me daba más cuenta de hasta qué punto estaban condicionados por las circunstancias que me rodeaban o que formaban parte de mi existencia, como el lugar de nacimiento, la cultura, la comunicación, la interacción, y todo ello restringido a un sistema dual generado por el egocentrismo o el protagonismo existencial. Fue por entonces cuando tomé consciencia del encorsetamiento que imponía tal dualidad. Y sentí cierta rabia. ¡Con lo bien que me lo pasaba cuando no era consciente de ello! Para mí era lógico y normal sentirme bien o sentirme mal. Evidentemente, hacía todo lo necesario para sentirme bien, pero algunas veces eso tenía el efecto contrario, como si lo bueno necesitara lo malo y viceversa. Sin embargo, era inevitable, así que lo aceptaba sin más. Y enmascaraba mi frustración existencial a costa de lo que fuera, fortalecido por mi instinto de supervivencia.

Movido por mi intuición de que había algo más, empecé también a escuchar a distintos maestros, gurús y antigurús de todo tipo de tradiciones, religiones o pensamientos, y a acudir a talleres, conferencias y retiros, que valoraba positivamente porque me parecían unas buenas experiencias, ya que todas me orientaban en mi búsqueda. Tanto es así, que poco a poco me fui centrando en los abordajes no dualistas, de modo que enfoqué mi búsqueda en maestros espirituales, filósofos, pensadores y teóricos de esta línea de pensamiento, si bien seguían siendo muchos y diversos.

La verdad, ante semejante conglomerado de alternativas, ideas y experiencias, yo me sentía bien porque era como si una complementara a la otra, aunque eran demasiadas dianas para poder afinar la puntería. De modo que me decidí por la opción que me parecía más razonable, es decir, la que tenía más al alcance de mi mano y, al mismo tiempo, la que llenaba más mi mente y mi corazón: el abordaje no dualista dentro de las diferentes escuelas y linajes budistas. No es que pensara que este camino fuera mejor que cualquier otro, sino que consideraba que sería el que me permitiría obtener mayor comprensión en mi búsqueda. Sin embargo, a pesar de mi elección, no descartaba seguir recogiendo información de todo tipo.

Acababa de llegar al monasterio de la escuela Kagyu en pleno Prepirineo aragonés, para asistir a un ciclo de enseñanzas de maestros budistas tibetanos de la escuela Nyingma. El punto de encuentro era la *gompa*, nombre tibetano que designa el templo budista donde se realizan las prácticas, reuniones y celebraciones religiosas. Por su dimensión y significado, era el edificio principal y ocupaba el centro del pequeño complejo situado a mil metros de altitud en medio de la nada. Alrededor de la *gompa* se encontraban los comedores, las tiendas, la cafetería y las áreas de descanso, unas sencillas construcciones de piedra que ofrecían sus servicios al monasterio. Un poco más apartados estaban los albergues, donde vivían los monjes o se alojaban los huéspedes que acudían a retiros o charlas. Fuera por el entorno o por lo que representaba, en Dag Shang Kagyu era inevitable sentirse tranquilamente bien.

Cuando entré en la *gompa*, preparada para recibir al mogollón de estudiantes que solía asistir a los retiros, está aún estaba casi vacía. Me gustaba llegar con antelación. De esta manera me podía centrar para relajar mente y cuerpo. Miré alrededor. Había llegado un buen número de estudiantes, que se habían instalado en el suelo como yo y habían adoptado una postura que les permitiera relajarse y permanecer largo rato allí sentados. Enfrente de mí había dos chicas. Volví a cerrar los ojos y a centrarme, pero no pude evitar escuchar su conversación. La voz de la chica que tenía justo enfrente me resultaba familiar. ¿De qué me sonaba? ¿Dónde y cuándo había oído esa voz? ¡Ya está!, me dije cuando logré identificarla. Es la chica preguntona del seminario de Ken Wilber.

Ken Wilber era un escritor estadounidense a quien seguía con mucho interés, no porque estuviera de acuerdo o no con sus opiniones y puntos de vista —aborda temas relacionados con la filosofía, la psicología, las religiones, la ecología...—, sino porque sus reflexiones siempre me ayudaban en mi camino hacia mi experiencia interior, así que me pareció que valía la pena apuntarme al ciclo de conferencias que impartía en el Instituto de Psicología Transpersonal, en Denver, Colorado. La conferencia giraba en torno a los espectros de la conciencia y colmó todas mis expectativas. Para ser sincero, no me extrañó, porque yo sentía una conexión con Ken Wilber que iba más allá de sus estudios, que desde luego eran extraordinarios. Lo que nos conectaba era su hambre de descubrir nuevas comprensiones. Sí, esa era la conexión.

Cuando acabó la conferencia y se abrió el turno de preguntas, había una chica que no paraba de preguntar. Nada extraordinario, porque, no sé por qué, pero siempre hay alguien a quien le da por preguntar y preguntar hasta despertar la curiosidad del resto de la audiencia que, quien más quien menos, acaba por girar la cabeza para ver de quién se trata. La chica en cuestión tendría unos veinticinco años y su tono y su lenguaje corporal denotaban una gran seguridad en sí misma. Me la quedé mirando y me sentí irresistiblemente atraído por ella. Sus incesantes preguntas dejaron de molestarme, e incluso alguna que otra me pareció oportuna.

De pronto regresé al presente y, al darme cuenta de que estaba abstraído recordando, aparté todo pensamiento y presté atención al maestro, que iniciaba sus enseñanzas sobre el *Dzogchen*, un sistema de prácticas de meditación de la escuela budista tibetana Nyingma. El tema me interesaba muchísimo y además sentía un gran respeto y admiración por los maestros que las impartían: los maestros *rimpoche*, que en tibetano significa «preciosos». Sin embargo, a la que me despistaba, volvía a tener la vista clavada en la espalda de la chica, que, ajena a mi mirada, escuchaba concentrada al maestro. Finalizada la enseñanza y una vez dedicamos nuestros méritos, todo el mundo se levantó y se dispuso a salir de la *gompa*. La chica pasó frente a mí y nos quedamos frente a frente. Inevitablemente nos miramos.

—Creo que tú y yo nos conocemos —le dije.

Me miró y giró la cabeza. Estoy convencido de que me había entendido a la perfección. Supongo que debió de sonarle a tópico para iniciar una conversación y por eso no me hizo ni caso. Así que insistí. Esta vez me contestó de inmediato.

—Lo siento, pero no lo recuerdo.

—Estuvimos juntos en la conferencia de Ken Wilber, en Colorado. El verano pasado. Quiero decir, estuvimos los dos en la conferencia.

—Sí, yo sí que estuve, pero no recuerdo… —Era evidente que trataba de hacer memoria.

—Es lógico, yo no fui tan visible como tú… —apunté con retintín.

—¿Cómo?

—Tus preguntas… —Se me quedó mirando. Me vi obligado a ser amable—: Fueron muy acertadas. Gracias a ellas se me aclararon algunas dudas. —No mentía, solo intentaba ser «políticamente correcto».

Ella me regaló la mejor respuesta: su sonrisa.

—Me llamo Marc. ¿Y tú?

—Elsa.

—Pues encantado, Elsa.

—Oye, Marc, perdona, pero tengo que dejarte. He quedado con una gente —se disculpó—. Si estás libre esta tarde después de las enseñanzas, podemos quedar para tomar un té.

—Perfecto. ¿A las cinco te va bien?

Asintió con la cabeza y se alejó.

Quince minutos antes de las cinco, yo ya estaba esperando en la cafetería, nerviosillo y expectante. Sentía mucha curiosidad por saber qué tipo de persona sería Elsa.

Llegó puntual como un reloj. Su figura alta y esbelta surgió de entre los corrillos que llenaban el centro del complejo. Caminaba con paso decidido, sin ser consciente de su atractivo.

—¿Qué tal, Elsa? —saludé levantándome.

—Bien, bien. Esto es genial.

—¿Conocías este centro? —se me ocurrió preguntar para iniciar la conversación.

—No, es la primera vez que vengo. Una amiga mía me comentó que se había apuntado a un retiro budista y me pidió que la acompañara. Me pareció una buena idea y aquí estoy. La verdad es que, desde que fui a la conferencia de Ken Wilber, estos temas me interesan cantidad.

—¿Y cómo es que fuiste a la conferencia de Ken Wilber?

—Fui por casualidad, o igual por causalidad. Quién sabe… Por entonces yo estaba trabajando en Nueva York para Naciones Unidas. Me habían dado una especie de beca.

—¿En serio?

—Sí. Yo había estudiado Ciencias políticas y Psicología y tenía unos amigos trabajando allí. Ellos me avisaron de que ofrecían la beca. Total, que me la concedieron y me marché para allá.

—Dos carreras y una plaza en Naciones Unidas… O sea que eres un coco.

—La verdad es que me maté para conseguirla. Una oportunidad como esa había que aprovecharla. Y más de cara a mis padres… Se habían esforzado mucho para darme unos estudios —dijo en un tono melancólico. Luego irguió la espalda y añadió—: ¿Y tú por qué fuiste a la conferencia de Wilber?

—Me interesan mucho las investigaciones sobre la conciencia y sus estados. De Wilber y, cómo no, de otros investigadores, como Maslow, Grof, Vaughan y muchos más.

—¿A qué te dedicas, Marc?

—Soy abogado, como mis padres. Ya ves, me decidí por lo fácil: seguir la tradición familiar.

—¿Y tú?

—Bueno, ahora mismo no trabajo, aunque tengo un proyecto en mente junto con una amiga de la facultad. Queremos montar una empresa para la resolución de conflictos, aprovechando la experiencia de los tres años que trabajé en Naciones Unidas.

—Eso suena bastante bien.

—Ya veremos. Ahora es solo una idea, ya te contaré…

Levanté una ceja y la interrogué con la mirada.

—Si te apetece, claro… —repuso.

—Por mí estupendo.

—¿Tienes familia? Me refiero a pareja, hijos… —me preguntó acto seguido, no sé si por curiosidad o por precaución ante la posibilidad de volver a vernos, y también por la evidente diferencia de edad. Lo tomé por una buena señal.

—No, estoy soltero y sin compromiso. Tuve una relación bastante seria pero no funcionó. —Hubo un instante de silencio—. Ahora me toca a mí. ¿Y tú qué?

—En este momento no tengo pareja ni trabajo. Soy totalmente dueña de mi tiempo y de mi destino.

No pude disimular mi satisfacción. A Elsa se le escapó una sonrisilla.

—Marc, lo siento, pero me tengo que ir. Me está esperando mi amiga para volver a Barcelona.

—No hay problema. ¿Me das tu número de móvil y quedamos la semana próxima?

—Sí, pero con una condición: tú me das el tuyo.

—Hecho.

Le di los números de mi despacho y de mi móvil y me hizo una llamada perdida para que yo guardara el suyo.

—Fichada. Te llamo.

—Vale. —Me tendió la mano—. Tienes que contarme muchas cosas.

—No lo dudes, Elsa.

Su seguridad era arrolladoramente imprevisible. Me gustaba y al mismo tiempo me inspiraba confianza. Nos levantamos de la mesa, nos dimos dos besos y se fue. Me quedé solo, pensativo y totalmente descolocado. Empezar una relación sentimental no entraba en mis prioridades. Más bien todo lo contrario: era un impedimento para alcanzar mis objetivos personales.

Habían pasado tres días desde mi encuentro con Elsa. Había vuelto a Barcelona y a mi rutina diaria. En el bufete tenía entre manos una negociación para la compra de una empresa italiana. Estaba ultimando un informe sobre la estrategia a seguir, cuando sonó el teléfono.

—Marc, tengo una llamada para ti… —me dijo Marta con cierto retintín cuando descolgué.

Marta era la recepcionista, una de esas personas a las que les encanta jugar al tira y afloja con los dobles sentidos y segundas intenciones. Con ella nunca sabía si estaba bromeando, si quería hacerse la graciosa o si me estaba tirando los tejos, lo que me obligaba a ser muy prudente con mis respuestas.

—¿Quién es?

—Elsa. Dice que te conoce.

—Ah, sí. Gracias, Marta. Pásamela, por favor.

Elsa se me había adelantado. Debía llamarla yo, no ella a mí.

—Hola, Elsa —saludé en un tono desenfadado—. Justo en este momento te iba a llamar.

—Sí, ya…

— Hemos pensado lo mismo al mismo tiempo —insistí haciendo oídos sordos—. Qué fuerte, ¿no?

—Buen saque, Marc, pero no cuela.

—Perdona, Elsa. La verdad es que he estado liado con un informe importante, pero palabra que iba a llamarte, en serio.

—Hum… Venga, va, te creo. La técnica de la sinceridad nunca falla.

—Oye, ¿te parece bien que quedemos para cenar el próximo viernes? Antes no puedo. Salgo esta tarde para Roma y regreso el jueves tarde.

—Vale, el viernes me va bien. Pero con condiciones.

—Las que quieras. Sé que debo pagar mi error.

—Tú eliges el lugar y yo pago.

—Eso es jugar sucio, Elsa. Te pides lo fácil y me dejas lo difícil.

—Lo sé. Lo hago con toda la intención.

Elsa sabía que me estaba poniendo en un compromiso porque el que elige el lugar elige el entorno, y el entorno condiciona todo o casi todo.

—Ok, Elsa. El viernes por la mañana te llamo y te digo hora y lugar.

—Perfecto, Marc. Espero tu llamada.

—Te llamaré. Y Elsa… Me alegro de que me hayas llamado.

Se hizo el silencio.

—Hasta el viernes, Marc.

—Hasta el viernes.

Colgué el teléfono y me quedé totalmente impactado por la intensidad de una llamada que debería haber sido de lo más banal. No era el momento adecuado para averiguarlo, pero debía analizar por qué las conversaciones con Elsa me alteraban tanto.

El momento adecuado llegó en el avión, cuando volaba de regreso a Barcelona tras la reunión en Roma, que fue muy satisfactoria porque la negociación estaba prácticamente cerrada y solo había que llevar a cabo ciertos formalismos legales. Durante el vuelo repasé mi conversación con Elsa y cuanto había rodeado nuestro encuentro. No sabría decir quién llevaba la batuta. Estaba claro que quien había hecho la primera pregunta era yo, pero también tenía claro que el control de la situación no estaba en mis manos. Aun así, y por extraño que parezca, eso me hacía sentir bien.

¿Cómo puedo explicarlo? En el punto en que me encontraba, no se me pasaba por la cabeza tener una relación sentimental. Es más, estaba totalmente convencido de que resultaba un inconveniente para mis intereses. –Menudo lío, creía tener muy claro dónde fijar mi atención . Sin embargo, a pesar de que me dirigía hacia ese lugar lleno de sombras llamado relación, sentía que debía tomar ese camino; incluso lo veía lógico. ¿Por qué? Otra cosa que debía analizar. Tal vez demasiadas. Y tal vez por eso me dejé llevar.

Para nuestra cita había elegido un pequeño restaurante con un jardín muy agradable de la zona alta de la ciudad. Elsa pasaría a recogerme por casa media hora antes.

A la hora convenida, un vehículo minúsculo de color blanco se detuvo delante de mi casa. Saludé a Elsa con la mano y abrí la puerta.

—Hola —me limité a decir mientras me contorsionaba para introducir las piernas en el coche.

—Hola —contestó Elsa observando mis torpes movimientos—. Ni se te ocurra quejarte del coche —añadió al ver que trataba de encajar mis extremidades en el reducido espacio.

—No, si yo…

—Hueles muy bien —me cortó—. Has puesto toda la carne en el asador, ¿eh?

La miré atónito, encogido en el asiento del copiloto.

—Eso lo dirás por ti —repuse tomando aire—. Perfume francés y enseñando pierna.

Esbozó una sonrisa y puso el intermitente con la vista fija en el retrovisor.

—Muy observador.

—Por cierto, por mí puedes abrocharte el botón de la blusa —añadí con cierta sorna.

—¿A que te bajas del coche? —Me miró de refilón con una sonrisa mal disimulada.

—¿Bajarme? No sé cómo…

—¿Aquí es donde vives?

Estaba claro que, cada vez que yo insinuaba algo del coche, cambiaba de tema.

—Sí, en el ático. Tengo una terraza con vistas. Seguro que te encantará.

—No corras tanto, guapo. Hasta la fase tres, de eso nada.

—¿Y en qué fase estamos? ¿La uno?

—¡Noooo! —soltó medio riendo—. En la menos tres.

—No me digas que estamos en la cuenta atrás.

—Exacto. Chico espabilado.

Durante el trayecto continuamos con la tontería de las insinuaciones y las bromitas, como si fuéramos un par de adolescentes. Al igual que durante el retiro, Elsa se mostraba muy segura de sí misma. Toda ella era seguridad, incluso conduciendo. Estoy convencido de que se habría tomado como una grave ofensa la menor sugerencia sobre su manera de conducir, así que me ahorré los comentarios.

Aparcamos en el pequeño parking al aire libre del restaurante, junto a la entrada para los clientes. La temperatura era muy agradable, perfecta para la mesa que había reservado en el jardín. Por supuesto, me mostré cortés y le cedí el paso con galantería, y ella me recompensó con la sugerente imagen de su natural contoneo femenino.

Temperatura agradable, entorno agradable, música de fondo agradable y compañía agradable, lo único que podía fallar era yo. Era la clásica cita romántica, pero no para mí. Para mí era especial, porque mi intuición también me decía que Elsa era especial. ¿Cómo era posible que, a mi edad, estuviera babeando como un chiquillo? La situación me recordaba mis primeras citas de adolescente, aunque con una diferencia importante: ahora me sentía seguro. Estaba donde tenía que estar y no me incomodaba que lo que pasara en ese momento no dependiera de mí.

—¿Qué, te gusta el restaurante? —pregunté a Elsa cuando, ya instalados en nuestra mesa y tras echar un vistazo a la carta, el camarero desapareció con la comanda.

—Me encanta. ¿Aquí es donde traes a tus citas?

Tan directa como esperaba, pensé. Era la clásica pregunta que se nos pasa a todos por la cabeza cuando tenemos una cita, porque todos queremos sentirnos especiales, pero Elsa la disparó a bocajarro, sin filtros, con su espontaneidad natural. Yo sabía que mi respuesta podría ser determinante.

—Hace mucho tiempo de mi última cita, y esta es la segunda vez que vengo aquí. La primera fue con un amigo.

Acababa de mentir en mi primera cita. Sabía por experiencia que aquel pequeño restaurante era tiro seguro para conquistar a una mujer y no quería arriesgarme a que me saliera mal. Sentía que me jugaba demasiado.

—Sí, claro…

—¿Dudas de mí? —pregunté haciéndome el ofendido, consciente de que un buen ataque es la mejor defensa.

—No, no, perdona.

—Perdonada.

Hubo un silencio incómodo, que rompí enseguida preguntándole por su vida.

Elsa habló por los codos, de su familia, de sus amigos, de sus estudios. Hija única y muy querida, mantenía una buena relación con sus padres. Me estuvo explicando su paso por Naciones Unidas gracias a la beca que había obtenido por sus resultados académicos. Y estoy convencido de que también debido a su gran sentido del compromiso, que la hacía imparable para luchar por lo que creía, sentía o pensaba. Se le notaba que tenía muy interiorizado su compromiso con los estudios y con todo tipo de causas sociales, y defendía con uñas y dientes lo que ella consideraba correcto, de modo que yo procuraba no cuestionarlo. Elsa convertía cualquier discusión en un modo de autoafirmación personal. Creo que esa convicción respondía más a un sentimiento que a una idea, y eso me gustaba. «Marc, cuidado con dónde te metes», me decía a mí mismo de vez en cuando, pero desechaba este pensamiento de mi mente con extraordinaria facilidad.

Al darse cuenta de que llevaba un buen rato hablando de sí misma, Elsa me sorprendió con una pregunta de lo más inesperada.

—A ver, Marc, todo eso del proceso del autoconocimiento o como se llame está muy bien, pero ¿a santo de qué te ha dado por ahí, si tienes la vida resuelta y vives como un marqués?

Se me escapó una carcajada.

—Eso no tiene nada que ver. Más bien todo lo contrario: tener la vida resuelta pueda ser un impedimento porque tienes muchos más recursos para distraerte o autoengañarte que otras personas.

—Pues por eso te lo pregunto —replicó, un poco molesta.

Estaba claro que no le gustaba que la contradijeran. Bien, empezábamos a conocernos.

—Con sinceridad, no me ha resultado fácil. Yo sentía algo, lo percibía. No sé qué nombre darle, pero ese algo formaba parte de mí y, sin embargo, yo siempre tenía la sensación de que me faltaba algo. De que me falta algo —rectifiqué.

—O sea, que te falta algo que está dentro de ti… —Me interrogó con la mirada.

—Sí. —Me la quedé mirando, pensativo—. ¿Conoces la fábula del ciervo almizclero?

—Ni idea.

—El ciervo almizclero se pasa la vida buscando por todas partes el perfume del almizcle y muere sin lograr encontrarlo.

—Vale. ¿Y?

—El perfume se halla en su interior.

—¿Dentro de él? —Abrió los ojos como platos.

—Sí, en una glándula. El almizcle se extrae de una glándula del ciervo almizclero macho.

—¡Joder!, ni idea. —Alzó la copa—. Pues brindo por el pobre ciervo almizclero.

—Por el pobre ciervo almizclero —repetí entrechocando las copas.

—¿Y desde cuándo estás buscando tu perfume? —me preguntó, entre curiosa y divertida.

—Desde mi etapa de máxima actividad hormonal, necesaria para la supervivencia de la especie —añadí siguiéndole la broma y arrancándole una maravillosa sonrisa—. La efervescencia de la juventud puede convertirse en un potente alucinógeno, créeme. —Me puse serio—. A los dieciocho empecé a buscar como un loco. Recogía información de todos lados: de lecturas, maestros, gurús. Practicaba todo tipo de meditación, incluso días y noches enteras. Cometí un error, el típico error juvenil: tener urgencia por controlar mi mente, cuando mi mente me controlaba a mí. Estaba inmerso en un bucle agotador, incapaz de ver la salida, hasta que, poco a poco fui descartando lo que no comprendía o no encajaba con lo que intuía, y me fui centrando y comprendiendo.

—Menos mal.

—Eso sí, me costó tiempo. Y sufrimiento. Tenía la sensación de que todo eran fracasos y de que no hacía más que dar vueltas sin avanzar. Llegué a tener un lío mental impresionante, sobre todo cuando trataba de comprender conceptos tan arraigados y con tantas connotaciones dentro de la cultura oriental que, por mucho que se tradujeran, nuestro lenguaje occidental era incapaz de expresarlos.

—¿Como cuáles? —quiso saber Elsa.

—Los abordajes sobre la conciencia, por ejemplo. En Oriente tienen una trayectoria de miles de años y se han mantenido vivos siempre. En cambio, aquí se perdieron hasta hace unos cincuenta años, cuando volvieron a despertar interés. Para Occidente, el referente siempre ha sido Oriente. El problema es que en la base de este tipo de enseñanzas se entremezclan aspectos culturales que se van arrastrando de generación en generación por mucho que el tiempo pase y se vayan incorporando elementos nuevos.

—Te refieres a la transmisión de la cultura oriental.

—Sí. Porque, en la cultura oriental, los ancestros son considerados sabios y siempre han estado muy presentes, a diferencia de la occidental, donde apenas los tenemos presentes, e incluso los despreciamos. Por eso, un maestro de Oriente, por muy bien que hable inglés, utilizará conceptos y referentes de su cultura y de sus tradiciones que pueden resultar muy confusos si no se tienen en cuenta y se traducen según conceptos culturales occidentales.

Elsa se me quedó mirando, pensativa.

—Hay un ejemplo que suelo explicar a mis amigos... —proseguí.

—¡Ah!, pero… ¿tienes amigos? —soltó con cara de no haber roto un plato.

—¡Muchos! —exclamé. Estaba tan concentrado en mis explicaciones que no había pillado la broma—. Además, los quiero un montón.

—Vale, vale, no te mosquees. —Levantó las palmas de las manos como si se disculpara—. Va, sigue explicando.

—Es el ejemplo del dragón. Imagínate que tú y yo vamos paseando tranquilamente por el bosque y se nos aparece un dragón de tres cabezas que tiene los ojos rojos y echa fuego por la boca. Nos cagaríamos de miedo y saldríamos corriendo a toda pastilla en plan sálvese quien pueda.

—O nos daría un infarto.

Elsa siempre tenía que decir la última palabra. Sonreí.

—También. En cambio, si una pareja de orientales va paseando tranquilamente por el bosque y se les aparece el mismo dragón y de la misma manera, considerarán que para ellos es un día afortunado. Mejor todavía, se sentirán los elegidos. ¿Por qué, si es el mismo bosque, el mismo dragón, la misma situación? ¿Si ellos son personas igual que nosotros? ¿Qué es lo que hace que, siendo exactamente lo mismo, produzca un resultado tan diferente, provoque una experiencia tan distinta? La respuesta es que la cultura, las creencias, la manera de comprender y explicar confieren a un hecho concreto un significado totalmente diferente y, en consecuencia, el resultado es muy distinto.

—Eso es evidente.

—Sin duda, Elsa. Pero ¿quién lo tiene en cuenta? Te aseguro que no todo el mundo.

—También pasa al revés.

—Sí, claro. Como cuando saludamos: lo que para los occidentales es un signo de amistad y proximidad, para los orientales a veces es una descortesía.

—Entonces estamos en igualdad de condiciones.

—En cierto modo, sí. Lo que pasa es que, cuando no comprendes y, por tanto, no avanzas, es fácil que tires la toalla y adoptes cambios meramente externos: en tus rituales, en tus rutinas, e incluso en tu manera de vestir y de expresarte; por ejemplo, añadiendo a tu vocabulario palabras nuevas o expresiones orientales. Pero, desengáñate, eso no te cambia. Sigues en el mismo lugar e interactuando contigo mismo y con los demás del mismo modo que siempre. Y, por supuesto, culpando de tus frustraciones a otros y a lo que, según tú, debería ser y no es.

—¿Tú pasaste por eso?

—Y tanto.

—¿Todo el mundo ha de pasar por ese proceso?

—Ni mucho menos. Cada uno tiene su proceso particular según sus circunstancias personales, su propio camino, y cada camino sigue sus métodos. Cada cual debe ser su propio maestro. Se trata de un autodescubrimiento. Y eso te exige ser honesto contigo mismo.

—Entonces ¿cuál es la función del maestro o gurú, si tú has de ser tu propio maestro?

—El maestro es tu guía. Es quien te guía para que encuentres tu camino y para que seas tu propio maestro. Te diré más: desconfía de los que te den órdenes precisas o requieran una obediencia ciega.

—Pues de esos hay unos cuantos.

—Eso es contrario al camino del Dharma.

—Al camino de la comprensión.

—Exacto. El verdadero guía espiritual no utiliza esos métodos ni los necesita para nada. El camino que emprendes contigo mismo no requiere una fe ciega. Es bueno y necesario estar motivado, porque responde a un impulso, pero lo más importante es que tú lo entiendas y lo comprendas.

—¿Y en qué punto del camino estás ahora?

—Bueno, ahora estoy en un punto… ¿Cómo te diría…? He pasado de la preocupación a la ocupación, o sea que estoy tranquilo. He integrado el Dharma en mi vida cotidiana, el proceso de búsqueda, lo tengo presente en mi día a día. Hago lo normal, como cualquier otra persona. No sé cómo explicarlo.

—Inténtalo. Soy lista.

Esbocé una sonrisa.

—Me ha pasado como al típico tío que quiere ponerse cachas y está todo el día preocupado pensando que debería hacer ejercicio.

Hasta que un día se apunta al gimnasio del barrio y empieza a ir con regularidad. Y entonces la preocupación pasa a ser una ocupación. No porque sea una persona extraordinaria, sino porque es de lo más normal, ya que ese paso es más que razonable.

Me di cuenta de que llevaba rato hablando sobre mí y, aunque Elsa parecía interesada en mi proceso, yo quería saber más de ella.

—Como ves, este es mi tema favorito. Resulta fácil tirarme de la lengua. —Sonreí y ella me devolvió la sonrisa—. ¿Y tú qué? ¿Qué me cuentas de tu proceso?

—Yo soy mucho más joven que tú, Marc. Estoy en construcción.

—En construcción estamos todos, con independencia de la edad.

Elsa tuvo que morderse la lengua porque esta vez no podía rebatirme.

—Sí, claro. Me refiero a que tú has tenido tiempo para estabilizarte, independizarte y trazar un camino —se apresuró a contestar—. Yo aún estoy con… —Echó un vistazo al teléfono para mirar la hora—. Hablando de proyectos, mañana he quedado con mi amiga de la universidad de la ya te hablé, para la puesta en marcha del gabinete de resolución de conflictos.

—¿Gabinete? Suena bien. Le da un toque más técnico que comercial. Me gusta.

—O sea que tengo que irme ya. Si no, mañana… —Dejó la servilleta encima de la mesa y metió el móvil en el bolso, dando por zanjada la cena.

—No lo dirás en serio, Elsa —la corté—. Acabamos de cenar en un lugar agradable, con un ambiente agradable, en compañía agradable y además con una conversación agradable, ¿y el final ha de ser así de desagradable?

—Marc, no te pongas trágico, que sé por dónde vas.

—¿Ah sí? ¿Qué insinúas? —pregunté con sonrisa pícara.

Levantó una ceja y me fulminó con la mirada.

—No te hagas el inocente.

—Elsa, ni se me ha pasado por la cabeza…

—Sí, sí, seguro… —Cogió el bolso y se dispuso a marcharse.

Yo, como un resorte, me levanté y fui tras ella.

—¡Ah!, las fases, ¿no?

—¡Exacto! Veo que vas espabilando. —Se detuvo de golpe y se dio la vuelta—. Fuera bromas. Marc, tengo una reunión mañana a primera hora, no es ninguna excusa. Y es importante porque de ella dependen muchos aspectos de lo que me gustaría que fuera mi futuro.

Sacó las llaves del coche y se encaminó hacia la salida.

—Espera. No hemos pedido la cuenta —repuse. Elsa se me quedó mirando, como si esperara que yo hiciera algo—. ¿No quedamos en que yo elegía el lugar y tú pagabas?

—¡Ah, sí, claro! Se me había olvidado. La culpa es tuya por ponerme nerviosa.

—¿Tú nerviosa? —La interrogué con la mirada y ella puso una expresión angelical—. Eres un peligro.

—El peligro eres tú, que intentas aprovecharte de una chica indefensa y mucho más joven que tú.

—Lo de indefensa te ha quedado bordado. Pero, tranqui, me declaro culpable de todos los cargos. ¿Contenta?

—¿Sabes qué, Marc? Creo que nos llevaremos bien.

—Pues ¿sabes qué, Elsa? Creo que tomaré un taxi.

—Venga, chavalín, no te mosquees. Pago y nos vamos.

Le encantaba discutir. Se sentía en su salsa. Y yo sabía muy bien cuál era su arma secreta: esa sonrisa aparentemente infantil pero tremendamente sexi que, contenida o abierta, no perdía en ningún momento.

Durante el trayecto hasta mi casa, en un momento dado pegó un frenazo.

—¿Hace mucho que conduces? —le pregunté para chincharla.

—¿Por qué lo dices? —No esperaba contestación, porque añadió—: Para tu información, mi padre me enseñó a conducir antes de que cumpliera los dieciséis años.

La respuesta fue seria y contundente. Aun así, quise pincharla de nuevo.

—Se nota. Porque conduces como un tío.

—¿A que te bajas del coche?

Me dedicó una fugaz sonrisa de complicidad y volvió a concentrarse en la conducción. Al llegar a mi casa se detuvo enfrente del portal.

—Bueno, hemos llegado —anuncié.

Era evidente, pero no se me ocurrió decir nada mejor, consciente como era de que nos encontrábamos en un momento delicado.

—Pues sí.

La respuesta de Elsa me tranquilizó: estaba tan tensa como yo.

—¿Te parece bien que te llame mañana? —le pregunté con suma delicadeza.

—Me encantaría —me respondió con una mirada de lo más dulce.

No sabía muy bien qué hacer en ese momento. Su mirada daba pie a una despedida cariñosa, pero no quería cagarla para luego arrepentirme. Preferí pecar por defecto, porque pecar por exceso podía suponer el fin, y no estaba dispuesto poner fin a mi historia con Elsa.

—Estupendo. Buenas noches, Elsa. Descansa.

—Buenas noches, Marc. Tú también.

Nos dimos dos besos y entré en el portal de casa. Oí que el coche arrancaba y me quedé ahí de pie como un tonto, observando cómo se alejaba.

Como cada noche, antes de acostarme me dispuse a realizar mi práctica de meditación. Sentado en el cojín de mi sala de meditación, me sentía afortunado. Y ahí estaba Elsa. Mi mente no podía dejar de pensar en ella. Era normal, pero no tocaba. Ya pensaría en mi relación con Elsa en otro momento. Ya daría rienda suelta a mi imaginación cuando tocara. Me di cuenta de que mis pensamientos discursivos estaban en pasado o en futuro, no en presente, en el ahora, en el momento actual. Se suponía que la meditación me ayudaría a alejarme de los temas cotidianos, aunque no fuera ese su objetivo. «A ver, Marc, déjalo ya y estate a lo que debes estar ahora mismo», me dije. No había manera. Mi mente iba y venía. Al final tuve que acudir al auxilio de la técnica de soporte, la respiración, hasta que noté que el sueño empezaba a vencerme. Sabía por experiencia que me vencería, de modo que me fui a la cama, puse el despertador y me dormí.

Al día siguiente desperté y me puse en marcha, dispuesto a iniciar mi rutina mañanera: ducha, meditación, aseo personal, desayuno y a trabajar. Dedicaba más tiempo a meditar por la mañana que por la noche, entre hora y media y dos horas. La consideraba la práctica más formal, por así decirlo. No porque existieran prácticas formales o informales, sino porque le dedicaba más tiempo y la preparaba con más cuidado. Siempre se dice que la comida de la mañana es la más importante, de modo que la meditación matinal era como mi desayuno. En cuanto al resto de «comidas», al mediodía intentaba dedicarle treinta minutos y por la noche no me preocupaba del tiempo, ya que el tiempo se preocupaba por mí: cuando pasaba de la concentración a la somnolencia, no me resistía, sino que dejaba que esta me abrazara dulcemente y me acostaba sin más.

Dentro de las diversas escuelas y linajes de las enseñanzas budistas no dualista junto con la visión de la interdependencia fueron las que habían despertado mayor interés en mí y que más se acercaban a la sensación intuitiva que me inducía a la búsqueda, la herramienta básica es la meditación, una herramienta que, utilizada correctamente, puede llevarnos al «destino». Sin embargo, ¿qué significa utilizarla correctamente? ¿Cuál es con exactitud el destino al que nos conduce?

Se habla tanto de la meditación que da la sensación de que sirve para todo: como ejercicio, como método de relajamiento, como terapia, como técnica de concentración y como método antiestrés; incluso hay folletos de viaje que incluyen un paquete meditativo. A veces pienso que la meditación acabará como el yoga, siendo una práctica más de gimnasio y no darle su verdadera utilidad que es la preparación de tu cuerpo para que a tu mente le sea más fácil la absorción meditativa. Desde luego, el yoga, al igual que la meditación, pueden tener mil y una utilidades, pero no fueron creadas como herramienta multiusos, sino con una finalidad y un objetivo concretos. No es un reproche, pues, qué duda cabe: si es accesible a todo el mundo, hay más probabilidades de que más personas puedan encontrar su verdadera o auténtica utilidad. ¿Cuál? La respuesta debe buscarla uno mismo. Cada uno de nosotros debe buscar, buscar y buscar.

Quizá a causa de mi juventud, al principio, esa búsqueda fue para mí una obsesión, y está claro que ninguna obsesión, sea la que sea, aporta nada bueno. Reconozco que me di contra la pared 999 veces, incluso muchas más, y que visité el infierno en más de una ocasión, que, por cierto, no es nada de cálido, aunque al principio pueda parecer que sí.

Cuando la obsesión se calmó, dio paso a una búsqueda más tranquila, amable y sosegada que me permitió dar espacio a la meditación. Me di cuenta entonces de que una buena herramienta, como era la meditación, no resultaba suficiente, ya que le faltaban los complementos que dan sentido a la búsqueda y, por tanto, al objetivo. Y fue ahí donde entró en juego el budismo, porque tenía todo eso y más, mucho más…

Conocer las enseñanzas de Buda, su experiencia en la búsqueda y la consecución de su objetivo, y todo ello a partir de sus enseñanzas y de las de todos los maestros que durante más de 2.600 años habían seguido sus enseñanzas era lo que necesitaba, y eso produjo un cambio en mi búsqueda. ¡Por fin no estaba solo! Algo y alguien, a los que respectivamente llamaba Dharma y Sangha, me acompañaban siempre. En primer lugar, estaba Buda, y me consideré afortunado por ser Él mi referente. Y, en segundo lugar, todos y cada uno de los maestros de las distintas escuelas y linajes que había estudiado, ya que cada uno de ellos, de alguna manera y en mayor o menor medida, aportaba claridad en mi búsqueda.

Antes de sentarme a meditar, realizaba mis postraciones en señal de agradecimiento y reconocimiento, y cada día renovaba mi compromiso con la búsqueda mediante mi oración de toma de refugio en las Tres Joyas: Buda, el Dharma y la Sangha.

Buddham saranam gacchami.
Dhammam saranam gacchami.
Sangham saranam gacchami.

Tomo refugio en el Buda.
Tomo refugio en el Dharma.
Tomo refugio en la Sangha.

A lo largo de los años he practicado diferentes tipos de meditación y concentración mental mediante técnicas de soporte externo o interno, entre ellas, cómo no, la famosa y agotadora «lucha del mono», que consiste en detener los pensamientos discursivos con el método de atrapar a la mente con la mente. Sin embargo, es evidente que quien crea el problema (la mente) no puede resolverlo. Lógico, ¿no? Aun así, tardé en darme cuenta de esta obviedad. Hasta entonces, estuve a punto de tirar la toalla un montón de veces.

Entre las muchas técnicas de soporte que existen, yo solía utilizar la de la respiración, que no consiste en resoplar ni en hiperventilar o realizar la técnica de respiración holotrópica de Grof, aunque no tengo nada en contra de la combinación entre hiperventilación y música que propone esta, ni mucho menos. Se trata de respirar a un ritmo suave y lento. Mejor dicho, a un ritmo muy suave y muy lento, y de seguir con atención la respiración desde la coronilla hasta más abajo del ombligo. Es una técnica de soporte muy útil para empezar a practicar. El soporte que utilizaba mi abuela conmigo, el de la hoja de papel en la cabeza, es igual de eficaz. Sin embargo, ha de quedar claro que se trata de técnicas de soporte, no de meditación.

Aquella mañana llegué al bufete a una hora temprana. Me gustaba llegar antes que el resto de las personas que allí trabajaban porque así disponía de un rato tranquilo para planificar mi jornada laboral sin interrupciones. Ese día me preguntaba cuál sería el mejor momento para llamar a Elsa. Le di tantas vueltas que perdí la cuenta. Decidí llamar a primera hora de la tarde, pues sabía que ella tenía una reunión importante y yo no quería dar la impresión de estar desesperado; interesado sí estaba, pero no desesperado.

Esa mañana me reuní con mi padre para informarle de los acuerdos a los que habíamos llegado durante las negociaciones para la compra de la empresa italiana. Mi madre se sumó a la reunión, aunque no pudo evitar bombardearme con las típicas preguntas y comentarios que todas las madres hacen a sus hijos. Mi padre y yo claudicamos: ella marcaba las prioridades. Además, preocuparse por mi bienestar era su manera de expresar su cariño, más que con mimos y palabras bonitas, porque ambos sabíamos que en su cultura el afecto se demuestra con el cuidado hacia los demás.

—Hijo, ¿comes bien?

—Sí, mamá.

—¿No estás más delgado?

—No, mamá.

—¿Estás seguro de que duermes bien?

—Sí, mamá.

«Sí, mamá» era la única respuesta posible, la única que mi madre esperaba oír.

Cuando tomó asiento en la sala de juntas, la abogada suplantó a la madre. Tras la reunión, me apunté a comer con ellos.

Durante el almuerzo les hablé de Elsa. Mi padre me escuchaba con una sonrisita burlona. En cambio, mi madre me miraba muy seria. Estaba claro que la sonrisita de mi padre debía de molestarle más a ella que a mí, porque le lanzaba miradas acusadoras. Cuando nos despedimos, mi padre me deseó suerte y mi madre me repitió no sé cuántas veces que tuviera cuidado. Sus comentarios se complementaban, como siempre. Distintos pero complementarios, así eran mis padres.

Después de comer subimos al bufete y cada cual se fue a su despacho para continuar con su trabajo. No perdí ni un segundo en llamar a Elsa. Quedamos para tomar algo después del trabajo. Al colgar, mi corazón estaba acelerado. Me preguntaba por qué. No era ni la primera ni la quinta relación sentimental que me disponía a tener, aunque notaba que la conexión con Elsa era especial.

Elsa llegó superpuntual, como en nuestra primera cita, así que de inmediato anoté «puntualidad» en la lista de cualidades que iba elaborando mentalmente. Se lo agradecí, porque no tienes la misma sensación cuando esperas el autobús que cuando esperas porque tienes una cita: en el segundo caso siempre te invade una sensación de soledad tremenda.

Entré en su coche y me senté con penas y trabajos. La miré y ella me miró. Nos quedamos unos segundos paralizados, mirándonos y sin saber muy bien qué hacer. Allá voy, pensé, pero ella reaccionó antes y me dio un beso en cada mejilla. La tensión desapareció al instante.

—Vamos a un lugar que seguramente te gustará. Preparan un té fantástico —dijo arrancando el coche.

—Donde quieras. Soy todo tuyo —contesté como quien no quiere la cosa, aunque con total doble intención.

Elsa me miró sonriendo. Había captado el mensaje.

El lugar en cuestión estaba en el centro, en una calle peatonal estrecha y un poco maloliente, donde los edificios de gruesas paredes de piedra te transportaban a épocas de carruajes y damas con sombrero y paraguas de encaje. Entramos en una cafetería de rollo moderno abarrotada de turistas, donde, por suerte, encontramos una mesa libre un poco apartada. Pedimos dos tés y un pastel de zanahoria para compartir. Yo no lo había probado en la vida, aunque el pastel no me importaba lo más mínimo.

—¿Cómo fue la reunión con tu amiga? —pregunté.

—¿Con Sonia? Muy bien. Ya está decidido: ponemos en marcha el proyecto.

—Caray, eso es genial.

—Sí, porque, como estaba pendiente de este tema, no me he puesto a buscar curro desde que regresé de Nueva York. Sonia está trabajando para el ayuntamiento, pero lo dejará a finales de mes. Además, es posible que se apunte otro compañero de la facultad que trabajó conmigo en Naciones Unidas. Entre los tres tenemos contactos suficientes para que el proyecto pueda funcionar.

—Oye, Elsa, si necesitáis un socio capitalista, igual hasta podría interesarme a mí.

—¡Hum…! No te digo que no, Marc. Al menos de cara a la inversión inicial, porque calculamos que el proyecto tardará un año o poco más en ser sostenible, y en ese *impasse* necesitaremos vivir de algo. Los tres tenemos contactos y experiencia, pero prevemos que el tiempo de captación de clientes será largo porque nuestros servicios van dirigidos a organismos públicos y a grandes empresas.

—Pues ya lo sabes, Elsa. Aquí estoy.

—Gracias, Marc. Lo comentaré a mis socios.

Me encontraba bien, seguro y a la vez relajado. Estaba con la persona con quien quería estar y en un entorno agradable que alimentaba esa relajante seguridad. Era el momento idóneo para abrir mi corazón.

—Elsa, me gustaría decirte algo.

—Dime. —Me miró a los ojos con una gran sonrisa. Creo que sabía perfectamente por dónde iban los tiros.

—Elsa, ya sé que hace poco que nos conocemos, aunque no tengo esa sensación. Tal vez sea porque hemos conectado. El caso es que me resulta muy fácil sentirme bien contigo sin importar de qué hablemos. No quiero traicionar esta sensación y por eso debo ser sincero y directo; tampoco tengo edad para jugar con los sentimientos, ni con los tuyos ni con los míos.

—No me digas que ya tienes el anillo preparado —saltó entre risas.

Me encantó su reacción. Era evidente que se daba cuenta de que me estaba arriesgando y de que no me estaba resultando fácil.

—Estoy indeciso entre brillantes o diamantes —le contesté siguiéndole la broma.

—Te comprendo, Marc.

—Elsa, déjame acabar. No quiero dar nada por supuesto.

—Prosiga, señor Marc.

Era evidente que Elsa continuaba con sus bromitas para quitar hierro al asunto.

—No sé si para ti es tan evidente como para mí, pero sería un estúpido si no te dijera que deseo tener una relación contigo, y me refiero a una relación sentimental.

—¡Joder!, qué poco romántico.

—La sinceridad es muy romántica, ¿no?

Elsa se asomó por encima de la mesa y me sorprendió con un beso en los labios.

—Esto sí es romántico.

Sí, sin duda tenía razón. La besé, nos besamos con una mezcla de suavidad e intensidad. No tuve duda, ella sentía lo mismo que yo. No sabría decir el tiempo que nuestros labios se mantuvieron unidos. Cuando se separaron, lentamente, nos miramos a los ojos sonriendo con complicidad y entrelazamos las manos. Nos quedamos como tontos mirándonos, besándonos, mirándonos y volviéndonos a besar. No existía nada más, solo nosotros.

Salimos de la cafetería y fuimos paseando a buscar el coche, sin prisas, disfrutando del momento y del entorno, sin necesidad de hablar para comunicarnos. Creo que perdimos la noción del tiempo. O igual solo fue que en ese momento el tiempo dejó de existir para nosotros, como si, al no ser conscientes de algo, ese algo no existiera.

De pronto me encontré sentado en el coche de Elsa.

—¿Adónde vamos?

—A tu casa.

—Sabia elección —le respondí sonriendo y sin disimular mi entusiasmo.

Ella me devolvió la sonrisa.

—Marc, deseo lo mismo que tú, pero va a ser que no.

—Sí, ya sé… Las fases, ¿no?

—¡No! ¡A la mierda las fases! Lo que pasa es que tengo una cena con mis padres y no puedo fallar.

—¿Y no podrías…?

—Marc, a mí gustaría más que a ti —me cortó—, pero no puedo.

—Está bien. Tranqui. Lo entiendo.

Llegamos a casa y Elsa paró en una esquina de la calle. Nos miramos, nos besamos y, como un resorte, nuestros cuerpos reaccionaron. Nos invadió una suave calidez que tomó el control de nuestra voluntad hasta que, de repente, sonó el claxon de un coche al que impedíamos maniobrar para salir de un garaje. Me mordí la lengua para no soltarle los cuarenta y dos tacos que se me pasaron por la cabeza y romper la magia del momento.

Elsa adelantó el coche rápidamente para dejar paso a aquel intruso.

—Marc…

—Elsa, lo sé. Te llamo mañana por la mañana.

—Te tomo la palabra. Y pobre de ti si no lo haces. Soy capaz de ir al bufete y pegarle fuego. Y a ver qué les cuentas luego a tus padres.

Nos sonreímos y nos despedimos con un beso fugaz.

Entré en casa y fui directo al sofá. Dediqué un tiempo a pasar las imágenes de todo lo que había sido esa tarde. Una parte de mi mente me decía: «Y tú que no querías tener ningún tipo de relación, ¿vas y te metes en una hasta el fondo?». Y la otra contestaba: «Pero es lo que necesitabas, lo que querías. Si no, nada de esto habría ocurrido». Traté de hacer de mediador entre las dos partes de mi mente —puesto que nuestra mente es dual y un lado no existe sin el otro— con la máxima ecuanimidad y acabé por enviarlas a tomar viento, porque comprendí que no necesitaba ningún tipo de justificación: todo se había desarrollado de una manera tan fácil… No sé cómo explicarlo. Yo no había hecho nada para que sucediera. Era como si todo ya estuviera predispuesto. Yo solo tenía que ser yo mismo. Tampoco me interesaba demasiado encontrar una explicación. Así que me levanté y me fui a la cocina a buscar algo para cenar, una fruta o algo ligero. Me senté ante el ordenador para repasar varios temas de trabajo. Cuando terminé, me dispuse para la meditación nocturna.

Ofrecí mis respetos a Buda con una serie de postraciones, me senté y renové mi compromiso con las Tres Joyas, que daban sentido a mi práctica meditativa —Buda, Dharma y Sangha—. Mi conciencia se dispuso a estar atenta y observadora. A pesar de todo lo sucedido ese día y en contra de lo previsto, mi observación no estaba limitada a ningún pensamiento; no es que los pensamientos no estuvieran presentes haciendo su magnífico e incansable papel, pero no estaban en la primera línea de atención, sino que eran un murmullo de fondo. Mi atención no se estaba apoyando en nada, no había soporte externo, incluso la respiración era muy suave, hasta que también eso dejó de existir, pues no percibía movimiento alguno. Yo estaba allí, atento, relajado y observando todas las sensaciones de mi cuerpo sin clasificarlas, sin resistencia a lo que surgía y sin retener lo que desaparecía, y todo se difuminaba más y más, como abriendo un espacio que no tenía ni límite ni centro.

De repente sonó el teléfono. No me sobresalté. Mi brazo se dirigió al sonido y mi mano acercó el móvil a mi oreja. Abrí los ojos y acepté la llamada.

—¿Te molesto? —Era Elsa.

—No, en lo más mínimo.

Era verdad. Nada en ese momento me podía molestar. Todo estaba en su sitio, tal vez porque yo lo estaba.

—Marc… —Hubo un silencio—. Solo te llamo para decirte que te quiero. —Un nuevo silencio—. No encuentro otra manera de expresar lo que siento.

De nuevo, silencio.

—Yo también, Elsa. Y mucho.

—Entonces, Marc, ¿compartes mis sentimientos?

—Sí, es lo que compartimos, Elsa.

—Marc, me gusta.

—¿El qué?

—Compartir.

La palabra «compartir» cobraba un significado increíble en ese instante, posiblemente por el estado en el que estaba, por la apertura a la comprensión que me otorgaban mis prácticas. Eso había sido la experiencia de mi práctica, compartir, yo con todo y todo en mí.

—Elsa, te quiero —añadí con todas las letras—. Siento mucho más que eso, pero son las palabras que más se acercan a lo que siento. —No es que se me fuera la mano con el azúcar, es que lo sentía de ese modo—. ¿Te veré mañana, Elsa?

—Sí, mañana y pasado mañana. Quiero estar contigo, Marc —añadió, sincera y directa—. Necesitaba decírtelo. Por eso llamo a estas horas. Buenas noches, Marc. Descansa.

—Buenas noches, Elsa. Tú también.

Colgué el teléfono. ¿Qué quería decir con eso de «a estas horas»? Miré el reloj y me di cuenta de que llevaba tres horas meditando. No me sorprendió. Sentía que todo estaba en su lugar. Dediqué los méritos recibidos a todos los seres sintientes, ya que, sin lugar a dudas, era mucho más beneficioso que centrarlos en mí mismo. Me fui directo al dormitorio y me quedé dormido al instante.

Desperté como nuevo. Me dispuse para mi rutina de cada mañana y percibí una completa sensación de frescura en todo mi cuerpo y en mi mente durante mi meditación. Todas las sensaciones que surgían de mi cuerpo, incluso impulsos mentales en forma de pensamientos, no permanecían, sino que se diluían con extrema facilidad. En ningún momento tuve la sensación de experimentar algo extraordinario o fuera de lo normal. Aquello me resultaba familiar, algo así como si mi mente, con mi capacidad de comprensión, estuviera suelta, libre de pasar por un cribado racional, sin necesidad de analizar la experiencia, ya que era conocida.

Recordé que, cierta vez, alguien a quien yo consideraba maestro de meditación me dijo: «El análisis divide, el conocimiento unifica». Entonces no di mucha importancia a esa frase, simplemente me la guardé. Esas palabras adquirían ahora todo el sentido, como ocurre con tantas otras palabras o frases: te pueden sonar bien, pero no conducen a nada sin la experiencia que les da significado, como le sucede a la palabra «amor». ¿Qué sentido tendría si uno no lo experimenta? ¿Cuándo podría utilizar esa palabra?

Terminada mi sesión de extrema intimidad, me fui a trabajar. Caminaba por la calle entre el ruido del tráfico y entre gente con prisas como un día normal, pero yo notaba cómo las plantas de mis pies acariciaban el asfalto y mi cuerpo se sentía ligero. Nada estaba ni mal ni bien, nada tenía por qué cambiar. Todo, incluso el ruido de la circulación, estaba en su lugar.

¿Por qué?, me pregunté al llegar a la oficina. ¿Qué había cambiado? No era que los colores o los sonidos o mis sentidos hubieran sufrido algún tipo de alteración y, ni mucho menos, se trataba de una alucinación. Era algo mucho más fácil, más simple y más natural: mi apertura a la comprensión transformaba mi experiencia convirtiendo lo ordinario en extraordinario. Quien había cambiado era yo. Esa era la respuesta: si yo cambio, todo cambia conmigo.

Me instalé en mi despacho del bufete y sin perder un segundo llamé a Elsa.

—Buenos días, preciosa.

—Buenos días, chavalín.

—¿Qué vas a hacer hoy?

—¿Ahora? Levantarme. Tengo que ir a ver a mi abuela.

—¿A tu abuela? No sabía que tenías abuela. No me has hablado de ella.

—¿Ah, no? Bueno, pues ya te contaré. Ahora está delicada y siempre que puedo voy a verla. Hoy pasaré la mañana con ella. Nos vemos luego.

—Perfecto. ¿A las seis en el bufete?

—Vale. Una cosa…

—Sí.

—Que te quiero, Marc.

—Y yo a ti, Elsa.

Colgué y me quedé ensimismado unos segundos, saboreando lo que sus palabras me habían hecho sentir. «Te quiero, Marc». Afortunadamente, no tenía ninguna reunión programada para ese día, con lo cual podía organizarme y tomarme tiempo para resolver temas pendientes del bufete. Serían las doce del mediodía cuando sonó mi teléfono.

—Marc, tengo a tu amiguito del alma al teléfono —anunció Marta.

—¿Qué amiguito del alma?

—¿Quién va a ser? El sanacocos.

—¡Ah!, te refieres a Pol.

—Pues claro, ¿a quién si no?

—Ok. Pásamelo, por favor.

Marta solía maltratar a mis amistades, tanto a ellos como a ellas. Supongo que porque le encantaba llamar la atención y, cuando no conseguía causar impacto con su atractivo natural, su lengua se transformaba en una guadaña mortal frente a cualquier posible intruso. Presidir la recepción, que se encontraba justo en el centro del hall de entrada, donde todo el que accedía por la puerta no tenía más remedio que fijarse en ella, le confería un aura de seguridad absoluta. Aparte de que Marta explotaba todos sus encantos para no pasar desapercibida, cosa que conseguía con extrema facilidad.

—¡Hey, *brother*! ¿Cómo te va, Pol?

—Bien, Marc. ¿Qué haces para comer?

—Nada especial.

—¿Te parece que comamos juntos?

—No me lo digas: hoy lentejas.

—Exacto. ¿Quedamos en el restaurante de las lentejas a las dos?

—Perfecto, allí estaré. Por cierto, Pol.

—Dime.

—Tengo grandes novedades que contarte.

—¡Uy!, miedo me das. No te retrases.

Los dos colgamos al mismo tiempo.

No recuerdo desde cuándo conocía a Pol. Nuestros respectivos padres eran amigos, de modo que fuimos a los mismos colegios y hasta a las mismas clases. Se podría decir que nos habíamos criado juntos. En el colegio él era mi apoyo en las asignaturas que a mí se me resistían y viceversa. Durante la adolescencia compartimos de todo: nuestras primeras juergas con una copa de más y otras correrías propias de la insaciable curiosidad que se tiene a esas edades, y que no enumero porque no las recordaba ni siquiera al día siguiente. Pol eligió dedicarse a la psicología, y yo al derecho. Aun así, continuamos sintiéndonos muy unidos y apoyándonos el uno en el otro en cualquier etapa de nuestra vida.

Estuve inmerso en mi trabajo hasta que me di cuenta de que se me había echado el tiempo encima. Tenía que darme prisa si no quería llegar tarde a la comida con Pol. Él era extremadamente puntual y no me gustaba hacerle esperar porque sabía que se sentaría en la barra a tomarse unas cañas de cerveza y yo necesitaba que me escuchara con absoluta lucidez.

A pesar de mi puntualidad, cuando llegué, Pol ya estaba en la barra esperando con una caña de cerveza en la mano.

—¡Hey, *brother*! —le dije abriendo los brazos.

Teníamos la costumbre de saludarnos con un enérgico abrazo.

—¿Qué tal, tío? ¿Cómo te va todo?

—¿Cuántas cañas llevas, Pol?

—La que ves. Hace cinco minutos que he llegado.

—¿Tenemos mesa?

—El camarero está en ello —me dijo señalándolo.

En ese momento, el camarero nos indicó por señas cuál era nuestra mesa. Ya en nuestro sitio, tomó nota de nuestra elección de platos, que incluía las famosas lentejas.

—Tío, quería pasar a recogerte por el bufete y así vacilar con el truenazo de recepcionista que tienes.

—Oye, oye, que yo no tengo nada. Marta trabaja para todo el bufete, no solo para mí. Además, vete con cuidado.

—¿Por qué lo dices?

—Porque Marta te coge de un dedo y te hace dar tres vueltas sobre ti mismo sin que te dé tiempo a reaccionar, y te tiene bailando la danza de la lluvia durante cuatro días.

—Venga ya.

—Créeme. Ni tus estudios de psicología, ni el doctorado ni los tropecientos másteres te servirán de nada frente a sus poderes mágicos.

—Tranquilo, es un tema que se me da bien.

—Que te conozco, Pol.

—Marc, tranquilo, mis técnicas son infalibles. Superarán a la magia una vez más.

—Ok, tú mismo. Pero me reservo el derecho a decirte: «¡Te lo advertí!». Y cuando me lleves de copas para ahogar tu amargo fracaso, las pagarás tú.

—Ya veremos quién paga las copas…

—Y, por favor, no me metas en ningún lío con el bufete.

—Está bien, está bien —dijo levantando las manos a la defensiva. Luego cogió el vaso y tomó un trago de cerveza—. Bueno, Marc, ¿qué novedades me querías contar?

—He conocido a una persona. Mejor dicho, a «la persona».

—¿Tu nuevo maestro de meditación?

—No exactamente. No van por ahí los tiros.

—Tío, qué serio te has puesto. —Me miró a los ojos—. No me digas que se trata de una mujer.

—Pues sí.

—¿Y quién ha sido la mortal agraciada?

—Se llama…

—Espera. ¿Has empezado una relación? ¿Cómo es posible?

—La verdad, no lo sé. Yo no estaba por la labor. No sé qué explicación darle, pero no me importa. Lo importante es que ha sucedido. Y que quiero y debo vivirla.

—Dime, y semejante fenómeno paranormal ¿cómo y cuándo se produjo?

Le expliqué al detalle mi encuentro con Elsa en la conferencia de Wilber, nuestro primer contacto en el monasterio budista, la cena en el restaurante y, cómo no, nuestra declaración de amor en la cafetería.

—¡Ooooh, qué bonito! —se burló descaradamente.

—Pol, por favor, sin cachondeo.

—Tío, estás pilladísimo.

—Ya... Incluso a mí me cuesta entenderlo. Tampoco sé si debo entenderlo, porque no sigue los patrones habituales. Lo normal, o lo que suele pasar en estos casos, es que esto te lleve a una obsesión desenfrenada y que esa sensación nuble todo lo demás, pero no ha sido así. ¿Entiendes lo que quiero decirte? No te tomes al pie de la letra mis palabras, sino lo que intento decirte.

—Ya, Marc. Eso es lo que suelo hacer contigo.

—No sé, estoy más abierto a todo. Es increíble. Todo me resulta más fácil de entender y, lo más extraño, mis meditaciones son mucho más centradas. Eso no es habitual. Hasta te miro a ti y, no lo vas a creer, veo a un tío cojonudo.

—¡Que te den!

Pol era una de las pocas personas que captaba cuándo iba en serio o en broma y, por supuesto, me cazó al vuelo.

—¿Y qué piensas hacer?

—Ya te lo he dicho: vivirlo.

—Haces bien, Marc. Creo que esa es la opción. La única.

Dimos por zanjado el tema y atacamos el plato de lentejas que acababa de traer el camarero.

—¿Y tú qué me cuentas? —pregunté a Pol, que ya estaba relamiéndose.

—He tenido unos días de locos. Entre la consulta, las clases que doy en la universidad y las conferencias, apenas tengo tiempo ni ganas de escribir. Y no tener tiempo para escribir es una cosa, pero no tener ganas me joroba un montón.

Entendía a Pol perfectamente. Era un tipo consagrado a su profesión, aunque, para él, la psicología, más que un medio para ganarse la vida, era un modo de vida que tenía mucho que ver con la curiosidad que sentía por conocer y dar una explicación a la gestión de las emociones y a la posible relación con el desencuentro con uno mismo. Y esa curiosidad que tanto lo caracterizaba reforzaba el vínculo y la conexión entre nosotros, más allá, claro está, del afecto y el cariño a raíz de nuestra larga amistad. Nuestros distintos puntos de vista sobre la conciencia nos llevaban a tener discusiones que nos enriquecían a ambos, porque, aunque teníamos visiones diferentes, perseguíamos idénticos objetivos.

—Voy a tener que organizarme —añadió Pol.

—Has de elegir.

—Sí, pero no quiero renunciar a nada.

—Pol, no hablo de renuncia, sino de elección. Toda elección comporta renuncia, eso te lo compro, pero no es lo mismo. —Pol me interrogó con la mirada—. A ver, tío, te lo pongo fácil: si eliges a las rubias, no es que renuncies a las morenas, sino que das preferencia a las rubias.

—Me gusta el ejemplo, tío, pero hasta ahí llego.

—Lo que a ti te mola es la polielección.

—¿De dónde has sacado eso de «polielección», Marc?

—Se me acaba de ocurrir en este momento, pero te va clavado, tío.

—¿Qué insinúas?

—A ver, que quede claro que no quiero que cambies. Cada uno gestiona a su manera la búsqueda y el proceso personal, pero…

—Tío, lo del pero te encanta.

—¿Sigo o no sigo?

—Vale, me callo.

—Estábamos entre las rubias y las morenas.

—Marc, ni lo dudes. Nos quedamos con...

—Coño, Pol, déjame acabar. —Levantó las manos a la defensiva—. Te diré una cosa, pero antes júrame que olvidarás la barbaridad que voy a decir.

—Va, dispara. Te lo juro.

—Eres un tío cojonudo, Pol.

—¡Joder!, Marc. ¿Qué te ha dado esa chica?

—Pero...

—Y dale con el pero.

—… creo que te da miedo elegir —solté sin rodeos—. Sé que eres un buscador nato y no me extrañaría que tu deseo de búsqueda y encuentro de ti mismo, de tu auténtica identidad, te haya llevado a elegir la psicología porque así, al mismo tiempo que estudias y ayudas a los demás, te ayudas a ti mismo.

—Es posible.

—Pero te da miedo elegir por temor a que esa elección te lleve a ninguna parte y te impida tener otras oportunidades de conocer y de saber. O tal vez por temor a que produzca un cambio en tu vida y en la visión que tienes de tu vida, un cambio que no quieres que se produzca porque piensas que eso alterará lo que tú crees que te identifica.

—Es posible.

—Pues debo decirte que eso no es así. —Pol movió la cabeza a un lado y a otro—. Sí, lo sé, no es suficiente que yo te lo diga. Sea como sea, la elección no es renuncia ni pérdida, y es solo tuya. Por mucho que te lo diga yo o el maestro más prestigioso del mundo, no cambies si no quieres cambiar.

—Eso ya lo sé.

—Pol, me refiero a que ese método tuyo del «politodo» está bien, pero llegará un día en que tendrás que considerar el cambio como parte integral de tu vida.

—¿Todo ese rollo es para decirme que ahora pago yo?

—Tranqui. Pago yo.

Pol era especialista en bromear en los momentos en que yo me ponía más serio. Lejos de enfadarme, sus comentarios me hacían gracia porque sabía que Pol me escuchaba y retenía cada palabra, y que sus gracias eran una manera de darnos un respiro.

—No digo que no a lo que piensas, Marc, pero debo o, mejor, siento que debo continuar mi búsqueda de la manera que sé o en la que me encuentro más cómodo, y no puedo elegir lo que no conozco o no siento. Y sí, es verdad que la opción que plantea la lógica racional la veo cada vez más estrecha, más carente de sentido. Y soy consciente de que, aunque coincida en el punto de partida, en el de llegada no.

—Exacto. Ocurre algo parecido con las dietas saludables. Hay miles. Pero ¿cuál es la mejor? Como empieces a probarlas todas, a final conseguirás el efecto contrario. Antes hay que analizarlas, estudiar los casos prácticos y los resultados obtenidos, para valorar si la dieta es la adecuada para ti.

—Los ejemplitos puedes ahorrártelos, Marc.

—Ya te vale…

—Oye, ¿tomamos el café fuera? —dijo Pol levantándose—. Así podemos tomar el sol. ¿Te he hablado de los increíbles beneficios de la vitamina D? ¿Sabías que tomando el sol...?

—No, Pol, pero puedes ahorrártelos.

—Muy gracioso. Cambiando de tema, ¿qué te parece la chica rubia que pasa por ahí?

—¿Por dónde?

—Por ahí. ¿No la ves o qué?

—Pues no. ¿Dónde?

—Ahí.

—¿La que está en la otra punta?

—Sí, la rubia del vestido verde.

—¿Tú la ves bien?

—Más que bien…

—Tío, está claro que tienes capacidades paranormales.

—Es percepción intuitiva.

—Pues podrías darle una utilidad mejor.

—¿Aún mejor?

—No pretendo subestimar tu visión rollo X-men, que quede claro. Pero, ya que tienes una percepción intuitiva tan extraordinaria, podrías pasar del intelecto a la intuición. Eso te permitiría llegar a la conexión sin necesidad de que intervengan la razón o el análisis.

Pol me miró y por un momento se puso serio.

—Marc, estoy en ello.

—Lo sé, Pol, lo sé. Perdona. Es que no te quiero perder como compañero de viaje.

—Oye, los dos estamos en el mismo proceso, aunque de maneras distintas. ¿Cómo lo llamas tú? Eso de «no distinto» pero no sé qué de diferente.

—Distinto, pero no diferente.

—Pues eso. —Miró el reloj—. Marc, debo irme. A las cuatro tengo la primera visita. Es un paciente con ansiedad y no quiero que…

—Sí, yo también tengo curro. Dame un abrazo, campeón.

—Cuídate mucho, tío.

Nada más llegar al bufete, recibí la llamada de Elsa.

—Elsa, ¿cómo estás? ¿Qué haces? Me muero por verte.

—Hola, guapetón. Por partes. Estoy bien. Te estoy llamando por teléfono y, respecto a eso de morirte, ni lo sueñes.

—¡Pero si es verdad!

—Que lo diga yo, vale, pero ¿tú?

—¿Por?

—Pues porque tienes doce años más que yo y se supone que un hombre hecho y derecho no dice esas cosas.

—Pues te diré otra: te quiero.

—Y yo a ti, chavalín. Bueno, ¿y qué has hecho hoy? Explícamelo minuto a minuto, que quiero saberlo todo.

—He estado comiendo con Pol.

—¿Pol?

—Sí. Es mi mejor amigo. Nos hemos criado prácticamente juntos. Tienes que conocerlo. Estoy seguro de que te encantará.

—¿Le has hablado de mí?

—Has sido el tema principal.

—¿Y...?

—Me ha dado ánimos.

—¿Por qué? ¿Te harán falta?

—¿El qué?

—¡Los ánimos! —contestó riendo.

—Hoy tienes el día simpático, ¿eh?

—Bueno, me siento feliz.

—Oye, ¿nos vemos más tarde?

—Tengo una idea mejor. Mañana viernes te saltas el trabajo y nos escapamos tres días por ahí. ¿Qué te parece?

—Me parece estupendo. Y yo que creía que no eras tan lista...

—Lista no, inteligente, que no es lo mismo. Así que, cuando te refieras a mí, cambia el término, ¿de acuerdo, listillo?

—Hoy estás que te sales.

—Pasaré a recogerte por tu casa a las once de la mañana.

—Mejor vamos en mi coche.

—¿Qué tienes contra mi coche? —saltó a la defensiva.

—Si no es por el coche...

—Marc, te estás jugando el mejor fin de semana de tu vida. Tú mismo.

Me mordí la lengua. Yo tenía un buen coche, pero estaba claro que quería conducir ella.

—Como quieras. A las once me va perfecto.

—Conozco un hotel en la Costa Brava que está superbien, y supongo que en esta época del año no habrá demasiada gente.

Le encantaba llevar la iniciativa y a mí todo me parecía bien.

—Estupendo, pero esta tarde nos vemos, ¿no?

—No, imposible. Se va a incorporar al proyecto el compañero de la facultad que te comenté y hemos quedado a las nueve. Además, prefiero que descanses y que cojas fuerzas, porque mañana te harán falta —comentó en plan graciosilla.

—Vale, pues hasta mañana. Y tranquila. Tú preocúpate de tus fuerzas que yo lo haré de las mías.

Aprovechando que no vería a Elsa, me quedé hasta tarde en el bufete para poner al día varios temas pendientes. Al terminar volví a casa paseando. No me importaban ni el tiempo ni el recorrido. En mi cabeza aparecían pensamientos sobre Elsa y sobre lo que representaba para mí. Y me esforzaba para que no acapararan toda mi atención, porque quería ser consciente de cada paso que daba, para vivir cada instante de mi paseo.

Cuando llegué a casa, me puse cómodo y eché un vistazo a las habitaciones y a la terraza. Todo estaba en su sitio. Fui directo a mi pequeño cuarto de meditación, porque mi estómago todavía tenía el recuerdo de las famosas lentejas de Pol y no me apetecía cenar nada.

Me senté en mi cojín de meditación lo más cómodo que pude y me quedé mirando la imagen de Buda, situada frente a mí. Estoy convencido de que cualquier imagen, sea del tipo que sea, nos transmite algo, y ese algo depende más de nosotros que de la propia imagen. Me refiero a que cada persona, dependiendo de sus condicionamientos, percibe la imagen de una manera determinada. Y la imagen que entonces tenía enfrente me transmitía ese instante: «¡Ahora, aquí! Coge este instante. Cógelo sin retenerlo. Cógelo para soltarlo».

Me dispuse a dar sentido a mi práctica, ya que la intención marca el objetivo, el destino. Recité mi toma de refugio en las Tres Joyas en las que apoyaba mi objetivo: Buda, el Dharma y la Sangha.

Hacía muchos años que me sentaba a meditar. No lo tenía ni sentía ni percibía como una costumbre. No sé qué explicación darle, pero cada vez era algo nuevo. A lo largo de mi camino había tenido muchos maestros y tenía la costumbre de guardar algún recuerdo de cada uno de ellos, aunque pertenecieran a tradiciones o escuelas distintas. Yo no percibía diferencias entre ellos. Para mí todos eran uno y todos uno a la vez. La primera vez que me senté a meditar frente a mi maestro, recuerdo que me decía: «Siéntate tranquilo. Ahora no hay nada más que el aquí y ahora. Relaja todos los músculos de tu cuerpo. Empieza por tu cabeza. Tranquilo. Ahora no hay un tiempo que controlar. Suelta las tensiones de tu cuerpo. Percibe tu respiración suave y tranquila, déjala. No intentes atraparla. Percíbela, pero dale espacio, déjala libre. Atento, atento. Consciente. Deja tu mente atenta a lo que surja. No intentes atrapar tus pensamientos porque, si no, ellos te atraparán a ti. Deja que se diluyan como las nubes».

No sé en qué momento había empezado ni cuánto tiempo había pasado: mi atención no se apoyaba en nada, en ningún elemento físico ni psíquico. ¿Dónde estaba yo sin el que dirige, el que dice esto sí o esto no, el que clasifica y juzga? A ese preciso instante. De repente abrí los ojos y me levanté de golpe. ¿Qué me había pasado? Había soltado las «riendas» y había dejado que todo sucediera por sí mismo. Estaba en shock, pero a la vez en la paz más absoluta. Me quedé de pie intentando encontrar una explicación. Hasta que decidí que lo mejor era hacer lo que hacen los jinetes cuando se caen del caballo: volver a montar rápidamente. Sin dudarlo, me senté y retomé la práctica, pero no regresé al lugar donde había estado. No solté las riendas. Pasaron unos instantes, no sé cuántos. Terminé mi meditación y dediqué mi experiencia a todos los seres sintientes —ese día más que nunca—, pues lo que acababa de experimentar en ese momento no alcanzaba a mi comprensión. Quería demostrar mi profundo respeto y admiración a mi guía, Buda, de modo que realicé ante él varias postraciones. A continuación, me fui a la cama. Me acompañaba una sensación que no sabía cómo explicar, aunque estaba convencido de que más adelante se abriría mi entendimiento y sería capaz de hacerlo.

A la mañana siguiente, cuando entré en el cuarto de meditación, hice lo que nunca debe hacerse: sentarme a meditar con expectativas. De modo que la expectativa condicionó el resultado y mi práctica acabó tal como había empezado.

Preparé la bolsa para el fin de semana y bajé a la calle con suficiente antelación para no hacer esperar a Elsa, que se presentó con puntualidad británica, por supuesto.

—¿Quieres que conduzca yo? —le pregunté para chincharla cuando metí la bolsa en el maletero.

Me respondió con una mirada penetrante.

—Venga, sube. Date prisa o me voy.

A los dos nos divertían esos juegos dialécticos de indirectas e insinuaciones, que sin duda caracterizaban nuestra relación. No sé quién de los dos empezó con el jueguecito. Seguramente ella.

Me instalé en el reducido espacio de mi asiento y, pese a la dificultad de movimientos, la besé, o me besó. Acto seguido y sin perder un minuto, se puso en modo pilotaje y arrancó. Durante el trayecto, Elsa me contó mil y una anécdotas de su época en la universidad y de su familia. Yo estaba encantado escuchándola, contagiado por el entusiasmo con que relataba y revivía cada momento.

Me habló de su trabajo en Naciones Unidas y me explicó entusiasmada el proyecto que iba a montar con sus compañeros de la facultad.

Su compromiso para combatir las desigualdades sociales y los problemas del tercer mundo era admirable. Se implicaba tanto que incluso la afectaban emocionalmente. Desde el primer momento tuve claro que sería más inteligente una dulce rendición que una resistencia inútil, porque la encontraba irresistible. Por su buen fondo y porque era guapa a rabiar.

La escuché sin perder detalle durante las dos horas de trayecto, que se me pasaron volando a pesar de ir encogido en el asiento. No me di cuenta de lo incómodo que estaba hasta que salí del vehículo y noté que todo mi cuerpo crujía.

El hotel se encontraba en un pequeño pueblo de calles empedradas que en invierno no llegaba al centenar de habitantes y en verano se llenaba de terrazas con cantidad de turistas. Recorrimos sus calles acompañados del sonido de nuestros pasos. Cuando nos deteníamos para besarnos, el silencio nos delataba. Al cabo de una hora, habíamos dado cinco vueltas al pueblo y saludado cinco veces al corrillo de vecinos que estaban sentados en la plaza.

Cogimos el coche para visitar los alrededores. Las plantaciones de manzanos formaban hileras interminables a ambos lados de la carretera. Decidimos llegar hasta el mar para perdernos por alguno de los caminos de ronda que bordeaban la costa entre rocas y pinos.

Nos resultaba muy fácil entendernos. No éramos para nada almas gemelas, pero sentíamos un punto de admiración mutua que nos inducía a prestar atención hasta en los pequeños detalles del otro. Nuestras diferencias insuflaban un aire de frescura a nuestra relación, de novedad constante. Era como si nuestras diferencias nos atrajeran mutuamente.

De regreso al hotel, fuimos directos al restaurante, que estaba prácticamente vacío. Elegimos una mesa apartada para tener más intimidad. Estudiamos la carta, pero dejé que Elsa eligiera porque la comida me traía sin cuidado. Me dio la impresión de que se debatía entre algo saludable o algo apetecible y, afortunadamente, se decantó por lo apetecible. Buena señal. Cuando el camarero nos preguntó por las bebidas, nos interrogamos con la mirada para ver quién se arriesgaba con la respuesta. Yo sabía que en estas situaciones lo mejor es preguntar.

—¿Te apetece un vino blanco?

—Sí, afrutado —respondió con una sonrisa.

El camarero nos recomendó un vino de la zona y se marchó con la comanda. Elsa me cogió la mano por encima de la mesa.

—Cuéntame más cosas sobre ti.

—¿Qué quieres que te cuente? Prácticamente ya te lo he explicado todo.

—Pues cuéntame un secreto —añadió con ojos curiosos.

—Vale, aunque en el fondo todos tenemos secretos muy similares.

—¿Tú crees?

—La base es la misma. Eso seguro. Después cada uno los adorna según sus condicionantes.

—Entonces los condicionantes marcan las diferencias.

—Sí. Pero existe una base común. Lo que ocurre es que damos más importancia a los condicionantes individuales que a la base común, y es entonces cuando surgen las disputas.

—Ya…

—Piensa que nuestros condicionantes, y me refiero a los personales, no a los colectivos, nos diferencian a unos de otros, y eso nos distancia. En cambio, lo común nos une. O sea que, si consideras más importante y de más valor lo común, eso te acercará a la gente, y no solo a los que te rodean, sino a toda la gente.

—Lo aplicaré.

—Sí, porque mejorará la interrelación contigo misma y con los demás. Y ya sabes que la causa de los mayores conflictos es la poca o nula conexión con uno mismo y con los demás.

—Sí, es cierto. Y esa es también la base para la resolución de conflictos, pero, para que así sea, en la vida todos deben tener antes las mismas oportunidades de elección.

—No creo que deba ser antes o después, aunque tal vez, y digo tal vez, si fuera antes podrías elegir qué oportunidades son mejores para ti mismo y para los demás. Y con eso no quiero decir que tengas que decidir por los demás, sino que eliges lo que es mejor para ti, no con una visión egocéntrica, sino mundicéntrica o cosmocéntrica.

—Marc, eso de la visión es tuyo, ¿a que sí?

—Para nada. Es de Ken Wilber. Él hablaba de cuatro tipos de visión, entendiendo por «visión» la comprensión en la interacción con respecto de uno mismo hacia todo lo que te rodea. La visión egocéntrica, la etnocéntrica, la mundicéntrica y la cosmocéntrica.

—Interesante…

—Sí, mucho.

—Aunque es solo una teoría, un razonamiento intelectual.

—O no. También puede ser una realidad en ti. Se trata de transformar tu comprensión sobre ti mismo y, a partir de ahí, el modo en que te relacionas con todo lo demás, aunque, más que un cambio o transformación, lo veo como una ampliación o evolución de tu comprensión. Te diría que en toda experiencia hay como tres fases: conocer, entender y finalmente comprender.

Elsa me escuchaba con los ojos entrecerrados, como si estuviera leyendo cada una de mis palabras. Era evidente que nos interesaban los mismos temas —no por casualidad nos habíamos conocido en un retiro budista de una escuela tibetana—, por lo que nuestras conversaciones derivaban con facilidad hacia conceptos y cuestiones relacionadas con nuestras inquietudes. Yo llevaba muchos más años que ella aprendiendo y avanzando en el camino del Dharma, y cuando compartía con ella mis conocimientos, Elsa me miraba con admiración, y eso a mí me gustaba. Era el único momento en que era yo quien tenía el control de la situación.

—De hecho, aplicamos las tres fases automáticamente a diario para incorporar cosas en nuestra vida de forma consciente, si bien también incorporamos muchas otras de manera inconsciente. Y digo «cosas» en el sentido más amplio de la palabra. Me refiero a lo que tiene entidad, a…

—Ya lo he pillado.

—Vale, vale. El caso es que, cuando conoces algo de manera consciente, es decir, dándote cuenta de ello, te planteas preguntas sobre eso que te llevarán a entender qué es y qué significa o qué utilidad puede tener en tu vida. Dicho de otra manera, para que eso tenga utilidad en tu vida y puedas incorporarlo en tu día a día, primero debes comprenderlo. En ese momento, ese algo forma parte de ti, está unido a ti. Es entonces cuando descubres su auténtico sentido y utilidad, y es posible que genere algún cambio en tu vida día a día.

—¿Y tu algo cuál es?

—Para mí, la meditación.

—¿Y en qué fase estás?

—Te diría que acabando de entender y empezando a comprender. Para mí, lo más importante es haber tenido la oportunidad de conocer. No todo el mundo tiene esa oportunidad. A veces el deseo de conocer surge por iniciativa propia, pero otras veces la vida o no sé qué pone ante tus ojos algo que no sabes muy bien qué es, pero estás ahí, lo ves, y en ese momento sabes que eso es lo que querías.

—A mí siempre me ha interesado la meditación, aunque me cuesta asimilar según qué cosas. Por eso me apunté a la conferencia de Wilber. Y también me interesa como psicóloga, porque veo una cierta relación. Oye, Marc, ¿tú podrías enseñarme a meditar?

—Enseñarte, no. Exponer, comentar y debatir sí, eso sí.

—¿No es lo mismo?

—No, porque nuestra relación está bajo el paraguas emocional. Yo me siento feliz de que sea así…

—Eso ha sonado muy poco romántico —me cortó.

—Elsa, yo no puedo ser tu guía porque estoy enamorado de ti.

—Eso está mejor. —Levantó la copa sonriendo y le dio un sorbo al vino sin apartar la mirada de mí.

—Tu guía ha de ser alguien con total asepsia emocional. Si en este proceso entraran las emociones, lo distorsionarían.

—¿Qué tienes en contra de las emociones?

—Mirándote a ti aquí y ahora, absolutamente nada. —Alcé la copa y le di un sorbo sin dejar de mirarla.

Dimos por terminada la cena. Abandonamos el restaurante para dirigirnos a la habitación. En el ascensor, Elsa me cogió la mano. Las puertas se cerraron. La intimidad del ascensor nos invitó a besarnos y abrazarnos con impaciencia hasta que llegamos al tercer piso y las puertas se abrieron de nuevo. De la habitación en penumbra tan solo recuerdo el frágil resplandor de la luna, que se colaba por la terraza e iluminaba un pequeño banco a los pies de la cama. Indiqué a Elsa que esperara un momento, saqué el móvil y con dedos torpes elegí una canción. Cuando empezó a sonar *Dream of the Return* de Pat Metheny, la música nos envolvió. Nuestros cuerpos se abandonaron a la dulce melodía e iniciaron una rítmica conversación de caricias sin mediar palabra alguna. La ternura contenida en cada roce, cada beso, era la expresión de los sentimientos que las notas de Pat Metheny traducían en un suave movimiento.

Estábamos juntos. Estábamos donde queríamos estar. No había nada que decir. No había nada que pensar. Aquí y ahora. Elsa y yo. Silencio. Mirada intensa, cuerpos entrelazados y reflejos de luna en la piel.

Al despertar el día siguiente, me encontré con que todavía estábamos abrazados. Con el máximo cuidado salí de la cama y me senté en el suelo para iniciar mi meditación. Mi cabeza no cesaba de proyectar las imágenes de la noche anterior, que se fueron disipando poco a poco a medida que ponía mi atención en el soporte de la respiración, hasta que conseguí estabilidad.

Aunque hay maestros y técnicas que aconsejan mantener los ojos abiertos o entreabiertos, yo suelo meditar con los ojos cerrados excepto en la práctica de absorción del Dzogchen. No sé por qué, de pronto abrí los ojos. Elsa estaba junto a mí haciendo su práctica de meditación. Me sentí afortunado por tenerla a mi lado compartiendo ese momento.

Transcurrido un tiempo que no sabría definir, el sonido de la ducha captó mi atención. Volví a abrir los ojos y vi que Elsa se metía bajo el chorro de agua. Realicé varias postraciones en agradecimiento a las Tres Joyas, y me dirigí al baño sin dilación.

Regresamos a Barcelona pletóricos. Si antes sentíamos una fuerte conexión entre nosotros, ahora sentíamos una unión total. Cuando Elsa me dejó en casa, nos invadió una sensación de extrañeza. Después de aquella escapada, no tenía sentido tener que despedirnos. Éramos adultos, independientes. «Soy totalmente dueña de mi tiempo y de mi destino», me había dicho Elsa, pero quizá el siguiente paso correspondía a otra de sus fases.

Habían pasado varias semanas desde la escapada a la Costa Brava con Elsa, cuando entré en el bufete como cada mañana. Marta me hizo una señal para que me acercara al mostrador de la recepción.

—Buenos días, Marta.

—Buenos días, Marc. Acaba de llamarte ese amigo tuyo tan simpático —me dijo tendiéndome el correo.

—¿Te refieres a Pol?

—Sí. Parece muy divertido.

—Sí, lo es, y mucho. Gracias, Marta, ahora lo llamo.

Llegué a mi despacho, me puse cómodo y llamé a Pol.

—Pol, ¿cómo estás, tío?

—Hola, Marc. ¿Qué, ya has llegado al curro?

—Sí. Y, para tu información, Marta se ha referido a ti como «ese amigo tuyo tan simpático».

—¿En serio?

—Te lo advierto, Pol, ten cuidado.

—¿Me estás diciendo que no sea simpático?

—Ya estás advertido.

—Tranqui, está todo controlado.

—Bueno, ya veremos quién controla a quién.

—Mira quién habla. El que está totalmente colgado de su chica.

—Sí, y muy feliz. Oye, ¿a qué se debe tu llamada a estas horas?

—Me gustaría comentarte un tema. ¿Cuándo te va bien que nos veamos?

—A mediodía he quedado con Elsa y estaré con ella toda la tarde. Si quieres, cuando termines de la consulta nos vemos los tres.

—Me parece perfecto, y más si vienes con Elsa. Ella me cae mejor que tú.

—Eso no es difícil.

—Ok, Marc. Yo acabo a las seis. Quedamos en el bar de abajo de la consulta.

—Perfecto, allí estaremos.

Estuve prácticamente toda la mañana encerrado en el despacho para resolver y preparar un montón de papeleo. Marta no paró de entrar y salir para preguntarme sobre Pol. Que si cuántos años tiene, que si dónde vive, que si tiene pareja. Confieso que estuve tentado de inventarme que estaba felizmente casado desde hacía mil años para que Marta me dejara tranquilo, pero estoy seguro de que Pol habría dejado de hablarme de por vida, así que me limité a responder escuetamente y allá ella. Solo esperaba que entre uno y otra no me pusieran en un compromiso con los socios del bufete, incluidos mis padres.

Elsa me había llamado por la mañana para que fuera a acompañarla a ver una posible oficina para el gabinete de resolución de conflictos. Iba con Sonia y Javier, sus colegas de la universidad y socios en el proyecto, y quería que los acompañara porque yo también me había sumado al proyecto como socio capitalista, no solo porque tenía capacidad para financiarlo, sino también porque sabía que para Elsa era muy importante y además yo creía en el proyecto. Sin embargo, tenía tal lío de trabajo en el bufete que preferí quedar después, a la hora de comer.

Elsa me pasó a buscar con su minicoche y fuimos a picar algo a un pequeño restaurante del Born donde servían platos de autor y donde no había dos sillas ni dos mesas iguales. La música ambiental dotaba de armonía a aquella mezcla de estilos decorativos bajo una pésima iluminación donde parecía que nada tuviera sentido.

—¡Ya tenemos oficina, Marc! —me dijo Elsa entusiasmada cuando conseguimos sentarnos a una mesa—. A todos nos encanta. Solo faltas tú.

—Por mí, si vosotros la veis bien, yo también.

—Ya lo sé, pero preferiría que fueras a verla, porque también es tu proyecto.

—Yo ya tengo mi trabajo, Elsa. He invertido en el proyecto porque creo que vale la pena y por ti, pero no puedo implicarme más.

—Ahora no, pero quién sabe si en un futuro trabajaremos juntos.

—No te rindes, ¿eh? —Se me escapó una sonrisa.

—Yo de ti no lo descartaría. Tienes aptitudes para trabajar en el proyecto.

—¿Ah, sí? —Me hizo gracia su osadía, teniendo en cuenta que ni siquiera habían abierto el gabinete.

—Ya lo creo. Tu especialidad es la negociación, ¿no? En un sector totalmente distinto, vale, pero es lo mismo. Negociar es llegar a un acuerdo, y en eso tienes mucha experiencia. Además, tu visión de vida puede ser un gran apoyo.

—¿Mi visión de vida? —Se me escapaba la risa. Cuando Elsa quería algo, era persistente como la que más.

—Sí, Marc. La manera que tienes de entender y relacionarte. La visión que te aporta tu práctica en el camino espiritual.

—Esa palabra no me gusta nada.

—¿Cuál?

—«Espiritual». Suena a fantasmagórica, a paranormal. Se ha utilizado tantas veces que su sentido se ha desvirtuado. Pero te agradezco tu propuesta, Elsa. Nunca se sabe. Gracias.

—¿Gracias por qué?

—Por contar conmigo.

—No sabes hasta dónde cuento contigo, colega.

—Elsa, no sigas por ahí…

—¿Te pongo nervioso? —me dijo con sonrisa pícara.

Le di un beso en los labios, aunque le habría dado mil.

Después de comer nos dirigimos caminando hacia la futura oficina, que se encontraba a cuatro calles, en el mismo barrio del Born.

—Hemos llegado.

—¡Joder!, Elsa, ¡si es un almacén!

—Lo era, Marc. Entra a verlo.

Dentro había operarios haciendo labores de limpieza.

—¿No te parece excesivamente grande?

—Piensa en grande y acertarás, ¿o no? Bueno, ¿qué? ¿Te gusta o no?

—Tiene muchas posibilidades, pero costará una pasta.

—No creas. Menos de lo que supones. Además, tenemos amigos que nos echarán una mano con ideas y proyectos.

Me quedé mirando a Elsa.

—¿Cuándo firmamos el contrato?

Se le iluminó la cara.

—Tenemos que negociar con la propiedad. Ahí es donde entras tú. Necesitamos de tu experiencia en este tipo de acuerdos.

—Cuenta conmigo. De hecho, soy el primer interesado. —Le cogí una mano—. También es mi proyecto.

Echamos un vistazo al local. Los techos altos y abovedados le daban un aire entre industrial y señorial. Descubrimos humedades, desconchados y algún que otro boquete en las paredes. Había que adecuar el baño y poner nueva la instalación eléctrica. Las ventanas no cerraban. Íbamos tomando nota mental y calculando el coste de una reparación que prometía ser faraónica. El almacén era gigantesco, diáfano, de modo que era como una hoja en blanco en la que podíamos diseñar el gabinete de nuestros sueños. El papel lo aguantaba todo; el bolsillo, ya se vería.

Estuvimos paseando por la zona hasta la hora de reunirnos con Pol. Nuestra mirada ya no buscaba balcones de forja ni ventanas góticas germinadas de otras épocas de esplendor, ahora se fijaba en la instalación de aire acondicionado de los locales, en el tipo de iluminación y en si habían conservado las puertas y ventanas originales para extrapolarlo al gabinete.

—Elsa, he quedado con Pol y ya casi es la hora. ¿Vamos? No sé lo que me quiere comentar.

—¿Sabe que yo también voy?

—No solo eso, sino que está encantando de que tú también estés en la conversación.

Hacía tres semanas que había presentado a Elsa y Pol y, como tenía claro desde el primer momento, se cayeron muy bien. Los dos habían estudiado en la misma facultad y casi con los mismos profesores, así que el día en que los presenté se pasaron todo el rato recordando anécdotas de la universidad que a ellos les parecían supergraciosas. Yo no les veía la gracia por ningún lado, pero estaba encantado porque para mí era importante que las dos personas a las que más quería se llevaran bien.

Cogimos el coche para llegar puntuales a nuestro encuentro, aunque Pol se nos adelantó y nos esperaba sentado en una mesa en la terraza del bar. En cuanto nos vio, se levantó y vino hacia nosotros con los brazos abiertos para darnos la bienvenida.

—Elsa, estás guapísima —exclamó Pol.

—Esperaba de ti un comentario más original, Pol.

—Pol, no hagas caso a Marc. Tu comentario, aparte de sincero, es de lo más oportuno —comentó Elsa dedicándome una de sus sonrisas irresistibles.

—A ver, a los dos, advertencia previa: nada de anécdotas de la universidad, ¿vale?

—Tranquilo, Marc, nos las reservamos para cuando tengamos mejor compañía. ¿A que sí, Elsa?

—Pues sí —contestó Elsa mirándome de reojo.

—Venga, siéntate. ¿Qué querías comentarme, Pol?

—Ah, sí. Te quería comentar un caso que tengo en la consulta. No diré nombres porque el secreto profesional y la confidencialidad son más que sagrados, pero quisiera saber tu opinión sobre un tema, y la de Elsa, por supuesto.

—Cuéntame.

—Se trata de una persona que vino a la consulta por supuestos problemas de depresión.

—¿Supuestos?

—Sí, supuestos. Me sorprendió porque se presentó con un aspecto muy cuidado, sonriente y derrochando seguridad. Después de las presentaciones, de tomarle los datos y de preguntarle por sus antecedentes, que es lo que se acostumbra hacer, empezó a hablarme de su vida. Me sorprendió porque estaba orgulloso de sus logros personales, tanto en la vida privada como en la profesional, o sea que no infravaloraba ni sus logros, ni su entorno, ni su vida en general, sino todo lo contrario.

—Qué raro —comentó Elsa.

—Yo flipaba. Estuve a punto de decirle que igual el que necesitaba ayuda era yo. Entonces le pregunté cuál era el problema, teniendo como tenía una vida envidiable. Me contestó que lo sabía y que agradecía a todas las personas que lo habían hecho posible, pero que percibía que había algo más, que sentía que había algo más allá del límite de su existencia física, y no se refería a después de la muerte o en vidas futuras, ni a nada relacionado con creencias religiosas o algo así, ni tampoco a nada de tipo emocional, ya que daba y recibía suficiente afecto.

—Esto se pone interesante —comenté.

—Le dije que tal vez tenía una idea equivocada y que solo estaba confuso. Me respondió con una pregunta, y entonces sí me pareció ver a una persona confusa, aunque yo tenía claro que no lo estaba. Continuó diciendo que no se trataba de una idea, pues no tenía formado un concepto mental al respecto, así que era tan solo una sensación muy clara de que se estaba perdiendo algo. Y, ¿sabéis qué?

Elsa y yo negamos con la cabeza, sin atrevernos a contestar para no interrumpir su discurso.

—Creo entender a qué se refería, a pesar de que no concretó demasiado. Quedamos para una segunda visita la semana próxima. —Pol pasó a su tono jovial de siempre—. ¿Qué, cómo lo veis?

—Pues…

—Estaréis pensando por qué necesito saber vuestra opinión, si creo entender lo que intenta decir —añadió sin esperar a que acabara la frase—. Y no me extraña. —Me miró, ahora serio—. La razón es que yo he tenido esa misma sensación. Y no estoy seguro de poder ayudar a esa persona como realmente quiero. —Relajó la expresión—. Además, me recuerda a ti, Marc.

—¿A mí?

—A tu proceso.

—¡Ah!, te refieres a eso.

—Bueno, lo que os quería decir era esto. ¿Qué pensáis?

—Creo que el primer paso debería ser descartar cualquier tipo de trastorno o alteración. De lo contrario, el abordaje terapéutico podría ser más perjudicial que beneficioso —contestó Elsa desde la perspectiva de la psicología.

—Sin duda, lo que comenta Elsa es básico —apunté yo.

—Sí, está claro —respondió Pol—. Ya tenía en mente realizarle un estudio a fondo en la próxima visita, pero estoy seguro de que no habrá alteraciones previas.

—Bueno, depende de lo que consideréis vosotros como alteración —repliqué—. Si definís «alteración» como el conjunto de señales asociadas a una dolencia, y entendéis como alteración todo aquello que produce fuera del «estándar» en la vida del sujeto que observáis, estamos apañados, porque aquí no hay nadie que supere la prueba.

—Vamos, Marc, que ya sabes que no se trata de eso.

—Vamos a ver, que quede claro que no soy psicólogo y que no tengo formación sobre este tipo de temas, pero al final partes de una conclusión que la puedes llamar diagnóstico, ¿no es así?

—Sí, claro —respondieron Elsa y Pol al mismo tiempo.

—Y está claro que es una valoración sobre unas cuestiones determinadas a las que llamáis «alteraciones derivadas» de unas señales de comportamiento.

—Marc, ¿adónde quieres llegar? —me interrumpió Elsa.

—Lo que intento decir, y me refiero al caso concreto que ha expuesto Pol, es que no existe tal alteración del comportamiento. Es decir, el hecho de que una persona «sana», por decirlo de alguna manera, tenga vislumbres del despertar a una nueva compresión de su existencia, a pesar de llevar una vida digamos «estándar», puede revelar una insatisfacción vital, ya que intuye que ese estándar no le lleva a una experiencia auténtica de su propia existencia.

—¿Y? —me apremió Elsa.

—Y considero que el psicoterapeuta y/o, entre comillas, el guía espiritual en este caso tiene un trabajo apasionante que es conducir al sujeto por la senda de la autocomprensión, pero eso no es posible sin que previamente el psicoterapeuta hayan transitado por esa senda, ya nadie puede conducir a nadie más allá de donde él mismo haya podido llegar.

—Eso está claro, pero ¿por qué mezclas al psicoterapeuta y al guía espiritual? —preguntó Pol.

—No los mezclo. Es más, opino que el guía espiritual tendría que derivar ciertos casos al psicoterapeuta y viceversa. Aunque debo reconocer, y no quiero haceros la pelota, que suele ser más recomendable el psicoterapeuta.

—De todos modos, la psicología está en adaptación constante — comentó Elsa.

—Sin duda, pero la adaptación no significa cambio. Te puedes adaptar siguiendo las mismas premisas, el mismo paradigma, si prefieres decirlo así, y el cambio es una modificación de las premisas dentro de lo preestablecido en un paradigma.

—Sí, estoy de acuerdo —admitió Pol—. Siempre y cuando no se trate de un capricho o un «vamos a probar si esto funciona». No hay que olvidar que detrás de la psicoterapia actual hay años y años de estudio.

—Dentro de la psicología, la psicología transpersonal sería un nuevo paradigma, como tú lo llamas. Y estoy segura de que sería la más adecuada para el caso que ha expuesto Pol —comentó Elsa.

—Como sabéis, soy conductivista y, evidentemente, considero que el conductivismo es la mejor respuesta. Si no fuera así, utilizaría otro abordaje terapéutico. En cuanto a la psicología transpersonal, en según qué casos puede resultar muy útil, pero también creo que bastantes terapeutas han utilizado este término sin demasiado rigor, con lo cual hay cierto desconcierto al respecto —apuntó Pol—. ¿No te parece, Elsa?

—Sí, estoy de acuerdo —respondió Elsa—, pero es un abordaje muy reciente dentro de las psicoterapias de vanguardia, y todas las psicoterapias han sido cuestionadas al principio, por lo que creo que hay que darle tiempo. Las terapias nuevas surgen de necesidades nuevas, y el transcurso del tiempo dirá si son válidas o no.

—Entonces ¿cuál es vuestra opinión? La tuya, Elsa, desde un punto de vista terapéutico. Y la tuya, Marc, desde tu experiencia personal.

—Desde mi punto de vista, tienes un caso muy interesante —aseguró Elsa—. Evidentemente, no se trata de ayudar a tu paciente a superar un estado determinado, sino de ayudarle a ser capaz de encontrar su dirección. Para un terapeuta, me parece un trabajo apasionante.

—Por mi parte, sabes que tengo una total confianza en tu criterio profesional, por muchas razones. Conozco tu labor y sé que además tienes claro que la visión del mundo que considera la visión científica basada en la Física de Newton, la Biología de Darwin y la Psicología de Freud ya han sido sobrepasadas. Creo que todos los que estamos aquí tenemos claro que el universo no es un conjunto de pedazos.

—Tío, al grano —me cortó Pol.

—Con ello quiero decir que estoy seguro de que serás de gran ayuda para esa persona. Y estoy de acuerdo con el comentario de Elsa. Es más, creo que puede ser una oportunidad interesante para ti.

—Chicos, tendré que veros más a menudo —comentó Pol extendiendo los brazos y agarrándonos por el hombro a Elsa y a mí—. Vuestro apoyo es reconfortante. Mi visión integradora…

—¡Ep!, palabra peligrosa —salté de inmediato.

—¿Cuál?

—«Integradora».

—Explícate.

—Ni mucho menos soy contrario a una visión integradora, pero, cuidado, eso no significa que todo valga y que pueda mezclarse una cosa con otra, porque eso genera confusión y la confusión es la base de la ignorancia. Fíjate en lo que ha pasado con las teorías de la New Age. Querían unirlo todo y, al final, venga, todo vale y todo está relacionado con todo, que si la horticultura con la numismática…

—Tranquilo, Marc. Sabes que mi visión integradora no va por ahí.

—Sí, lo sé, perdona. Es que me exaspera.

—Porque te habrás encontrado de todo —señaló Elsa—. Me refiero en tus prácticas de meditación y al meter la nariz en distintos abordajes.

—De todo y más. Lo importante es tener claro hacia dónde quieres ir. Y eso es lo difícil, ya que, si no lo tienes claro, es muy fácil liarte o que te líen. Mis inicios fueron complicados y muchas veces decepcionantes. Empiezas por una intuición que te dice que algo está escapando de tu comprensión; solo con eso empiezas a preguntar, a buscar la respuesta, y es muy fácil confundirte. Pero si tu intuición es clara, serás capaz de distinguir lo que es de lo que parece que es, aunque no estás exento de caídas y golpes dolorosos. Hasta que un día algo se apiada de ti y oyes o lo lees o eres afortunado y encuentras a alguien a quien puedes llamar «maestro», y poco a poco te vas aclarando y vas comprendiendo.

—O sea que necesitas un maestro —concluyó Pol.

—Sin lugar a dudas. En todo aprendizaje, el maestro es muy importante, pero todavía es más importante el alumno, porque el maestro enseña lo que ya sabe, pero el alumno aprende lo que no sabe, y eso requiere un esfuerzo mayor.

—Te refieres a la fe, a creer —apuntó Elsa.

—Sí, pero a la fe auténtica, aquella que hasta tú mismo te cuestionas, incluso de la que dudas, no la fe basada en creencias con ideas obsesivas que te ciegan, que solo son el impulso, la motivación. Un maestro jamás las utilizaría. Un maestro de matemáticas, por ejemplo, nunca te dirá que creas o que tengas fe en las matemáticas. Yo desconfiaría de mensajes y contenidos que requirieran una obediencia ciega, pues los verdaderos instructores nunca utilizan ese tipo de métodos.

—Pero son cosas distintas —me cortó Elsa.

—Ya, pero, en cualquier caso, el maestro debe enseñarte lo que conoce con certeza absoluta y no lo que supone. Buda dio mucha más importancia al alumno que al maestro. Para mí, ese es uno de los mayores distintivos de un maestro. También aconsejó que no eligieras al maestro por su reputación, sino por lo que este aportara en la comprensión de tu camino. Está claro que decir que eres estudiante de este maestro o de aquel no te aporta absolutamente nada si tu logro es inútil para la comprensión.

—Utilizas mucho la palabra «comprensión». ¿No se trata más bien de experimentar, de sentir? —me preguntó Elsa.

—Es que la comprensión es la finalidad o el logro. No se trata de experiencias alucinatorias o de alterar tus sentidos desvirtuando sus propias funciones para doblar cucharas, mover objetos con la mente o estar por encima de cualquier ley física, a menos que quieras dedicarte a trabajar en un circo, ya que tu búsqueda está orientada a comprender tu propia existencia y de lo que esta forma parte o, mejor dicho, de lo que es parte y, a partir de ahí, comprender y conocer. Actúas e interactúas conforme a eso.

—¿Y de qué te sirve?

La pregunta de Elsa me chocó. Me parecía demasiado simple. Y la respuesta demasiado compleja.

—La base del sufrimiento, entendiendo por «sufrimiento» no solo el dolor físico o una preocupación constante, sino también la insatisfacción permanente, te impide ser feliz. Es decir, te impide estar en un estado de armonía contigo mismo y con todo aquello con lo que te interrelacionas: personas, situaciones… Por decirlo de alguna manera, con cualquier fenómeno físico o psíquico. Porque si lo conoces, lo entiendes y al final lo comprendes, ese sufrimiento deja de manipular tu vida constantemente. Eso no te convierte en una persona extraordinaria, eso te hace ser una persona totalmente normal, ya que lo normal es vivir una vida de acuerdo con las leyes que rigen la existencia; no la vida, la existencia.

—¿Llegar ahí es lo que los budistas llaman Nirvana? —me preguntó Pol.

—Bueno, nadie ha identificado el Nirvana con un sentimiento, una sensación o un concepto determinado. Buda, que para mí es un referente fiable, lo explicaba y definía por medio de sutras, algo así como charlas para gente que quería escucharlo. Y él lo explicaba de forma simple y llana a gente simple y llana, con la única finalidad de darlo a conocer y de que se entendiera, y no mediante jeroglíficos lingüísticos.

—¿Y no crees que las personas que lo logran se convierten en algo extraordinario? —preguntó Elsa.

—Sí, lo extraordinario es tener una existencia acorde con tu propia esencia y con la realidad. Tal vez sí. De todos modos, ¿no sería lo lógico y normal?

—Supongo que sí —dijo Elsa.

—Hay gente que piensa y capta el concepto, personas que llegan a ese estado y están con la sonrisa boba todo el rato, a las que todo les parece bien y que, en cambio, necesitan que las lleven en volandas para hacer sus necesidades fisiológicas, y que además deben vestirse o utilizar unas prendas concretas. Nada más alejado de la realidad.

—Hay gente a la que no le gustaría esta respuesta —observó Pol.

—Pues si no les gusta esta respuesta, igual deberían comprobar sus premisas.

—Oye, Marc, ¿tú crees que el budismo es la única respuesta? —preguntó Pol.

—En absoluto. Nada ni nadie tiene el monopolio de tus respuestas. Además, si te dijera lo contrario, eso sería poco o nada budista. Las respuestas existen y están en ti mismo. En mi caso, para obtener esas respuestas, la herramienta que utilizo son las enseñanzas del que llamaron Buda, que significa «aquel que llegó a comprender».

—¿Has conocido personalmente a alguien que haya alcanzado ese estado? Me refiero al Nirvana.

—Creo que sí, Elsa.

—¿Por qué dices «creo»?

—Porque, cuando pregunto directamente, nadie lo confirma. Lo más aproximado a un sí ha sido una sonrisa, pero a saber si era un signo de asentimiento. Diría que más bien de extrañeza, como diciendo: «¿A qué viene esa pregunta?». En definitiva, que las personas que han alcanzado el grado del Nirvana no te dicen que están ahí, sino en el camino del logro.

—¿El Nirvana tiene grados?

—Bueno, igual sería más correcto hablar de fases o estadios.

—Pues yo creía que estás o no estás, lo consigues o no lo consigues. ¿No es así?

—No exactamente. No sé cómo explicártelo... Sería algo así como si obtuvieras un doctorado y pensaras que ya lo sabes todo, cuando, en realidad, las personas empiezan a profundizar en el conocimiento de la disciplina al llegar a ese grado de conocimiento.

—¿Y cuáles son los estadios?

—¡Uf!, eso no se explica en un día.

—Venga, Marc, no seas así —me pidió con un hilo de voz y con una caída de párpados.

—Elsa, eso es hacer trampa. Sabes muy bien que, si me lo pides así, soy incapaz de resistirme.

—Va, Marc.

—Es imposible resumirlo. Además, entre las escuelas existen convergencias y divergencias de matices. Así que queda pendiente. Y mira la hora que es, nos tenemos que ir.

—Sí, yo también me tengo ir —dijo Pol.

—Pol, no sé si la charla te ha sido útil.

—Seguro que algo saco.

Elsa y yo nos despedimos de Pol. Cuando íbamos camino del coche, Elsa me miró y me preguntó:

—¿Cuándo me vas a pedir que vaya a vivir contigo?

—¿Tenía que pedírtelo?

—Habría estado bien.

—Pues si necesitas una respuesta: hoy, ahora.

A Elsa se le iluminó la cara y se me lanzó al cuello para darme un beso largo y dulce.

—¿Y eso qué ha sido, un premio de consolación?

—No, Marc. Ha sido un: «Este fin de semana me instalo en tu casa».

El fin de semana siguiente, Elsa se mudó de casa de sus padres a la mía. Yo llevaba años viviendo solo y me gustaba. Que yo recuerde, jamás había tenido sensación de soledad. Y con ello no quiero insinuar que hubiera accedido al traslado de Elsa a mi casa porque no tuviera más remedio. La verdad, Elsa era para mí la compañía perfecta y creo que ella pensaba lo mismo de mí. Estar juntos nos fortalecía individualmente a los dos, sin necesidad de decirlo ni pactarlo. Teníamos muy claro que el propósito de nuestro amor era hacernos mejores, y nuestras discusiones y diferencias iban siempre en esa dirección. Ella siempre hacia aflorar mis mejores sentimientos. Cuando me decía que me amaba, nada ni nadie lo habrían podido cuestionar.

Aparte de nuestro amor, que valorábamos y cuidábamos verbalizándolo en todo momento y expresándolo en la medida en que nos lo permitía el entorno, no nos faltaba ese punto de admiración que nos llevaba a interesarnos el uno por el otro. No había dependencia emocional, había unión. Nuestra convivencia diaria era fácil, pues convivir con una persona feliz a tu lado siempre es fácil. Ni siquiera tuvimos que organizar la vida en común: meditábamos juntos todas las mañanas, salíamos de casa a la misma hora para ir a nuestros respectivos trabajos y Elsa venía a recogerme al bufete por la tarde. Los fines de semana, por poco que pudiéramos, nos escapábamos a conocer lugares nuevos, aunque el lugar era lo de menos.

Éramos diferentes, pero nos encantaban nuestras diferencias porque daban pie a unas discusiones que al final siempre dejábamos a medias para disfrutar de la reconciliación.

Una noche que estaba apalancado en el sofá con Elsa entre mis brazos, le di un beso en la coronilla, me incorporé y me aparté un poco para poder levantarme. Vi que Elsa ni se inmutaba.

—¿Qué te pasa, Elsa? —pregunté extrañado.

—Nada.

—¿Vienes a meditar?

—Voy. —Ni se movió.

—Elsa, algo te pasa.

—Bueno, últimamente tengo problemas de concentración. Mi mente no para de pensar. Intento meditar, pero me es imposible. No sé si…

—Eso no es un problema. Sería un problema si no te dieras cuenta de que eso sucede.

—¿Ah, sí?

—Es muy importante que te des cuenta. Es un avance en tu meditación.

—¿Tú crees?

—No lo creo, Elsa, lo sé. A ver, ¿cuál es la premisa fundamental para resolver un problema?

—¿Ser consciente de ese problema?

—¡Bravo! —exclamé para animarla—. Es superbásico, ¿verdad? Sin embargo, no lo es tanto cuando se trata de nuestra mente.

—¿Por qué?

—Porque, como te identificas con ella, no la consideras un elemento más a tu servicio, sino que estás convencido de que eres tú mismo, y eso te puede jugar una mala pasada. Es como si no fueses consciente de tu propia mano y esta fuera a su bola en vez de estar a tu servicio y prestarte ayuda realizando las imprescindibles funciones para las que ha sido creada. ¿Te lo imaginas? ¿Te imaginas que tu mano fuese a su bola sin ser tú consciente de eso?

—Suena a película de terror.

—Pues sí, porque igual le da por apretarte el cuello y tú no sabrías por qué te estás ahogando, lo que te generaría malestar y preocupación.

—Como mínimo.

—Y ten cuidado porque la presión que es capaz de ejercer en tu cuello puede llegar a ser muy fuerte.

—Me estás asustando.

—En cambio, si eres consciente de que tu mano es un elemento más de ti que está a tu servicio, la mano cumplirá su misión a la perfección y nunca se te tirará al cuello.

—Qué alivio —dijo Elsa medio bromeando, aunque la seguía viendo preocupada.

—Con tu mente pasa lo mismo, Elsa. En sí es algo fantástico, un elemento increíble que, bien utilizado y de un modo consciente, solo puede aportarte ventajas en todos los aspectos de tu vida. Además, al ser consciente de ella, también tendrás la oportunidad de cuidarla, y eso solo te reportará beneficios. Te aseguro que será el gran aliado para cualquier logro en tu vida.

—Marc, poca gente habla bien de la mente.

—Sí, es verdad. Y al ego le pasa lo mismo, pobre ego. En sí, el ego no es nada ni nadie y, claro, le echan la culpa de todo, lo consideran una especie de cajón de sastre donde meter todos los errores para liberarse de toda responsabilidad. Vamos, que le pasas la pelota al pobre de tu ego, lo conviertes en tu cubo de la basura y, como deberías reciclar esa basura y no te atreves a hacerlo por miedo, vas y vacías el cubo de basura en los demás. —Miré a Elsa a los ojos y le cogí ambas manos—. Elsa, tenemos un montón de herramientas, pero si no sabes utilizarlas, puedes llegar a hacerte mucho daño.

—¿Entonces es algo bueno que por desconocimiento convertimos en malo?

—Yo no he utilizado «bueno» o «malo». He hablado de darle la utilidad que justifica su existencia. Es más, estoy totalmente convencido de que esa utilidad es para ayudarte en tu existencia diaria y de que de ahí surgen muchos elementos en tu mente que pueden ser útiles. —Le solté las manos y estiré la espalda—. Con la duda pasa lo mismo. Muchas veces la usan para cerrar, para limitar, y tiene una utilidad contraria: abrir y dar opción.

—Suena bien eso de abrir. Me gusta. Abrir tu corazón, abrir tu mente…

—Sí, suena bien. Tan bien que el propio Buda instó a sus estudiantes a la duda, a la pregunta, a cuestionar sus propias enseñanzas.

—Conclusión, que tenemos mogollón de herramientas personales y las utilizamos de pena.

—Yo no podría haberlo dicho mejor —admití riendo—. Pero las utilizamos mal porque no las conocemos. Ya sabes: conocer, entender y comprender.

—¿Y respecto a mi meditación?

—La solución pasa primero por darte cuenta de que el problema está ahí para «conocerla».

—Vale, te entiendo. Pero, ¿qué hago?

—Para empezar, si te das cuenta de que tu mente va de un sitio a otro y no para quieta, no intentes atraparla ni dominarla. Tu mente hace muchos años que practica este juego, es una profesional, y tú acabas de darte cuenta de eso ahora. Además, tú no tienes ni idea del juego ni de sus reglas, por lo que está claro cuál será el resultado. Estarás jugando al ratón y al gato y nunca sabrás si eres el gato o el ratón.

—Entonces, ¿no puedo controlarla?

—Sí, con la indiferencia. No entres en su juego porque perderás seguro. Crea tu propio juego, es decir, utiliza el soporte externo: la respiración.

—La respiración —repitió Elsa como para grabarlo en su mente.

—Pero, muy importante, relajada, sin prisas, suavemente. Este es tu juego y estas son tus reglas, y tu mente no tiene capacidad para entenderlas. A tu mente la puedes domar con tus reglas, que son básicamente la indiferencia hacia ella, la atención y la relajación suave.

—Lo probaré.

—El soporte externo son tus muletas. Te ayudarán a ponerte en pie y a empezar a andar por ti misma. Llegará un día en que tendrás suficiente con una sola muleta. Más adelante tampoco la necesitarás, y caminarás sin muletas. En ese momento debes dejarlas a un lado, porque eso que ha sido tan útil será un impedimento para correr y saltar. Entonces, y solo entonces, podrás plantearte la posibilidad de tal vez un día ganar tu propia carrera.

Elsa escuchaba y asentía sin apenas parpadear.

—¿Tú ya puedes ir sin muletas?

—¿Por qué lo preguntas? Elsa, nadie es un referente. Solo tú eres un referente para ti misma. Los demás te darán ideas o consejos, pero solo tú y nadie más que tú podrá saber si son útiles o no. Es importante, mejor dicho, esencial, que seas honesta contigo misma, porque ahí solo estás tú contigo misma.

—¿Cómo puedo saber si mi práctica es correcta o no? Porque es fácil autoengañarse.

—Sí, muy fácil, porque es un tema de ti para contigo misma y puedes inventarte una película para autoconvencerte de lo que más te guste. Pero…

Dejé la frase a medias para crear expectación. Me gustaba ponerla un poco nerviosa.

—¿Pero qué?

—Hay una prueba inequívoca para saber si la práctica es correcta o no —respondí conteniendo la risa ante su impaciencia—: si tu práctica te une a los demás, si cada día sientes que estás más cerca de todo lo que te rodea, si ves y sientes que estás más unida a todo y a todos, vas por el camino correcto. Si no, estás haciendo algo mal. Pero no te rindas jamás, porque vale la pena vivir lo que realmente eres.

—¿Y qué soy? O ¿quién soy, Marc?

—Cariño, espero que eso me lo respondas tú algún día.

Hacía un año que vivíamos juntos. La convivencia era fácil y sabíamos disfrutar de la vida en pareja. También conocíamos mejor las cualidades, defectos y manías de cada uno. Nos seguía encantando debatir cualquier tema para contrastar y reafirmar nuestras diferencias, y yo tenía la fórmula para llegar a un acuerdo. Supongo que mi experiencia profesional en negociaciones me daba cierta ventaja. Porque a Elsa le costaba muchísimo dar la razón y hacía todo lo posible para evitarlo, de modo que, cuando yo notaba que había demasiada tensión entre nosotros, cambiaba de postura y recurría a la táctica de la rendición, que por lo visto es la mejor victoria, aunque habría que comprobar qué opina el general Sun Tzu al respecto.

—Mi amor, yo no quiero tener razón —le decía con dulzura—. Yo solo quiero que me comprendas.

—Si yo te entiendo —contestaba Elsa—, pero…

Y entonces yo volvía a la carga, aunque con un buen saco de azúcar.

—Mi amor, eso es lo único importante para mí.

Por supuesto, Elsa se daba cuenta de mi maniobra. «Ya sé por dónde vas», me decía su sonrisa, pues sabía cuál era el final de nuestros debates. Pensándolo bien, tal vez Elsa me llevaba la contraria con toda la intención. Y yo caía en la trampa como un tonto.

Poco después de trasladarse a mi casa, Elsa se había apuntado a las clases de meditación y budismo que impartía Álex, un buen amigo y compañero mío en el camino hacia el autodescubrimiento.

Álex rondaba los cincuenta años. Había sido monje budista durante buena parte de su vida, hasta su regreso a Barcelona, donde había abierto un centro budista. De apariencia tranquila y sosegada, era de esas personas que cuesta imaginarlas enfadadas o disgustadas.

Álex había centrado su búsqueda en un linaje concreto dentro del budismo y, aunque teníamos algunos puntos de vista diferentes, nuestra coincidencia era total y absoluta en lo esencial. Yo apreciaba y valoraba mucho sus criterios, coincidieran o no con los míos. Álex estaba dedicado totalmente al budismo. No solo impartía clases y era muy buen guía, sino que además podías contar con él para cualquier tema.

A veces yo acompañaba a Elsa a las clases con Álex, aunque prefería no hacerlo, ya que pensaba que tomar clases de meditación y budismo debía ser una iniciativa personal suya, al margen de nuestra relación. Eso no impedía que comentáramos con frecuencia textos, enseñanzas y reflexiones y que aprovecháramos nuestras salidas de fin de semana para asistir a retiros o enseñanzas.

—Ayer estuve hablando con Álex sobre mis avances —me dijo Elsa.

—¿Y qué tal?

—Muy bien. Me sugirió que me apuntara a un retiro de meditación Vipassana.

—¿Ah, sí? Yo he hecho varios retiros de meditación Vipassana. Es una de las que utiliza la escuela Theravada. Por parte de Álex, es un gran consejo. Es uno de los retiros de meditación más serios y rigurosos, creo yo. Suelen durar diez días y debes seguir el Sila monástico.

—¿El Sila de los monjes?

—Sí, las mismas reglas que deben guardar los monjes, porque esos diez días de retiro debes vivir como un monje. Tu única actividad es la meditación, nada más que meditación, en una total introspección y aislamiento. Hay un grupo de personas que presta servicios para que esos diez días solo te dediques a eso.

—Qué interesante. Seguro que va de fábula para practicar.

—Sin duda. Mi experiencia siempre ha sido muy positiva. Solo hay un problema.

—¿Cuál?

—Tú misma. Tú puedes ser tu peor enemiga o tu mejor amiga. ¿Te acuerdas de nuestra conversación sobre la mente, Elsa?

—Sí. ¿Por qué lo dices?

—Porque te vendrá a la memoria cuando estés allí. Te aconsejo que no te olvides de lo que hablamos. Te irá bien.

—Me apetece un montón asistir a uno. Venga, Marc, ¿cuándo vamos?

—Piensa que son diez días. Pero, si quieres, coordinamos agendas y nos apuntamos.

—¿Tú cuántas veces has hecho el retiro?

—El de diez días lo habré hecho unas seis veces. También he realizado servicios para los estudiantes meditadores, en la cocina, de limpieza, lo que fuera, y asistí a un curso de larga duración.

—Pues no se hable más. Nos organizamos y listo.

Una vez más, me tendió la mano para sellar nuestro acuerdo.

El Centro de Meditación Vipassana Dhamma Neru estaba situado entre montañas, a los pies del Parque Natural del Montseny, a una hora y media de Barcelona. El complejo, de planta cuadrada, estaba formado por una sucesión de edificios de uno o dos pisos con las paredes encaladas, las ventanas de madera y el tejado de color arcilla. Alrededor, un extenso terreno cubierto de césped, plantas ornamentales, árboles frutales y diferentes especies de árboles mediterráneos. El *vihara* disponía de una gran sala diáfana para la práctica de la meditación y tenía capacidad para alojar a más de sesenta estudiantes. Yo lo conocía muy bien, pues había realizado allí varios cursos y servicios.

Llegamos el viernes por la mañana, con tiempo suficiente para que yo pudiera enseñar a Elsa el recinto del *vihara*, pues el curso empezaba por la tarde. Aproveché la visita para comentarle algunos preceptos del Sila. Uno era la segregación de sexos, incluso en la sala de meditación. Otro, que a partir de las doce del mediodía no se podía comer. Le dije que eso no era ningún problema, ya que el desayuno a primera hora y el almuerzo a las once de la mañana eran más que suficientes. Las únicas actividades posibles eran la meditación y el paseo por la parte del jardín asignado, en su caso, a las mujeres. Para ayudar a la introspección, cualquier tipo de comunicación estaba prohibida.

De regreso a la recepción del centro, firmamos nuestro compromiso de observancia del Sila en todo momento durante el curso y entregamos nuestras pertenencias, incluidos los teléfonos móviles, para su custodia hasta finalizar el curso. Y llegó el momento de la separación.

—En fin, Elsa, ahora es cuando nos decimos: «Hasta dentro de diez días». Consejo número uno: no vale la pena que pienses ni un segundo en mí porque yo estaré bien y lo sabes. Consejo número dos: tranquila, relájate, sé flexible y abierta contigo misma y en especial con tu cuerpo y con tu mente. ¿De acuerdo?

—Entendido, Marc, pero ¿te podré echar de menos en algún momento?

—Bueeeno, pero solo cinco minutos antes de dormirte.

Me grabé su preciosa sonrisa, que no volvería a ver hasta al cabo de diez días. Nos miramos, nos dimos un discreto beso de despedida y nos dirigimos al lugar que nos habían asignado a cada uno. Nos vimos en la charla de apertura del curso. A partir de ese momento, Elsa solo sería una figura lejana en la inmensa sala de meditación.

Yo solía encontrarme cómodo en ese tipo de retiros. Me gustaba que rompieran la dinámica de mi vida cotidiana. Por mi antigüedad como estudiante, me asignaron una pequeña habitación sencilla pero confortable. El retiro me brindaba la oportunidad de profundizar en mi práctica, ya que no había conseguido asimilar la experiencia de unión que había tenido en casa. Era el momento de liberar mis temores para poder rendirme a la unión de la experiencia.

La jornada empezaba al amanecer y, aparte del desayuno de la mañana y el almuerzo, el resto del día se dedicaba a la meditación, aunque cabía la posibilidad de dar algún que otro paseo por el jardín. No había ningún tipo de comunicación ni de distracción, ya que el compromiso era únicamente la meditación. Me sentía cómodo, pues el ambiente me resultaba familiar y me encontraba en el lugar donde quería estar. A pesar de que en algunos momentos podía realizar mi práctica en la habitación que tenía asignada, me resultaba más confortable e inspiradora la gran sala de meditación. El hecho de estar familiarizado con el entorno y con todo lo relacionado con el curso me permitía centrarme por completo en mi práctica. Me sentaba a meditar sin tener en cuenta el tiempo. A veces me sentía tan bien que ni siquiera hacía caso del aviso para el almuerzo. Antes de acostarme, asistía a unas charlas que conocía de sobra, pero que me gustaba volver a escuchar. Mis meditaciones eran tranquilas y relajadas, apenas utilizaba soporte y no tenía un punto concreto en el que centrar mi atención, que mantenía abierta. Aun así, no conseguía entrar en el espacio sin límite ni centro al que había accedido en mi experiencia anterior.

Al quinto día de retiro, decidí someterme a un autochequeo. No es que me sintiera agobiado o frustrado, ya que estaba disfrutando de la meditación y de suavizar mi mente día a día, pero sabía que ese no era mi objetivo y que debía profundizar. Intenté racionalizar el proceso siendo constructivo, flexible y muy amable conmigo mismo, y utilizando todas las enseñanzas de los maestros sobre los estados de meditación con el objetivo de descubrir al «culpable». Estas expectativas eran las que estaban creando lo que tenía que ser o no, y el hecho de que lo que yo ignoraba formara una idea de lo que tenía que ser me hacía gracia. ¿Era posible? ¿Eso era así? Pues sí. Me pregunté entonces si aquello solo me había pasado con ese tema o si se trataría de una constante en mi vida de la que no era consciente. Tristemente, la idea dejó de hacerme gracia: estaba claro que era algo que me sucedía o utilizaba mi subconsciente automático. En muchas ocasiones era tan exagerado que me daba cuenta, en otras era de una sutileza sibilina increíble. En ese momento y en ese tema, se estaba esmerando tanto que rozaba la perfección, quizá porque creía que me podía perder. Sí, ya sé que estoy hablando de mí mismo. O no. Igual estoy hablando de una parte que creo que soy yo mismo, pero no es mi yo auténtico, sino esa parte que mi mente crea a partir de mis temores y mis miedos, de lo que ignora y se niega a comprender con negaciones y falsas expectativas, limitando mi existencia. Suena duro, lo admito. Sin embargo, al haberla puesto al descubierto, sentía más comprensión que rechazo hacia ella. Tampoco tenía alternativa, ya que formaba parte de mí. Era algo así como el hijo rebelde que está ahí: no te gusta su comportamiento, pero tampoco puedes ponerlo de patitas en la calle. En cualquier caso, ya sabía cuál era mi problema y, lo más importante, cuál era su origen.

Al amanecer me dirigí a la sala de meditación, me senté en mi sitio y recité los sutras que cada mañana recitábamos todos juntos. Después recité mi toma de refugio dando mi total confianza a las enseñanzas recibidas y sin esperar nada, sin ningún objetivo. Solo pretendía estar ahí, atento y a la vez relajado, evitando y esquivando cualquier juicio o valoración de lo que ocurriese, ya fuese una sensación física o psíquica. Eso no excluía nada, sino todo lo contrario: estaba abierto sin condiciones. Instante a instante, todo se fue suavizando. No me oponía a nada ni me aferraba a nada. Toda sensación o percepción dejó de tener un nombre y, por consiguiente, un efecto concreto. En ese momento me pareció oír una campana. No sabía si el aviso señalaba el almuerzo o el final del día. Eso no cambiaba nada, ya que un instante sucedía a otro y cada uno de ellos eran atemporales. De repente percibí una sensación en mi hombro. Al notar que se repetía, cada vez con más insistencia, me vi obligado a desviar mi atención. Abrí los ojos y vi que delante de mí estaba uno de los servidores del curso.

—¡Eh!, deberías salir de la sala de meditación. Todos los estudiantes se han retirado ya a sus habitaciones.

Me quedé desconcertado unos segundos, sin entender lo que decía, como si me hablara en un idioma incomprensible para mí.

—¿Qué hora es? —pregunté cuando reaccioné.

—Son las doce de la noche.

Creí que me estaba tomando el pelo. No podían haber transcurrido dieciocho horas desde que me había sentado a meditar; lo habría notado. Intenté mover las piernas, pero las tenía totalmente dormidas y los músculos estaban contraídos. Al forzar su respuesta, la sensación de dolor fue inevitable, y era tan espantoso que me fui cojeando hacia mi cuarto, me tumbé en la cama y al instante me quedé dormido.

Al día siguiente me desperté con una inexplicable sensación de descanso y a la vez de ligereza en todo el cuerpo. Esperé a que todos se hubieran ido a recitar los sutras de la mañana para así poder tomar una ducha con la máxima tranquilidad, porque sentía el impulso de estar horas bajo el chorro de agua caliente. Y acerté. Parecía que fuera la primera vez que tomaba una ducha caliente, que alargué todo el tiempo que pude. Cuando terminé, me vestí y fui a desayunar. Nada más entrar en el comedor, los olores de la comida me abrieron el apetito. Disfruté de un buen desayuno. Todo estaba especialmente delicioso.

Era un día soleado y con temperatura agradable, por lo que me dispuse a dar un paseo por el jardín asignado a los hombres. Estuve toda la mañana paseando por el jardín, percibiendo como nunca antes había sido capaz de hacerlo, sin distancias, como si no existiera separación entre el yo que observaba y lo que observaba. Todo pertenecía a la misma unidad existencial.

¿Cómo era posible que me hubiera referido a la naturaleza como algo ajeno a mí, que no me diera cuenta de que lo que la sostenía a ella también me sostenía a mí, que formábamos parte de la misma unidad vital? No era en absoluto una conclusión lógica de mi sistema racional ni tampoco la identificaba como emoción. Todo estaba bien, inalterablemente bien, sin sorpresas ni sobresaltos. Era evidente que, dentro de la naturaleza, todo era un intercambio natural, y en ese momento me di cuenta de que yo formaba parte de ese intercambio.

Llegó el último día del retiro. No había conseguido regresar al «lugar» en el que había estado y donde añoraba estar. Sin embargo, me lo tomé con calma, porque estaba convencido de que mi experiencia había significado un progreso con respecto a la de casa, que me había desconcertado por no saber asimilarla. Sin duda, la que había experimentado en el retiro suponía un avance.

El último día del retiro, el Sila se relaja, por lo que a los asistentes se les permite hablar entre ellos y la segregación por sexo no es tan estricta, así que aproveché para sentarme con Elsa en el comedor.

—Hola, guapo. Cuánto tiempo sin verte ni saber de ti.

—Hola, Elsa. ¿Qué tal tú? Te veo muy bien.

Nos comportábamos de una manera muy comedida.

—Superbién, pero he tenido momentos duros.

—Es natural.

—Al principio tenía una sensación de aislamiento y soledad tan bestia que te confieso que me hizo dudar de por qué estaba aquí. Pero, en fin, aquí estaba y debía seguir. Y luego, como no tenía la costumbre ni el entrenamiento suficientes para estar tantas horas sentada meditando, tenía el cuerpo hecho polvo. El tercer día, la espalda y las piernas me dolían todo el día. O sea que, entre la sensación de soledad y que me dolían hasta las pestañas, estuve a puntito de tirar la toalla. No me preguntes cómo, pero lo superé o me acostumbré, no lo sé, y continué. A partir del quinto día fui capaz de centrarme en la práctica. Admito que es una buena escuela, la verdad. Y ahora entiendo que los diez días son necesarios. Y que es fundamental que el Sila no permita distracciones, para que puedas centrarte en la práctica. ¿Y a ti cómo te ha ido?

—Bien, muy bien. Me resulta fácil estar cómodo en este tipo de retiros. Sé por qué asisto y lo que encontraré. Y en cuanto a este, mi comentario es positivo, porque creo que he podido avanzar.

—¿Crees?

—Sí. Necesito algo de tiempo para asimilarlo. Espero que, a medida que pasen los días y tenga una comprensión clara, sepa explicarlo. Si lo hiciera ahora, sabría qué decir, pero me resultaría complicado dar una explicación. ¿Sabes lo que quiero decirte?

—Sí, creo que sí. No te preocupes, cuando tú veas.

—Gracias, Elsa

—Oye, Marc, ¿qué tal si recogemos nuestras cosas y nos vamos a Barcelona?

—Perfecto. Te invito a aquel restaurante de Sarrià. ¿Qué me dices?

—¡Hum…! Veo que la introspección meditativa no te ha borrado las buenas ideas.

—Ni por un momento, mi amor. Además, espera a que lleguemos al coche…

—¿Por qué?

—Porque me muero por besarte.

Nos levantamos de la mesa sin perder un minuto y me apresuré a recoger el equipaje para esperarla junto al coche. Cuando llegué, Elsa ya estaba esperándome con una sonrisa triunfadora. Dejé caer la maleta para abrazarla y besarla hasta saciar los diez días de ausencia. Entramos en el coche y Elsa puso el motor en marcha.

—Elsa, cariño…

—¿Qué?

—Supongo que sabes que el equipaje está fuera del coche…

—De eso te encargas tú.

—¿Yoooo?

—No esperarás que lo haga yo…

—¡Ah!, o sea que esto sí, pero conducir no… A ver si me lo explicas porque no me aclaro.

—Fácil, Marc. Que recojas el equipaje, que arranco. —Me dedicó una descarada sonrisa triunfal.

El gabinete de resolución de conflictos iba viento en popa. Elsa estaba muy contenta y, a pesar de la dedicación que le exigía el proyecto, reservábamos tiempo para disfrutar como pareja. Sin embargo, yo añoraba ese lugar o ese estado que había alcanzado en el retiro y al que no había podido regresar a pesar de mis intentos. Tenía una sensación de división permanente, lo que a veces me hacía sentir molesto conmigo mismo. Cuando reflexionaba, trataba de autoconvencerme de que los intentos formaban parte del proceso y de que tenía que dejarle espacio. Y sí, estaba de acuerdo, pero no me convencía, porque, si ahí estaba la puerta, debía entrar; no tenía sentido que estuviera esperando a ver si se abría por sí sola, aparte de que una cosa era estar cerca y otra haber llegado. Para colmo, sabía que quien me impedía llegar era yo mismo. Respuestas como: «Tranquilo, todo llegará» no me hacían olvidar dónde tenía que estar.

Después de semanas dando vueltas al tema, decidí que sería bueno verbalizarlo, sacarlo. A lo mejor sería la manera de observarlo desde una distancia que me permitiera ser más objetivo. Por supuesto, pensé en Pol. No sabía si me entendería, pero me escucharía, y haría todo lo posible por comprenderme y echarme una mano. Total, que decidí llamarlo y salir de dudas.

—Pol, ¿qué haces? ¿Cómo estás?

—Marc, *brother*, cuántos días sin saber de ti. Desde que vives en pareja, no se te ve el pelo.

—Eso lo dirás por ti.

—Es broma, Marc. ¿Qué me cuentas?

—Necesito la opinión de un amigo, y quién mejor que tú.

—Me siento halagado, *brother*.

—No te vengas arriba, Pol. Lo digo porque me interesa tu opinión. Por eso de que los niños y los locos…

—Marc, ese dicho no es así. Aparte de que no te veo yo con un amigo cuerdo…

—¿Quedamos en el restaurante de las lentejas?

—Guay. Ya sabes que me es imposible resistirme a las lentejas.

—Entonces nos vemos a la dos.

—Perfecto. Allí estaré.

—Espera, Pol. ¿Qué tal te va con Marta?

—La caña está puesta, pero el anzuelo lo tengo que perfeccionar.

—Cuidado, Pol, que Marta es capaz de cogerte la caña y usarte a ti de anzuelo.

—Tranquilo, soy un hombre con recursos.

—Bueno, ya me contarás. Nos vemos a las dos.

—Hasta luego.

Colgué y seguí con mis temas de trabajo hasta la hora de ir al encuentro con Pol. Fui caminando hasta llegar al famoso restaurante de las lentejas, el clásico restaurante de menú barato, ruidoso y abarrotado de trabajadores en hora punta. Cómo no, Pol ya estaba esperándome en la barra. Nos dimos un fuerte abrazo.

—Te veo muy bien, Pol. Estas más delgado, ¿no?

—Sí. Estoy haciendo deporte. Me compré una bici y siempre que puedo me escapo con ella.

—Mejor con ella que con Marta.

—Tío, los chistes no son lo tuyo.

—De chiste nada. Es un aviso. La bici no te decepcionará nunca, pero…

—Marc, ni lo intentes. Si fueras psicólogo, sabrías que las motivaciones son la piedra angular de una existencia plena.

—Sí, ya. Y tú, como psicólogo que eres, sabrás que tienes mi apoyo incondicional.

—Lo sé, *brother*.

El camarero sirvió las lentejas y Pol se olvidó de Marta, de mí y de todo lo que no fuera ese plato de lentejas estofadas que alimentaba solo de olerlo. Dejé que se deleitara.

—Me tienes intrigado, tío —me soltó entre cucharada y cucharada.

—Pol, tú me conoces de toda la vida. Sabes que mi inquietud por el autoconocimiento, con sus altibajos, me ha acompañado siempre y que la meditación es la herramienta que utilizo en el proceso. Bueno, la meditación y las enseñanzas no dualistas y el vacío de la impermanencia del budismo, algo así como el vehículo y la dirección a seguir.

—Sí, lo sé.

—Sabes también que la meditación es muy importante en mi vida, más de puertas adentro que de puertas afuera, ya que las únicas discrepancias que he tenido al respecto han sido conmigo mismo, no con los demás, porque considero que cada uno tiene procesos distintos y los respeto. Vamos, que forma parte de mi vida. Te explico todo esto, aunque lo sepas, porque es importante, porque cualquier suceso relacionado con este tema tiene un impacto en mi vida.

—Sí, ya lo sé, Marc. ¿Y?

—Pues verás, he vivido dos experiencias de meditación que podría llamarlas «trascendentes». Como si hubiera traspasado una barrera y delante de mí hubiera aparecido, por así decirlo, un nuevo paisaje, una manera de comprender no distinta sino, cómo te lo explicaría, con más color, con más detalle, con otra conexión. Siento no poder concretar, pero esa sería la idea.

—¿Cuándo ha sido eso? ¿Y cómo?

—La primera experiencia la tuve hace ya un tiempo y la segunda fue en el retiro al que asistí con Elsa. La primera fue como descubrir y entrar en algo que no conocía y no controlaba. Me entró como una especie de miedo a perder el control en un lugar desconocido, por lo que le di tiempo y espacio para entenderlo y, sí, en todo momento sabía que era ahí adonde tenía que dirigirme. De modo que poco a poco fui transitando por ese camino. Te confieso que más de una vez di marcha atrás, pero luego seguí avanzando, hasta que un día, cuando estaba en el retiro, de alguna manera crucé la puerta y…

—¿Y qué?

—Si tuviera que escoger una palabra, sería «unidad». Me resulta difícil describirlo, incluso puede parecer contradictorio, ya que no sentía ni tristeza ni felicidad, ni paz ni alteración, como si nada fuera lo contrario ni distinto. El tiempo no recorría ningún espacio, como si todo estuviera invadido por un único sabor sin contraste. Siento no poder concretar. Lo único que puedo hacer es intentar transmitirte como pueda esa vivencia de unidad. No sé si me explico.

—Creo que más o menos. —Pol se rascó la cabeza—. ¿Y cuál es el problema?

—Pues que añoro ese lugar, ese estado, esa manera de percibir, de compartir o de ser. Sé que es ahí donde debo estar, pero no lo consigo. No sé si porque escapa a mi entendimiento o porque tengo miedo a perder mi supuesta y contradictoria identidad.

—Puede que la contradicción forme parte de nuestra condición humana.

—Sí, por eso siempre tienen los demás la culpa de nuestros errores.

—No quiero decir eso. Me refiero a que la contradicción forma parte de la búsqueda.

—Estoy de acuerdo, Pol. Pero entonces, cuando encuentras lo que buscas, ¿qué sentido tienen la búsqueda y las herramientas que has usado para llevarla a cabo? Está claro que ninguno.

—Es cierto. Porque hay un momento para buscar y otro para encontrar, y tú estás en el momento de encontrar, sin duda.

—¿Cuál crees que ha de ser mi decisión?

—¿Con respecto a qué?

—Con respecto a mi vida o a lo que creo que es mi vida.

—¿Te respondo como psicólogo o como amigo?

—Evidentemente, como amigo. Como psicólogo no te necesito porque tengo un comportamiento estándar, sin alteraciones, duermo como un bebé, me relaciono con todo y con todos diría que muy bien y doy valor a lo que tengo. Le doy valor y no desprecio o subestimo nada ni a nadie, al contrario. Lo que ocurre es que no estoy donde quiero y debo estar.

—Date tiempo, *brother*.

—Esa es la respuesta fácil.

—Vamos a ver, tú tienes una duda que se traslada a una pregunta: qué hago o qué debo hacer. ¿No es así?

—Así es, Pol.

—Lo que te pasa es que estás aquí, pero quieres estar allí, y es posible que lo que te retiene sea el miedo a perder lo que tienes aquí.

—Es posible.

—Y además no tienes certezas claras de lo que es estar allí, por lo que te da miedo dar el paso. Resumiendo, miedo e incertidumbre.

—Sí, es un buen resumen.

—Marc, ¿has hablado con Elsa de todo esto?

—No, todavía no.

—Pues hazlo. No es justo que no lo sepa y que no la hagas partícipe de tus inquietudes. Al fin y al cabo, se trata de tu vida, y se supone que Elsa forma parte de ella.

—Sí, es verdad. Tengo que hablar con ella, debo hacerlo.

—¿Y a qué esperas?

—Es que no quiero preocuparla ni crearle una incertidumbre permanente. Cuando lo tenga todo más claro, hablaré con ella.

—Marc, soy tu amigo y sabes que te quiero. Por eso debo decirte que te equivocas. Elsa es una persona extraordinaria y seguro que te apoyará hagas lo que hagas.

—Sí, yo también lo creo, pero antes de hablar con ella lo quiero tener más claro.

—Y también deberías hablar con Álex. Es la persona adecuada para tratar este tema.

—Yo también lo he pensado, pero quería comentártelo a ti primero.

—Oye, tengo que volver a la consulta, que me estarán esperando.

—Sí, vamos.

Nos levantamos de la mesa. Esta vez pagué yo la cuenta. Era lo menos que podía hacer. Eso y echarle un capote a Pol cuando entrara en el bufete y pasara por recepción.

—Marta, ¿sabes con quién he estado comiendo hoy? —Marta levantó la vista y me miró por encima del mostrador—. Con mi amigo Pol.

—Yo también voy a comer con él a veces.

—Pol es un buen tipo.

—Yo también —repuso adoptando una pose de modelo.

—Me refiero como persona.

—No te sigo.

—Solo quiero decirte que lo cuides, que vale la pena.

—Lo sé, Marc. Todo a su tiempo.

—Marta, perdóname. No quiero entrometerme. Lo que pasa es que Pol me importa.

—Te entiendo, Marc. Perdonado.

No sé si estuve acertado o no con mis comentarios. Tal vez no debí hacerlos. Al fin y al cabo, los dos eran adultos y podían elegir lo que les diera la gana. Tampoco pretendía condicionar a Marta. Tan solo quería comunicarle hasta qué punto valoraba a Pol como persona. Me quedé pensativo dando vueltas al tema de las relaciones de pareja.

Las expectativas y las exigencias no pueden ser una excusa para olvidar que tenemos enfrente a un ser humano tan bueno y tan malo como nosotros mismos. Sabemos que la relación que colme totalmente nuestras expectativas no existe, porque no diferenciamos entre las nuestras, que suelen ser un deseo basado en nuestras carencias personales, y las de la persona que tenemos enfrente, que serán tres cuartos de lo mismo. Es posible que la manera de hacer feliz a otra persona pase por que tú seas feliz por ti mismo, porque sentirás que no tienes carencias, de modo que aportarás confianza y, en consecuencia, seguridad. El error tal vez es pensar que tienes que hacer feliz a la otra persona sí o sí, cuando es imposible que lo hagas si tú no eres feliz, ya que no puedes dar lo que no tienes. Parece una locura, pero es bastante habitual.

Imaginemos dos personas que no tienen ninguna carencia personal y mantienen una relación —no hablo en términos económicos, me refiero a activos personales—. Posiblemente nos costaría imaginar cómo sería esa relación o, tal vez, lo que nos imagináramos no tendría nada que ver con la realidad, ya que partiríamos de un supuesto erróneo: que la felicidad es un deseo y no una realidad. En cualquier caso, la conclusión es evidente: sé feliz, siéntete en tu lugar sin carencias y entonces, solo entonces, podrás dar. Aunque nadie ha dicho que sea fácil, ni difícil.

Cuando Elsa me recogió en el despacho por la tarde, estaba entusiasmada. Las cosas le iban bien y había sido un acierto asociarse con Sonia y Javier, pues las consideraba dos personas increíbles. Los tres se llevaban de maravilla, por lo que les resultaba fácil unificar criterios, cosa que, entre socios, resultaba fundamental.

Elsa no paraba de alabar a Sonia y a Javier. Los conocía desde la época de la universidad, cuando estudiaban políticas. El puesto en Naciones Unidas lo había conseguido gracias a Javier. Mientras ella trabajaba en Nueva York, Sonia había obtenido el doctorado y durante un tiempo había dado clases en la facultad, para luego trabajar en el ayuntamiento.

—Tiene una formación envidiable y experiencia en resolución de conflictos —comentó Elsa refiriéndose a Sonia—, lo que nos abre muchas puertas. De momento nos ha aportado tres proyectos muy importantes.

—Me alegro.

—Y a nivel internacional nos va de maravilla, porque no sé si te dije que Javier es hijo de un diplomático mexicano de renombre. Total, que, entre Sonia, que aporta clientes a nivel institucional, y Javier, que ya empieza a dar resultados con empresas importantes de ámbito internacional, lo estamos petando.

—A Javier lo conozco menos.

—Pues es una excelente persona y, cuando lo he necesitado, siempre me ha echado una mano. Si algún día decides trabajar con nosotros, seguro que te sentirías supercómodo en el equipo.

—No lo dudo, pero ahora es impensable. En el futuro, quién sabe. El futuro es una sorpresa.

—Ya… Pero que sepas que siempre puede ser una opción.

—Te lo agradezco, Elsa.

—¿Y a ti cómo te fue la comida con Pol?

—De fábula. Cuando estamos juntos, siempre nos lo pasamos bien. Y eso que no nos parecemos en nada. Aunque tenemos en común una cosa importante.

—¿Cuál?

—Pues…, y no te rías, que al ser los dos hijos únicos, somos como el hermano que nos hubiera gustado tener.

—No me río. Ya sabes que yo también soy hija única. Además, de manera inconsciente, igual yo también busco eso en mis amigas.

—Pues no debemos ser exigentes con las personas a las que queremos. Debemos darles espacio.

—Oye, ¿y de qué habéis estado hablando?

—Pues..., aunque suene mal, básicamente de mí.

—¿Y eso?

—¿Te acuerdas de aquellas dos experiencias mías de meditación que me impactaron?

Sí.

—Hasta entonces, mis experiencias, por definirlas de alguna manera, habían sido progresivas, como si subiera los peldaños de una escalera, como si una te llevara a la otra. No me costaba asimilarlas, porque una te conducía a la otra. En cambio, esas dos experiencias fueron como si hubiera subido de golpe veinte peldaños. Te digo veinte por decir algo. Como no las he asimilado, no sé cuentos peldaños serían.

—¡Uau! Eso está muy bien, ¿no?

—Suena bien, pero no las logro asimilar y me da la sensación de que no estoy ni aquí ni allá. Lo que sí tengo claro es que debo salir de esta situación.

—Pero, por lo que me explicaste, esas experiencias fueron increíbles. No entiendo que eso pueda suponer un problema, y menos para ti.

—No, Elsa, no lo vivo como un problema.

—¿Entonces?

—Igual es que no estaba preparado para tener esas experiencias. No sé…

—¿Por qué no lo hablas con Álex?

—Sí, Pol también me lo sugirió. Mañana lo llamaré.

Al día siguiente, de camino hacia el bufete, iba pensando en la llamada que tenía que hacer a Álex. Cuando llegué a la oficina, saludé a mis padres, me fui a mi despacho y, antes de meterme de lleno en la rutina del trabajo, llamé a Álex.

—Álex, soy Marc. ¿Cómo estás?

—Buenos días, Marc. Muy bien. ¿Y tú qué tal? ¿Qué me cuentas?

—Álex, me gustaría quedar contigo. Tengo cosas que explicarte y necesito tu opinión. Mejor dicho, tu consejo.

—Cuenta con ello.

—¿Te va bien que comamos juntos?

Le propuse quedar en un restaurante tailandés que sabía que le encantaría. Aparte de que quería pedirle consejo y opinión, para mí siempre era muy agradable compartir momentos con Álex porque nos encantaba intercambiar puntos de vista respecto al Dharma o lo que fuera.

Los dos teníamos una visión muy global sobre las enseñanzas. También compartíamos una visión no sectaria con respecto a las diferentes escuelas, tradiciones y linajes dentro del budismo, y ambos éramos seguidores del movimiento Rime, que, dentro de las tradiciones tibetanas, promovía la visión no sectaria de las diferentes tradiciones. Más que una escuela o una organización, el movimiento Rime era una visión, una manera de entender el objetivo, que difería en las formas más que en el fondo.

Me alegré de llegar al restaurante antes que Álex, ya que yo había propuesto el encuentro y era lo que tocaba por cortesía. Me quedé en la puerta esperando y lo vi aparecer. Nos saludamos con un abrazo y al entrar en el restaurante vi que Álex estudiaba el local con agrado. Una vez en la mesa que había reservado, Álex aceptó mis sugerencias sobre el menú; por algo yo tenía ascendencia tailandesa.

—Álex, te veo muy bien.

—Sí, la verdad es que me encuentro perfecto.

—¿Está funcionando el centro?

—Sí, cada vez mejor. Tanto es así que se nos está quedando pequeño. Hay días en que no cabe ni un alfiler.

—Me alegro mucho por ti.

—Sí, estoy contento, pero no solo ha sido mérito mío. Le ha puesto ganas mucha gente.

—Oye, quería hablar contigo para pedirte consejo.

—¿Sobre?

—Sabes que practico la meditación desde hace muchos años. A decir verdad, eres uno de los que mejor conoce mi implicación en la práctica del Dharma. También sabes que la meditación forma parte de mi vida, y de la visión y comprensión de esta.

—Sí, lo sé.

—Ya sé que lo sabes, pero es importante tenerlo en cuenta por lo que te voy a explicar, aunque supongo que no te parecerá nada nuevo.

—¿De qué se trata?

—Pues verás, he tenido dos momentos de meditación distintos que para mí han sido impactantes.

Le conté lo que me había sucedido en mi casa cuando descubrí que mi mente no tenía el control de lo que experimentaba, sino que todo era experiencia. Le hablé del sobresalto que había tenido y que traduje en miedo. Luego le conté mi experiencia en el retiro de meditación Vipassana, la sensación que no era exactamente una sensación, ya que no existía alteración de ningún tipo. Álex me escuchaba con atención. De vez en cuando se llevaba a la boca unos cuantos fideos Pat Thai picantes, que enrollaba con destreza en los palillos.

—Marc, sé muy bien a qué te refieres —dijo Álex cuando terminé de hablar—. Conozco esas situaciones, esas experiencias. Podría decirse que forman parte del camino. No son un paso obligatorio, pero son habituales. Y hasta cierto punto diría que es normal, puesto que toda práctica constante implica unos avances, y los avances te llevan sin lugar a dudas a unos resultados. No obstante, como bien sabes, en este proceso nunca estás al final del camino, sino al principio, y si estás en el camino, tal como demuestran tus experiencias, lo que debes hacer es transitar por él.

—Sí, eso lo tengo claro. Lo he comentado con Pol y me ha sugerido algo parecido.

—Pues ya lo sabes…

—Ya… Si te digo la verdad, había oído a algún maestro hablar de este tipo de experiencias en varias ocasiones, pero una cosa es que te lo cuenten y otra que te pase a ti.

—Desde luego.

—Para mí era importante tenerlo claro. Por eso necesitaba tu opinión. No pienses que me encuentro en un estado de ansiedad o que estoy preocupado o algo parecido. Estoy tranquilo y bien. Pero algo me dice que no me quede aquí, que avance, y debo estar en mi lugar. No sé si me explico.

—Perfectamente, Marc. No eres el primero ni el último que pasa por esta experiencia. Ahora bien, no hay una respuesta igual para todos.

—Lo sé, Álex. Tampoco lo percibo como algo extraordinario. A veces lo pienso y me parece increíble. Algo así como la sencillez de lo extraordinario. Sin embargo, algo me dice con claridad que no solo se trata de una experiencia, sino que indica la dirección a seguir y que tengo una deuda con todas las personas que, de alguna manera, mediante el regalo de sus escritos, comentarios y enseñanzas, me han inducido a perseverar en mi búsqueda, a pesar de mis contradicciones y errores y a pesar de haberles dado la espalda, aunque ellos siempre han estado ahí, abriendo sus brazos para compartir sus conocimientos. Al final, a pesar de mis torpezas, entre todos ellos me han traído hasta aquí, hasta esta comprensión, y mi compromiso es utilizar los regalos de sus enseñanzas. Esa es mi deuda para con ellos. Por eso, debo cruzar la puerta que ahora me muestran.

—Marc, sigue tu camino. No tengo otro consejo para ti.

—Pero tengo miedo.

—¿A qué?

—A perderme. No me refiero a tomar la dirección equivocada, porque eso sería un error más en mi lista, y te aseguro que es larga. A perderme en el sentido de quedarme quieto, de acabar ni aquí ni allá.

—Cada uno sigue su propio camino, Marc. Nadie puede decir que uno es mejor que otro, salvo uno mismo respecto al suyo. Esto nos obliga a ser honestos con nosotros mismos.

—Ya…

—Marc, tú mismo has dado todas las respuestas. Tu pregunta era: ¿y ahora qué hago? Y tu respuesta ha sido continuar, avanzar.

—Pero, ¿cómo?

—Creo que ha llegado el momento de que alguien con experiencia te guíe, alguien que solo tú puedes elegir.

—Hum…

—¿Sabes quién podría ser?

De pronto, en mi cabeza se formó una imagen, rescatada de mi infancia.

—Diría que sí. —Enseguida identifiqué la imagen—. El hermano de mi abuela.

—¿El monje?

—Sí.

—Alguna vez me hablaste de él. Es el que está en Tailandia, ¿no? El que sigue la tradición Theravada.

—Así es.

—¿Qué sabes de él?

—Hace muchos años que no lo he visto, desde que murió mi abuela. De niño jugaba con él. Hemos perdido el contacto. Según mi madre, está en un pequeño monasterio de la tradición tailandesa del bosque y al parecer es como el abad.

—El *achan*.

—Sí, eso. No sé cuántos años tendrá, pero calculo que… A ver, mi abuela ahora tendría unos setenta y algo, creo, y él es más joven que mi abuela, así que posiblemente tendrá unos sesenta y muchos.

—Pues está muy claro.

—Sí, lo sé, Álex. Pero es que…

—¿Es que qué, Marc? ¿Qué más necesitas saber?

—No sé cómo decírselo a Elsa.

—Marc, conozco a Elsa, y creo que te llevarás una sorpresa. Te quiere de verdad, y las personas que te quieren de verdad siempre te apoyan.

—Sí, lo sé, pero aun así…

—Te entiendo. No es fácil. Pero debes ser fiel a tu destino.

No me sacaba a Elsa de la cabeza. Tenía que hablar con ella cuanto antes. Me pasé la tarde en el despacho frente al ordenador y rodeado de papeles, pero no conseguí concentrarme en el trabajo. Le daba vueltas a lo que implicaba mi decisión de viajar a Tailandia y a cómo organizarlo todo: la charla con mi madre para que hablara con su tío, con mi padre para comunicarle que dejaba el bufete, los casos que tenía que derivar, los clientes que tenía que avisar, los billetes que tenía que comprar, la documentación que tenía que revisar, la maleta que tenía que preparar, las irremediables despedidas, y Elsa, una y otra vez, Elsa.

Después de la improductiva jornada laboral, regresé a casa a pie porque ese día Elsa tenía un compromiso y no podía pasar a buscarme. El camino de vuelta a casa se llenó de pensamientos sobre cómo plantear mi marcha a las personas que me querían y a las que yo quería.

Ya hacía un buen rato que estaba en casa cuando oí abrirse la puerta. Elsa había regresado. Soltó el bolso por ahí y vino a sentarse a mi lado en el sofá.

—Hola, chavalín, ¿qué tal tu día?

—Bien. ¿Y tú?

Rodeé con un brazo su cintura para pegarla a mí.

—¿Solo bien? —preguntó después de besarme.

—Sí… ¿Por?

—A ver, Marc. Ya sé que a los tíos os van las respuestas con monosílabos, pero para nosotras tienen otro significado, o sea que ya me lo estás contando.

No me atreví a contradecirla, porque tenía razón.

—He estado comiendo con Álex.

—¿Y? —Se apartó un poco y me interrogó con la mirada.

—Me ha hablado muy bien de ti, de tus avances.

—Marc, suéltalo ya. Me estás preocupando.

Retiré el brazo de su espalda, me recosté en el sofá y junté las palmas de las manos por delante de mi nariz. No sé si fue casualidad o presagio, pero me di cuenta de que acababa de hacer el saludo tradicional tailandés. Respiré hondo.

—Elsa, tú sabes lo mucho que te quiero.

—Marc, al grano.

—Tú sabes mejor que nadie que la búsqueda de mi autocomprensión es muy importante en mi vida.

—Sí.

—No es que desprecie todas las demás cuestiones, pero es el eje desde el cual doy o intento dar sentido a mi vida. He procurado interactuar con todo y con todos bajo esa comprensión.

—Lo sé, Marc.

—Pues bien, a raíz de las recientes experiencias meditativas que he tenido, me han surgido algunas dudas, no sobre mí, sino respecto a las herramientas que estoy utilizando y que dan sentido a mi vida: la meditación y el Dharma. —Suspiré. Debía medir mis palabras para que Elsa comprendiera mi decisión—. Elsa, la meditación y el Dharma no están para adornar o crear una personalidad o idea determinada para mí y de mí para con los demás, sino que tienen una finalidad, y esta finalidad es la única razón para su utilización.

—¿La única? Estás siendo un poco radical, ¿no?

—No digo lo que se debe hacer o entender, faltaría más, pero sabemos que hay gente que cambia de parecer o precisa de nuevos valores tan solo para llenar su vacío existencial, y eso no es más que un lujo absurdo, propio de una actitud de vida consumista. Como la gente a la que le da por hacer yoga como si se tratara de un deporte. Hay que retorcer mucho la práctica del yoga para que el mérito consista en conseguir la postura imposible. Esa gente no son yoguis, sino faquires.

—No te enciendas, Marc.

—¡Pues claro que me enciendo! Es como utilizar la meditación para relajarte o como complemento terapéutico.

—Pero reconoce que eso aporta más beneficio que perjuicio, ¿no?

—Pues depende. También pude aportar confusión, y eso puede llevar a la degradación.

—Marc, yo te entiendo, pero ¿no crees que tu opinión suena demasiado excluyente, poco abierta? ¿No te parece un tanto elitista?

—¿Elitista? ¿Qué quieres decir, Elsa?

—Pues que no está al alcance de todos, sino de unos pocos.

—Todo lo contrario. Lo que intento decir es que toda herramienta tiene una utilidad concreta para una finalidad concreta, y eso no es excluyente. Utilizar esa herramienta para todo lo que se me pueda ocurrir desvirtúa su finalidad y eso puede causar más perjuicios que beneficios. Pero ya lo comentaremos en otra ocasión, que el tema da mucho de sí y, como dices, me estoy encendiendo.

—Bien pensado, Marc.

—El caso es que debo profundizar en todo lo que a mí me corresponde en mi práctica de la experiencia de autoconocimiento. Estoy en ese punto en el que veo la otra orilla y no consigo llegar a ella ni sé cómo hacerlo. O sí.

—¿Sí? ¿Cómo?

—La respuesta de Álex, que es la acertada, es que ha llegado el momento de que alguien con mucha más experiencia me ayude en el tránsito hacia la otra orilla, porque ahora me encuentro en medio y está claro que no puedo continuar estando ni aquí ni allá.

—¿Y qué piensas hacer?

Me incliné hacia delante para tomarle las manos.

—Le he dado muchas vueltas, tal vez demasiadas. Creo que la persona que podría ayudarme es el hermano de mi abuela.

—¿El que está en Tailandia?

—Así es.

—O sea… ¿que te vas? —Asentí con la cabeza—. ¿Cuándo? ¿Por cuánto tiempo?

—Me gustaría decidirlo entre los dos.

—No, Marc. Debes decidirlo tú solo. Eres tú el que vive esa situación, por mucho que yo la pueda entender. Tienes que hacerlo tú. —Me miró fijamente a los ojos y me apretó las manos—. Cuentas con mi apoyo incondicional. Mi respuesta siempre será esta: «Cuenta conmigo».

La ternura de sus palabras me llegó al alma con tal intensidad que se me escaparon unas lágrimas. Solo fui capaz de responder con un abrazo.

En cuanto llegué al bufete, fui directo al despacho de mi padre, que estaba conversando con mi madre en una especie de saloncito lateral formado por dos butacas, un sofá y una mesa de centro. Aproveché que estaban juntos para hablar con los dos a la vez. Ellos me conocían bien y sabían de mi incesante proceso de búsqueda, de modo que les puse al día de mis últimas experiencias y les comuniqué mi decisión de ir en busca del hermano de mi abuela.

Mi madre lo entendió a la primera. Para ella no era tan extraño que decidiera marcharme, ya que en Tailandia era muy frecuente pasar uno o varios períodos de la vida en un monasterio, tanto los hombres como las mujeres. Así que se ofreció a prestarme toda la ayuda necesaria para localizar a su tío y transmitirle mi intención de ir a su encuentro.

La reacción de mi padre fue diferente. Me miró con preocupación. Y me pareció comprensible.

—Vamos a ver, Marc. ¿Tan importante es para ti?

—Sí, papá. Si no, no estaría aquí.

—Pero, hijo, vas a dejar de lado muchas cosas importantes: tu carrera, tus relaciones, incluso a Elsa. ¿Es tan importante como para pagar ese precio, Marc?

—Yo no lo veo así, papá. No creo que deje a nadie. En cualquier caso, debo hacerlo. Entiéndeme, no puedo quedarme así. Tengo que encontrar respuestas.

Mi padre se quedó mirando al vacío con el ceño fruncido.

—¿Y cuánto tiempo estarás fueras?

—No lo sé. Un mes. Tal vez dos.

—¿Y tu trabajo aquí, en el bufete?

—El bufete puede asumir mi ausencia perfectamente. Papá, siempre has confiado en mí…

—No es un tema de confianza. Me preocupa que esta decisión tuya pueda ser perjudicial para ti.

—No lo será. Oye, papá, tú me has enseñando a afrontar los retos en la vida, y para mí el reto es este.

—Está bien, Marc. Pero prométenos a tu madre y a mí que, si necesitas lo que sea, nos lo harás saber. ¿De acuerdo?

—Sabes que sí, papá.

No había ido mal, pensé aliviado al salir del despacho de mi padre. Me querían, por eso sabía que acabarían por entenderme. Agradecí que mi madre se ofreciera a ponerme en contacto con el hermano de mi abuela. Esperaba recibir noticias en breve.

Me pasé las tres horas siguientes pegado al teléfono para comunicar mi marcha a los compañeros del bufete, así como a los clientes con los que mantenía una relación más estrecha. A media mañana sonó el teléfono.

—¿Sí? Marta, dime.

—Marc, pregunta por ti tu amigo el guapo.

—No sé a quién te refieres. No tengo amigos guapos.

—¿Cómo que no? ¡Pol!

—¿Desde cuándo Pol ha pasado de simpático a guapo? —le pregunté extrañado.

—Te paso —me contestó tajante.

—¡Hey, *bro*!

—Marc, ¿cómo estás?

—Bien, ultimando cosas.

—¿Hablaste con Elsa?

—Sí, y con mis padres.

—¿Y?

—Perfecto. Ya te contaré.

—Oye, ¿quedamos para comer y me cuentas?

—Imposible, he quedado con Elsa.

—¿Por qué no te escapas y tomamos un café?

—Vale. En diez minutos estoy ahí en tu consulta.

Colgué y me fui directo a la consulta de Pol. Me apetecía cambiar un poco de aires después de tanta llamada. Fui todo lo deprisa que pude. Cuando llegué, su secretaria me hizo pasar de inmediato al amplio despacho que tenía Pol como consulta y que a mí siempre me había parecido más bien la sala de juegos de un excéntrico burgués, con su barra de bar, su nevera, sus máquinas recreativas, su grandioso televisor y su enorme sofá, oculto bajo mantas y cojines de colores.

—*Brother!* —me saludó Pol saltando de su butaca para darme un abrazo—. Cuéntame, ¿cómo estás?

—Pues, la verdad, muy bien. Después de hablar con Álex y de llegar a la conclusión de que debía marcharme, hablé con Elsa.

—¿Y qué tal?

—Muy bien, tío, muy bien. Tengo su apoyo incondicional.

—Conociéndola, era de esperar.

—Sí, es una persona increíble. Estar a su lado es un regalazo.

—Eres un tío con suerte.

—Sí, lo sé, Pol.

—¿Y con tus padres?

—Bien, en su línea. Mi madre ya se ha puesto en marcha para localizar al hermano de mi abuela, o sea, a su tío. En cuanto a mi padre, bien, prudente pero bien.

—Qué pasada, tío.

—Sí, ya está, ya estoy en marcha, ya he empezado a pasar temas a mis compañeros del bufete y a despedirme de los clientes con los que tengo más relación.

—¿Cuándo piensas irte?

—No lo sé. Todo depende de cuando mi madre localice a su tío. Sabemos que está en un templo en Tailandia, pero no sabemos dónde. Mi madre hace tiempo que no tiene contacto con él. Creemos que está en la provincia de Trat, pero no es seguro.

—La persona con experiencia que ha de ser tu guía ¿tiene que ser el hermano de tu abuela por fuerza o puede ser otra persona? Quiero decir, ¿por qué ha de ser él?

—Porque es la opción que he elegido, no hay otra razón. Todo el mundo tiene su propio camino, que puede presentarse de muchas maneras y formas, y todos ellos tienen mi respeto y consideración.

—¿Y por qué lo elegiste?

—Porque pertenece a una tradición de más de dos mil quinientos años de antigüedad, cuyas técnicas y conocimientos se han ido transmitiendo generación tras generación y han sido preservados de toda alteración por hombres y mujeres que eligieron pertenecer a la comunidad monástica y aceptaron unas normas para que, si alguien escogía esta opción, la recibiera con toda su autenticidad. Todos ellos, dentro de cada tradición y linaje del Dharma, cumplen con esta misión. En mis oraciones los llamo «los guerreros del Dharma», los guardianes y defensores, y les muestro mi respeto y admiración por su valiente elección postrándome ante ellos. Qué menos. He recibido de ellos más de lo que yo podría darles en todas mis posibles vidas.

—Interesante… —dijo Pol, reflexivo—. Un día me gustaría que me explicaras más cosas de esos guerreros del Dharma. Se dice que son capaces de hacer cosas extraordinarias.

—¡Ni que fueran superhéroes! Te aseguro que nada más lejos de su intención. Lo que sí es extraordinario es su amor sin condiciones hacia todos los seres sintientes, su compasión, como la llaman ellos.

—Marc, deseo de corazón que encuentres a tu guía. Sabes que puedes contar conmigo para lo que sea.

—Lo sé, Pol. Anda, tío, dame un abrazo.

—Mejor dámelo tú.

Se me escapó la risa. Cuánto iba a echar de menos a Pol.

—¡Ah! Por cierto, y cambiando de tema, ¿qué pasa con Marta?

—¿A qué viene esa pregunta?

—Pues verás, según Marta, has pasado de amigo simpático a amigo guapo, y esa subida en el escalafón seguro que no es por arte de magia. ¿O sí?

—No, no es magia. Se le llama habilidad. —Me guiñó un ojo.

—¡No me digas! ¿Sales con ella? —Asintió con expresión angelical—. ¿Y cuándo pensabas decírmelo?

—Bueno… Quería esperar un poco por eso de que trabaja en el bufete de tus padres y ese rollo. Le dije a Marta que tuviera cuidado contigo, porque sabía que estabas con la mosca detrás de la oreja.

—Tranqui, Pol. A mí me queda poco tiempo en el bufete. —Le di unas palmadas en el hombro—. Y me alegro por ti, tío. ¡Pa'lante!

Dos semanas después de comunicar mi decisión en el bufete, mi madre me llamó a su despacho. Al parecer, ya tenía noticias de su tío.

—Marc, he localizado a mi tío y he hablado con él.

—¿Y?

—Se acordaba de ti, de cuando de pequeño pasabas los veranos en Tailandia. Le he transmitido tu interés de pasar una temporada en el monasterio… —me miró con dulzura— y te espera.

—*Khov khun krap!* —exclamé. Me parecía oportuno darle las gracias en tailandés.

La abracé. Ella, poco dada a las muestras de afecto y quizá algo triste ante mi partida, se conmovió.

—*Mai pen rai ka* —fue su respuesta. «De nada».

—¿Le hablaste de por qué quiero ir?

—Más o menos. Estará esperándote. Es el *ajahn* de un pequeño monasterio de retiro de la tradición del bosque.

—Cuando fue ordenado, le dieron el nombre de Anuruddha, *ajahn* Anuruddha.

—*Achan* Anuruddha…

—Eso es.

—¿Y dónde está?

—A unos treinta kilómetros al norte de la ciudad de Trat, al pie de los montes Cardamomo.

—*Achan* Anuruddha… —repetí pensativo.

Yo conocía bien la tradición tailandesa de los monjes del bosque, no solo por mi abuela, que sentía una gran veneración hacia esa tradición, sino porque me había interesado por sus maestros, los *achan*, que se distinguían por su rigurosa práctica de la meditación y su fiel seguimiento de las normas de la vida monástica. Aunque su principal objetivo no era adquirir conocimientos, todos los escritos de sus maestros estaban repletos de una comprensión sencilla y clara sobre el Dharma, por lo que rebosaban sabiduría y compasión.

El nombre que habían puesto al hermano de mi abuela, Anuruddha, era el de un primo de Buda y uno de sus principales discípulos, que había destacado por su gran capacidad tanto en la comprensión del Dharma como en la meditación. Tal elección me hacía pensar que al hermano de mi abuela no le habían puesto ese nombre al azar, ya que, según las referencias que de él tenía, antes de tomar los hábitos monásticos había sido un estudiante modelo, se había licenciado y doctorado en Ciencias exactas y había sido un profesor destacado en varias universidades de Tailandia.

Me sentí afortunado.

Bien, ¡ya estaba! Lo tenía todo resuelto: el tema del trabajo, mis padres, mis amigos, mi tío… Y Elsa. ¡Menudo salto! Me vino a la memoria una película en la que había muchos saltos arriesgados. El más importante era el llamado «salto de fe», ese que confías a tu intuición, a tu fe, y cuyo final no puedes ver. Ahí es cuando pones en duda todo, incluso a ti mismo, y lo único que te mueve a saltar es que debes hacerlo, no hay otra. No puedes quedarte ahí quieto ni tampoco ir hacia atrás; esa nunca puede ser la opción. Lo único que te queda es abrir tu mente y tu corazón y saltar. Quizá eso sea ser tú mismo.

Ese día fui a buscar a Elsa a su gabinete. Llevaba un tiempo sin pasarme por allí y me quedé impresionado de lo bien que les había quedado. Era amplio y a la vez acogedor, y al menos había quince personas trabajando. Me acerqué al despacho de Elsa y me quedé observándola unos instantes antes de entrar. Estaba sentada frente a su mesa, tenía puestas las gafas, que utilizaba casi a escondidas, y se había recogido el pelo en un moño improvisado del que se habían soltado varios mechones. Estaba rabiosamente atractiva. En cuanto me vio, se quitó rápidamente las gafas.

—¿Qué haces aquí? ¡Qué sorpresa!

—Es lo que pretendía.

—¿Qué te cuentas?

Se me secó la boca. Sabía que las evasivas no funcionaban con Elsa, así que descarté contestar que nada. Opté por ir al grano, como ella siempre me sugería.

—Elsa, todo está preparado.

—¿Te refieres a tu viaje?

—Sí, mi amor.

Le hablé de la conversación con mi madre y le dije que mi tío me esperaba.

—Y por eso tienes esa cara.

—¿Se nota?

—A leguas. Pero no tienes que estar así. Es lo que querías.

—No sé si es lo que quería, pero es lo que debo hacer, que es distinto.

—Llevas años detrás de esto, desde mucho antes de que nos conociéramos, tal vez antes de que yo existiera. No debo ser un impedimento, sino todo lo contrario. —Se levantó de la silla, bordeó la mesa y vino hacia mí—. Ven aquí, chavalín.

Necesitaba sentirla cerca, necesitaba sus abrazos y sus besos. No dudaba de la decisión que había tomado, pero mi salto de fe me producía vértigo, y me sentía más vulnerable que nunca.

De camino a casa, acordamos que me marcharía el miércoles de la semana siguiente. Nos quedaban cinco días juntos.

Apuramos cada hora de los cinco días. ¿Qué hicimos? Nada, o al menos nada del otro mundo, porque nos daba igual hacer esto o lo otro. Solo nos importaba el hecho de estar juntos, algo habitual que mi marcha convertía en extraordinario. Tampoco tuvimos ninguna conversación trascendental, ni hubo sentimentalismos ni promesas ni nada parecido, ya que solo queríamos estar juntos sin más.

Llegó el miércoles. El último día siempre llega. Ya me había despedido de Pol y de mis padres. Todos me hacían la misma pregunta, cuándo regresaría. Mi respuesta era: «Pronto». No podía ser más preciso, pues no tenía ni idea de lo que me depararía mi estancia en el monasterio del bosque.

—Cariñete, ¿lo llevas todo? —me preguntó Elsa cuando llegamos al aeropuerto.

—Elsa, este tipo de preguntas no va contigo.

Fue acabar mi frase y brotaron lágrimas de sus ojos. Al mismo tiempo me sonreía. Me quedé totalmente impactado. Era la primera vez que la veía llorar. La abracé con fuerza y también a mí se me saltaron las lágrimas.

—¿Cuándo regresarás? —me preguntó entre hipidos.

—Pronto.

—Eso no es una respuesta.

—Lo sé, mi amor, pero no tengo otra. No sé lo que voy a encontrar exactamente. Y prefiero no pensarlo.

—Está bien. Ya me lo dirás cuando lo sepas.

—Lo haré, no lo dudes.

No sé cuántas veces me volví para mirar a Elsa desde la puerta de embarque. Recuerdo que ella mantuvo la sonrisa en todo momento. «Marc, salto de fe», pensé. Le devolví la sonrisa, me despedí con la mano y volví la espalda para tomar el avión que me llevaría de nuevo a Tailandia.

SEGUNDA PARTE

ENTENDER

Después de trece horas de vuelo llegué a Bangkok. El aeropuerto de Suvarnabhumi era puro ajetreo. Por los pasillos de la terminal se veían riadas de personas que se apresuraban arriba y abajo con sus coloridos fardos, bolsas y maletas, como si escaparan de un volcán en erupción. Fuera, el tráfico formaba un caos estrepitoso de frenazos, bocinazos y rugidos de motor. A pesar de estar cansado del vuelo, me sentía bien. Bangkok me daba vida.

Hacía muchos años que no estaba en Tailandia, desde mi niñez. Sin embargo, cuando pisaba suelo tailandés, me invadía un sentimiento de pertenencia. Me gustaba estar allí, me sentía cómodo, como si el país me acogiera.

Me dirigí a la parada de taxis para ir hasta la ciudad de Rayong, que quedaba a dos horas. Mi plan era descansar esa noche en Rayong y al día siguiente coger un minibús para ir a Trat; el trayecto duraba casi tres horas. Cuando salí hacia Rayong, el reencuentro con un montón de recuerdos, y en especial con la luz, me trasladó al pasado y a un estado de felicidad. Me sumergí en la luminosa calidez del amanecer tailandés, que me envolvió para darme la bienvenida. Durante el trayecto entablé conversación con el taxista. Todavía me defendía con el idioma. Debía mejorar el acento, la entonación y la construcción de las frases, pero era capaz de comunicarme aceptablemente y sabía que eso era importante, porque los tailandeses valoran mucho que un *farang*, o sea, un occidental, hable tailandés o al menos lo intente, porque, a pesar de que mi abuela era tailandesa, mi nariz mostraba con claridad mi herencia genética *farang*. De pequeño, mi nariz tampoco pasaba desapercibida: cuando estaba con mi abuela y jugaba con otros niños, era objeto de burla y de admiración. Por eso, el hecho de hablar tailandés siendo *farang* me hacía más cercano.

Cuando el taxi me dejó en la puerta del céntrico hotel de Rayong, me informé de los horarios de minibús hacia Trat para llegar puntual a la cita con mi tío, que sería al mediodía del día siguiente en el *wat* Yotha Nimit, en Trat. La elección del lugar no era casual, ya que lo conocía perfectamente porque mi abuela me llevaba siempre allí. El *wat*, que significa «templo». Era un recinto amplio con grandes jardines y varios edificios que, aparte de lugar de culto, también concentraba un montón de actividad. Mi abuela solía reunirse allí con sus amistades para recitar los sutras y siempre había montones de comida con motivo de alguna celebración. Yo aprovechaba la visita para jugar con los demás niños.

La salida hacia Trat estaba programada a las siete de la mañana, de modo que me desperté temprano, desayuné en el mismo hotel y me dirigí a la estación desde donde salían los minibuses para llegar puntual a la cita con mi tío.

¿Qué decir de Trat? Era la ciudad donde pasaba mis veranos de infancia, la capital de la provincia del mismo nombre, fronteriza con Camboya, una ciudad tranquila que quedaba fuera de la ruta turística, cuya gente era amable y respetuosa, como manifestaba su eterna sonrisa.

Me bajé del minibús y me dirigí hacia el *wat* arrastrando mi maleta. Todo estaba más o menos igual, excepto el tráfico, que había aumentado muchísimo. Entré en el *wat* por la parte de los jardines. Todo eran recuerdos. Seguramente mi tío me estaría esperando en el edificio donde se realizaban las ceremonias, así que me dirigí hacia allí. Al acercarme vi un grupo de monjes y enseguida reconocí a mi tío, que también me vio y sonrió. Fui hacia él, me quedé a dos metros y, juntando las manos y con una ligera inclinación, hice el saludo tradicional tailandés, a la vez que saludaba en thai. Él correspondió a mi saludo.

—¡Qué mayor estás! Si no fuera por la nariz, no te habría reconocido —soltó riendo—. Ven, acércate.

Me acerqué y me cogió por los hombros con fuerza.

—Me parece imposible verte tan crecido. Ya no puedo llamarte *nu*.

No paraba de reír. Se le notaba que se alegraba de verme.

—Ven a sentarte conmigo.

Saludé con respeto a los monjes que estaban con mi tío abuelo y le seguí hasta un extremo de la sala. Él tomó asiento y me indicó que hiciera lo mismo.

—Veamos… Tu madre ya me comentó algo. Ahora cuéntame tú.

Le expliqué mi proceso de búsqueda desde el principio, mis prácticas, las enseñanzas de las diferentes escuelas en las que había estudiado, los procesos en mi comprensión sobre el Dharma y las últimas experiencias meditativas que era incapaz de asimilar y por las cuales me encontraba allí, así como la sensación de estar en un *impasse* que no me veía capaz de superar sin la ayuda de un guía.

A lo largo de toda la explicación, mi tío iba asintiendo con la cabeza en señal de que comprendía mis palabras.

—Pues yo no veo el problema.

—Pues para mí lo es, *lung* —contesté, dirigiéndome a él como «tío».

—Tienes problemas porque crees en ellos. Cuando dejas de creer en ellos, desaparecen.

—No sé, *lung*, pero es como me siento y no sé de qué hilo tirar para deshacer el nudo.

—«La mente que crea los problemas es incapaz de encontrar una solución válida a los problemas que ella misma crea» —repuso citando a Einstein. Supongo que como muestra de acercamiento mental hacia una figura de Occidente.

—Sí, lo sé, aunque muchas veces es difícil saber de qué lado está tu propia mente.

—Excelente, Marc —exclamó sonriendo—. Es bueno sospechar de la mente. ¿Hasta qué punto lo que piensas, sientes y percibes es lo que es? O tal vez no, igual es algo parecido, pero eso todavía no es lo que debe ser.

—Lo sé, *lung*, y mi práctica día a día me lleva a observarla, pero...

—Pero lo único que pone en su sitio a tu mente es la verdad o la realidad, lo que en sí es real. Y la realidad tiene una cualidad única y es inalterable: pienses, sientas o percibas, no cambia. Todo lo demás cambia constantemente. ¿Por qué? Porque la realidad es la que genera el cambio.

Tras escucharle, me lo quedé mirando.

—*Lung*, ¿cuento con tu ayuda?

—Aún te sigo viendo como un niño. —Soltó una carcajada y palmeó mi hombro—. ¿Por qué crees que he dejado el *wat* del bosque? ¿Crees que he venido de compras a la ciudad? He venido para ayudarte.

—Gracias, *lung*.

—No me las tienes que dar. Voy a hacerte una propuesta, a ver qué te parece. Vendrás conmigo al *wat* y vivirás en él prestando servicio a la comunidad. Deberás guardar el Sila observando los diez preceptos igual que los novicios y recibirás instrucción en el Sutra Satipatthana. Un mes es muy poco tiempo, pero te puede ayudar. ¿Qué dices?

—Me parece muy bien. Gracias, *lung*. ¿Cuándo salimos hacia el *wat*?

—Debes comer algo, porque en el *wat* no podrás comer hasta mañana. Ya conoces las normas, ¿no?

—Sí. Dos comidas al día, la última antes de las doce del mediodía.

—No exactamente. En nuestro caso es un poco más estricto, pero ya lo verás. —Se levantó y yo lo imité—. Voy a despedirme de mis hermanos del *wat* y salimos para allá.

Mientras se despedía de los monjes del *wat*, yo aproveché para comer algo. Al rato me hizo una señal para indicarme que nos marchábamos y, junto con otro monje del *wat* del bosque, nos dirigimos a la puerta del recinto, donde ya nos esperaba un minibús.

Al llegar a una bifurcación de la carretera, cogimos el desvío hacia el camino de tierra estrecho que se adentraba en el bosque. Al cabo de diez minutos de traqueteo, nos detuvimos. Habíamos llegado al *wat* de la tradición del bosque, donde residía una pequeña comunidad compuesta por nueve monjes, la *sangha*.

El *wat* estaba formado por un conjunto de cabañas típicas tailandesas dispuestas en forma de U. Construidas sobre unos pilares de madera que las elevaban del suelo para evitar las humedades de las lluvias, a veces torrenciales, y la presencia de animales, mostraban el clásico tejado curvo a dos aguas con voladizos para proteger las paredes de la cabaña de la humedad y proporcionar sombra. Nada más llegar, nos dirigimos a la cabaña principal, situada en el centro de la U y visiblemente más grande que las demás, que hacía las veces de templo, biblioteca y sala reuniones de la *sangha*. En el centro había un gran altar con una imponente imagen de Buda tallada en madera, asentada en una plataforma de un metro y medio de altura y semicubierta con una tela color azafrán, la tela de los hábitos de los monjes. Al pie de la imagen se encontraban las ofrendas, muchísimas, y en un lateral los retratos de los *achan* que en el pasado habían sido los guías espirituales de la comunidad. En lado derecho del templo había una tarima de medio metro de alto por unos diez metros de largo, donde los monjes más reconocidos dirigían la recitación de los sutras. A la izquierda estaba la biblioteca: varias filas de estanterías repletas de libros, entre los que se encontraba la colección de volúmenes del Sutra Satipatthana, y una gran mesa rectangular para el estudio y la consulta de los libros. El amplio espacio central que quedaba entre la tarima y la biblioteca era donde los monjes se reunían para comer o realizar sus prácticas de meditación o recitación.

La mayor parte de los monjes del *wat* tendrían de cincuenta a setenta años. Entre los restantes, había dos que rondarían casi los cuarenta y dos, más jóvenes, que calculé que tendrían, el uno, apenas treinta y veintipocos el otro. Mi tío abuelo me presentó como su sobrino y les explicó el motivo de mi estancia en el *wat*. Los mayores escucharon a mi tío con seriedad, mientras que a los jóvenes se les notaba contentos. Estaba claro que yo era la novedad y, como suele ocurrir en todas partes, a los mayores la novedad les dejaba indiferentes, mientras que a los jóvenes les entusiasmaba. Una vez que los saludé con respeto a la manera tradicional, mi tío me indicó por señas que le siguiera. Me llevó a un aparte y nos sentamos.

—Bien, Marc, te explicaré cuáles serán tus tareas. A las cinco de la mañana nos levantamos y nos dirigimos al templo a recitar los sutras. Después vamos al pueblo y recogemos las ofrendas de comida y enseres de las gentes, regresamos y comemos. Descansamos unos treinta minutos y hasta las seis de la tarde estudiamos los sutras. Luego meditamos todos juntos, recitamos los sutras y al acabar nos retiramos a nuestras habitaciones. Tú tendrás que seguir las mismas rutinas que nosotros, pero se te asignarán trabajos de servicio a la comunidad. Uno de ellos es acompañar y asistir a los monjes cuando reciban las ofrendas, y cada día tendrás clase de meditación con *achan* Annan. Siempre que quieras o creas oportuno, puedes hablar conmigo. Ven, sígueme. Conocerás a *achan* Annan y a *prasong* Anisara. Él es quien te asignará las tareas y te indicará tu dormitorio.

Salimos al patio central y nos dirigimos hacia un banco de madera donde había sentado un monje delgado que tendría unos setenta años y fumaba el típico tabaco de liar tailandés. Me acerqué junto con mi tío y le hice el saludo de respeto. Era *achan* Annan, mi maestro en la meditación. Mi tío se sentó a su lado y yo me senté en el suelo frente a ellos. *Achan* Annan se me quedó mirando.

—Marc… —Meneó la cabeza de un lado a otro—. Ese nombre no es bonito. Tendremos que cambiártelo.

Me quedé un poco sorprendido, pero asentí en señal de respeto.

—Si, *achan* Annan.

—Practicaremos meditación todos los días, después del descanso de la comida. Empezaremos mañana.

Le di las gracias inclinándome ante él, según la costumbre de respeto a los monjes, y mi tío y yo nos dirigimos a lo que era la «oficina», que estaba situada hacia el centro del conjunto de cabañas. Ahí estaba *prasong* Anisara, uno de los monjes jóvenes, de unos treinta y pico años. La oficina era una habitación pequeña con una mesa de madera, un par de sillas y unos estantes metálicos con archivadores. Calculé que el mobiliario tendría unos cincuenta años. Saludé con respeto y mi tío hizo las presentaciones.

—Marc, este es *prasong* Anisara. Se encarga de la organización de las tareas de mantenimiento del *wat*, así como de todo lo relacionado con lo que es ajeno al *wat*. Te dejo con él para que te informe.

Dicho esto, se marchó. *Prasong* Anisara me hizo una señal para que tomara asiento.

—Marc, ¿qué te parece nuestro pequeño refugio?

—Me gusta. Es tranquilo y está rodeado de naturaleza por todas partes.

—Te he asignado dormitorio. Lo compartirás con el más joven de nosotros, se llama Chet. Todos nosotros hemos elegido estar aquí como la opción de vida más beneficiosa para todos los seres. Chet está aquí para aprender, como parte de su formación como persona. Ya sabes que es tradición en la sociedad tailandesa. Pertenece a una familia con muy buena posición y permanecerá con nosotros unos seis meses. Ya verás, es un buen chico y muy inteligente. Os pongo juntos porque los dos estáis de paso, aunque él está ordenado y tomó los votos. Chet habla inglés perfectamente y seguro que te ayudará a mejorar tu tailandés. A cambio, él podrá obtener de ti la visión del pensamiento occidental. Seguro que os llevaréis bien. También os asignaré tareas conjuntas. ¿Qué te parece?

—Muy bien, *prasong*. Gracias.

—Otra cosa. Debes vestir de manera apropiada, prendas sencillas y de color blanco. Te las proporcionaré mañana. Y una cosa más. La única comunicación con el exterior es a través de aquí —dijo señalando la oficina—. Me tienes que entregar tu teléfono móvil. Te daré el número de teléfono del *wat* por si alguien necesita contactar contigo. Y siempre que avises con antelación, podrás comunicarte por medio de este teléfono. ¿De acuerdo, Marc?

—De acuerdo, *prasong*. Gracias.

—Ah, se me olvidaba. Vamos a cambiarte el nombre. No nos gusta Marc.

—Sí, lo sé.

—Estamos pensando qué apodo te ponemos —comentó divertido.

Se levantó y me acompañó hasta la puerta. Desde allí me señaló dónde estaba mi habitación. Cuando llegué a mi cabaña, en la puerta ya me esperaba Chet, sonriendo contento. Estaba claro: yo era la novedad. Nos saludamos juntando las manos.

—Hola, Marc. Me llamo Chet. Ven, pasa —me dijo dando un paso atrás.

—Hola, Chet, encantando de conocerte —contesté entrando en la habitación.

Era una estancia pequeña con dos camas, una mesilla de noche y dos pequeños armarios. Lo suficiente.

—Esta es tu cama —me dijo en un perfecto inglés.

—Chet, ¿te importa que hablemos en tailandés? Hablas muy bien inglés, pero necesito practicar para mejorar mi tailandés.

—No hay problema, Marc. Lo más difícil es el acento. Lo demás, con la práctica, saldrá solo. No te preocupes.

—Gracias, Chet.

—Instálate y luego te enseño el recinto del *wat*. Te espero fuera.

Recorrimos el *wat* en riguroso silencio, pues únicamente se permitía romper la norma de guardar silencio durante la recitación de los sutras en las reuniones de la *sangha*, para hablar de cuestiones relacionadas con las enseñanzas o instrucciones de los *achan* o para tratar aspectos muy precisos y necesarios para el buen mantenimiento de la convivencia en el *wat*.

De todos modos, nadie te llamaba la atención si no lo respetabas. Las conversaciones solían surgir para comentar enseñanzas o comprensiones de las mismas.

En el centro de la U que formaban las cabañas, había una amplia explanada con un árbol enorme en el centro que, según contaban los monjes más viejos, había sido plantado a finales del siglo XIX por el rey de Siam Chulalongkorn el Grande, también llamado Rama V. Nos dirigimos al templo. Al llegar, Chet me dio una serie de escritos en tailandés y pali, que contenían los sutras y las tomas de refugio, y me indicó el lugar donde debía sentarme. Cuando llegaron *achan* Annan y *achan* Anuruddha, o sea, mi maestro de meditación y mi tío abuelo, se iniciaron los cantos de los sutras, que finalizaron sobre las ocho de la noche. Cuando acabaron, nos retiramos a nuestras habitaciones.

A las cinco de la mañana del día siguiente sonó la campana del *wat*. Empezaba mi primer día en el *wat* de la tradición del bosque, el primer día de mi incierta estancia en Tailandia, el primer día de mi aprendizaje junto a *achan* Anuruddha y *achan* Annan.

Nos despertamos y nos dirigimos al templo para la recitación de los sutras de la mañana. A continuación, hubo un tiempo para el aseo personal. Después todos los monjes, excepto *achan* Annan, partieron en estricta fila india hacia el poblado vecino del *wat*, provistos con sus cuencos para recibir las limosnas, comida o cosas que donara la gente. Mi tarea consistía en ayudar a los monjes. *Prasong* Anisara me había provisto de dos pantalones típicos tailandeses y tres camisetas, todas prendas de color blanco, además de unas chanclas, por lo que yo era el único que iba calzado.

De regreso en el *wat*, entregamos las ofrendas de comida a los monjes encargados de prepararlas, que las dispusieron sobre una esterilla, en el suelo de la sala del *wat*. Tras la recitación de los sutras y un tiempo de meditación, comimos todos juntos dando preferencia a los mayores. Después nos retiramos, unos a descansar y otros a realizar las labores que tenían encomendadas. Yo fui en busca de *achan* Annan, que estaba en el patio central, sentando en un banco a la sombra de un árbol y, cómo no, fumando aquel tabaco que para mí olía fatal. Me acerqué y lo saludé con respeto. Él me indicó que me sentara y, por deferencia, elegí sentarme en el suelo frente a él.

—Chit, veo que eres puntual. Eso es muy bueno.

«¿Chit?». Al parecer, ya tenía nombre. Consideré prudente no preguntar el porqué de ese nombre; en tailandés, *chit* significa «mente».

—Antes de empezar con las prácticas de meditación, quisiera que me explicaras todo lo que sabes sobre la meditación.

—*Achan*, estoy aquí para aprender. Todas tus indicaciones e instrucciones siempre serán aceptadas por mí.

—Pues entonces, Chit, debes saber que hay una lección que no debes olvidar jamás: las palabras de Buda en los cuatro soportes de todo discípulo. Uno: confía en el Dharma y no en la persona. Dos: confía en el sentido y no en las palabras. Tres: confía en el significado último y no en el provisional. Y cuatro: confía en el conocimiento y no en la conciencia ordinaria.

—Lo tendré presente, *achan*. Gracias.

—Bien, adelante, cuéntame.

Empecé mi explicación, desde las enseñanzas de mi abuela y mi búsqueda en los distintos abordajes no dualistas de todo tipo hasta regresar finalmente al abordaje no dualista junto al vacío de la impermanencia del budismo y sus diferentes escuelas y linajes. También le relaté mi práctica en la meditación y el camino que había recorrido con ella. Acabé mi explicación con las experiencias que habían provocado mi marcha en busca de refugio y ayuda. Durante toda mi exposición, *achan* Annan asentía con la cabeza. Cuando acabé, me miró con los ojos entrecerrados y me dijo:

—Creo que el sobrenombre que te hemos puesto es acertado.

Luego se echó a reír, como si hubiera soltado un gran chiste. Yo no le veía la gracia por ningún lado, pero *achan* Annan era mi maestro, así que lo correcto por mi parte era devolverle la sonrisa, y sonreí.

—En fin, Chit, veo que has realizado un buen trabajo. Es bueno tener una visión amplia del Dharma, de la visión y comprensión según las diferentes culturas en las que se ha desarrollado, porque cada una tiene su propio camino, aunque hacia un objetivo común. Si tu camino no está claro, jamás podrás alcanzar el objetivo. El camino que elijas debe tener, pues, una base sólida, y esa base la da la escuela o los linajes que, generación tras generación, la transmiten de una a otra desde los tiempos de Buda.

—Lo sé, *achan*. Siempre he respetado esa cadena de transmisión.

Indicó su aprobación con una inclinación de cabeza.

—Pues bien, Chit, al margen de las variantes particulares de cada camino, que no son ningún problema, siempre has de tener en cuenta dos cosas: la atención/concentración y la comprensión/sabiduría. Una y otra son imprescindibles para tu avance, y ambas tienen que avanzar en paralelo. Es decir, si tu atención no avanza al mismo ritmo que tu comprensión, las experiencias en tu meditación no servirán de nada, ya que pasarán desapercibidas o te colapsarán. Y si es al revés, que tu comprensión avanza más que tu atención, jamás podrás integrar esa comprensión en tu vida; será simplemente una teoría, incluso una muy buena teoría, pero solo eso, teoría.

—Entiendo, *achan*.

—Lo que te ha pasado es que ibas bien, con las dos bases del camino equilibradas, hasta que, en un momento dado, una avanzó antes que la otra. Ahí se rompió el equilibrio y surgió lo que tú llamas colapso, que yo no veo así, ya que estos desequilibrios de una parte o de otra son habituales.

—¿Y qué puedo hacer?

—Lo que estás haciendo, Chit: estar aquí.

Aquellas palabras me tranquilizaron.

—Lo que harás aquí —añadió— o, mejor dicho, lo que haremos es un… reajuste —concluyó riendo.

De nuevo, su comentario no me hizo ni pizca de gracia.

—¿Tienes conocimiento y has tomado enseñanzas sobre el Satipatthana Sutta? —me preguntó utilizando el nombre pali para referirse a los textos más importantes del budismo Theravada.

—Sí, conozco el «Discurso de los cuatro fundamentos de la atención consciente y plena» —contesté empleando el nombre por el que se conocía comúnmente el sutra—, y he realizado cursos y retiros sobre él.

—Bien, Chit. Es un sutra muy importante, Ya que estos cuatro fundamentos te enseñan las dos bases que hemos comentado: atención/comprensión o, si lo prefieres, conciencia/sabiduría. ¿Durante cuánto tiempo has estudiado y practicado estas enseñanzas?

—Hice un retiro de quince días y otro de un mes.

Achan Annan estalló en carcajadas.

—¡Este *wat* lleva desde sus inicios estudiando ese sutra! —exclamó divertido—. ¿No te ha hablado tu tío *achan* Anuruddha de los estudios del sutra?

—No, todavía no hemos tenido ocasión de hablar mucho.

—En fin, un mes es muy poco tiempo, pero intentaremos sacarle provecho. Empezaremos mañana, desde el principio. Te espero aquí mismo mañana a la misma hora.

Me despedí de *achan* Annan dándole las gracias con respeto y fui en busca de mi tío. Quería explicarle la conversación que había mantenido con *achan* Annan y ver lo que me comentaba al respecto.

Lo encontré en la biblioteca. Me quedé junto a la entrada, indeciso, porque no quería interrumpir su estudio.

—Chit, pasa, no te quedes ahí —dijo sin levantar la vista de los textos.

Hasta él me llamaba Chit.

Cuando llegué junto a él, levantó la vista y me miró sonriente.

—¿Cómo te va, hijo? ¿Te vas adaptando?

—Sí, todos son muy amables conmigo, *achan* —contesté.

Me parecía más apropiado y respetuoso dirigirme a mi tío por su rango en el *wat*. Él lo aceptó de buen grado.

—¿Y bien, Chit?

—He estado hablando con *achan* Annan. Le he explicado todo sobre mi proceso. Creo que me ha entendido muy bien. Su consejo es que me inicie en la práctica del Sutra Satipatthana.

—Me parece lo más acertado. ¿Te ha explicado en qué consiste este sutra?

—Sí, algo me ha dicho. Además, yo he asistido a varios retiros sobre el Satipatthana.

Alzó una ceja, se levantó del asiento y se acercó a los estantes de la biblioteca, repletos de volúmenes.

—Mira, Chit. ¿Ves todos estos tomos?

—Sí, *achan*.

—Pues todos ellos son del Satipatthana Sutta. Todos los *achan* que han pasado por este *wat* han sido estudiosos de este sutra; incluso vienen de otros *wat* para estudiarlos. El que hace una simple lectura, es fácil que no le encuentre sentido; el que hace varias lecturas pausadas puede empezar a ver lo que hay detrás de cada palabra; pero quien dedica su vida a su práctica, a su entendimiento y comprensión, sin duda alcanza el *Nibbana* —comentó usando el término en pali.

—*Achan*, no tengo dudas de que es una de las mejores técnicas de meditación.

—No es una técnica, Chit. Los Budas no dedican su vida a explicar o enseñar técnicas de meditación. El Satipatthana no te enseña una técnica, sino una forma de ser. La práctica de las enseñanzas de este sutra transforma la visión conceptual del proceso biológico al que llamamos vida.

—Y esa visión… ¿no es limitante?

—Limita nuestras construcciones mentales. La vida va más allá de esas construcciones que reducen nuestra comprensión de la existencia.

—*Achan*, ¿tengo tu permiso para consultar estos escritos?

—Sí, pero sé cuidadoso. Cada tomo es importante, y algunos son joyas muy preciadas. Cuando lo precises, podemos comentarlos.

—Gracias, *achan*.

Me despedí con respeto y seguí con las tareas y rutinas del *wat*.

Ya habían pasado veinte días desde mi entrada en el *wat*. Cumplía con mis tareas y el resto del tiempo lo dedicaba a la meditación siguiendo las instrucciones de *achan* Annan y consultando los escritos sobre las enseñanzas del sutra. Cada vez que finalizaba mis clases con *achan* Annan, él me preguntaba la lección para estar seguro de que había entendido la práctica.

La primera fase de la práctica se centraba en los sentidos, las «puertas» de las sensaciones por las cuales nuestra mente, debido a sus condicionantes, las clasifica, rechaza o acepta. A*chan* Annan me explicaba y me hacía practicar el modo de reconocer el proceso que utiliza la mente para etiquetar cada sensación, cada experiencia, hasta poder descubrir qué había detrás de cada una de ellas.

—Chit, atento, sin esfuerzo. Observa, sé neutral en tu observación. El esfuerzo es división.

—¿Pero mi neutralidad no me llevará a una constante indecisión, a aceptar todo?

—La indiferencia no tiene nada que ver con la neutralidad, que es la base de la ecuanimidad. En tu vida diaria tienes muchos ejemplos. Si existe una disputa, tu neutralidad o ecuanimidad te sitúa en el punto de entender y comprender las distintas versiones. Eso es la neutralidad, la herramienta que te abre a la comprensión, y eso no te impide decidir. La ecuanimidad es neutralizante de todos los síntomas adversos, incluida la indiferencia.

Las enseñanzas y prácticas que impartía *achan* Annan eran muy rigurosas, si bien colmadas de amabilidad. Yo me consideraba un practicante avanzado, aunque allí, con él, empezaba a tener serias dudas de serlo. En cualquier caso, sabía que me encontraba en el lugar donde quería y debía estar, y eso daba sentido a toda mi vida. Para mí, ese era el pequeño truco de la vida: estar donde debes estar.

También solía mantener conversaciones con mi tío, que siempre estaba abierto a escucharme. En ese momento tenía que tomar una decisión y necesitaba su consejo, y como sabía que a aquella hora siempre estaba en la biblioteca, fui a su encuentro.

—*Achan*, ¿puedo hablar contigo?

—Claro que sí. Cuéntame, Chit.

—Llevo aquí veinte días. Agradezco que nadie me pregunte qué voy a hacer. Sin embargo, tal vez por esa razón me lo pregunto a mí mismo constantemente y…

—Chit, deja de preocuparte. Ya te lo pregunto yo: ¿qué vas a hacer?

—No lo sé, *achan*.

—¿No lo sé? Eso no es una respuesta. ¿No crees que, si te planteas esa pregunta, es porque ya sabes la respuesta?

—Pues… sí, creo que sí.

—¿Entonces?

—Si hago lo que creo que he de hacer, hay cosas que dejaré atrás…

—Chit, te recuerdo que todo sentimiento tiene su contrapartida.

—Sí, lo sé, *achan*.

—Deja de controlar la felicidad o la tristeza. No importa lo que ocurra, deja que suceda. De esa manera, todas las situaciones podrán ser autoliberadoras. Debes evitar estar en manos de las circunstancias. Has de seguir tu propio proceso y no abandonarlo jamás.

—Sí, *achan*. Sé que no puedo ir en contra de mí mismo, aunque me gustaría tomar la decisión más inteligente.

—La inteligencia es la meta de los tontos.

—Sí, es cierto.

—¿Cuál es la meta de los inteligentes?

—¿Estar abierto? —contesté, pensativo. Mi tío se limitó a mirarme fijamente—. Gracias, *achan*. Ahora lo tengo más claro.

Después de despedirme con respeto, decidí dar un paseo por el bosque que rodeaba el *wat*. Necesitaba espacio para mi mente. Y sí, sabía lo que tenía que hacer.

Al día siguiente, después del almuerzo, me encaminé hacia la oficina del *wat*. Allí estaba *prasong* Anisara. Cuando le expliqué que necesitaba hablar con mi familia, enseguida me proporcionó el teléfono para que me pusiera en contacto con ella y me dejó solo para respetar mi intimidad. Cogí el teléfono y marqué.

—Hola, mamá. ¿Cómo estáis?

—¡Marc, hijo! —exclamó sorprendida—. Nosotros muy bien. ¿Y tú?

—Muy bien, mamá.

—¿Cuándo regresarás?

—De eso te quería hablar.

—¿Ha sucedido algo?

—No, no. No te preocupes. Solo que debo quedarme más tiempo. Estando aquí me he dado cuenta de que esto es una oportunidad que he de aprovechar.

—¿Más tiempo? ¿Hasta cuándo, hijo?

—No lo sé todavía. Debo completar mis estudios sobre el Satipatthana Sutta. Debo hacerlo, mamá. —Mi madre no contestó—. Sé que tú lo entiendes, y espero que papá también sepa entenderlo.

—Sabes que puedes perder tu puesto en el bufete…

—Sí, mamá, lo sé. Pero no me preocupa. Es lo que quiero hacer y debo hacerlo.

—Lo entiendo, hijo. Ya hablaré con tu padre.

—Dile a papá que lo llamaré más tarde, ¿vale?

—Descuida, así lo haré. Y estate tranquilo, que cuido de tu piso.

—Gracias, mamá. Para cualquier cosa, tienes el número de teléfono del *wat*.

—Sí.

—Mamá, te quiero.

—Y yo a ti, hijo.

Y colgué.

Sabía que mi decisión no suponía nada nuevo ni resultaba extraña para mi madre, ya que en Tailandia es normal hacer un paréntesis en la vida cotidiana y estar un tiempo ordenado como monje. Ahora llegaba el momento difícil: hablar con Elsa.

Me vinieron a la memoria un sinfín de recuerdos compartidos. A pesar de tener clarísima mi decisión, sabía que implicaba renunciar a estar con ella. Me sentía dividido, como si mi corazón y mi mente estuvieran en dos partes diferentes e imposibles de reconciliar, pero ya le había dado todas las vueltas posibles a mi decisión y era la que debía tomar. Volví a coger el teléfono y marqué su número de móvil.

—Hola, Elsa. Soy Marc. ¿Cómo estás?

—¡Eh, hola, chavalín! Yo muy bien. ¿Y tú?

—Bien, aprendiendo mucho. ¿Qué tal va el gabinete?

—Genial. No me imaginaba que pudiera ir tan bien. Puedes estar orgulloso. ¿Y tú qué?

—Pues… ¿cómo te lo diría? Empezando de nuevo. Bueno, no exactamente, pero ahora estoy volcado en las enseñanzas del Sutra Satipatthana.

—Pero ya lo conocías, ¿no?

—Eso creía yo. La verdad es que lo estoy descubriendo ahora, y estoy solo al inicio del inicio…

—¿Qué quieres decir?

—Que no puedo quedarme ahí. Debo entrar, Elsa. Atravesar la puerta.

—¿Eso significa que te quedas más tiempo?
—No lo sé. Mi estancia como invitado en el *wat* se está acabando.
—¿Y qué vas a hacer?
—Si quiero continuar con mis estudios, debo ordenarme y tomar los votos de Sila durante un tiempo.
—¿Cuánto?
—Puede que años. —Hubo un silencio interminable—. Elsa, ¿sigues ahí?
—Sí, Marc, aquí estoy. —Pasaron unos segundos—. Entonces, el futuro será distinto de lo que habíamos pensado, ¿no?
—Sí… —Me costaba admitirlo, pero no podía engañarme, ni tampoco a ella—. Elsa, perdóname, tal vez no deberíamos haber…
—No, Marc, eso no —me cortó—. Habernos conocido, habernos querido y estar juntos ha aportado mucho a mi vida, y todo bueno. Me ha dado más confianza en mí y en lo que me rodea, y eso no me lo quita nadie. Aunque no te lo creas, siempre he sabido que existía la posibilidad de que buscaras tu propio camino, pero no quería perderme la experiencia de estar a tu lado y absorber tu visión de la vida, o sea que no me parece tan extraño que debas continuar tu búsqueda. Nunca he querido ser un impedimento en esa búsqueda, sino al contrario. Tienes todo el derecho a elegir ser tú mismo.
—Elsa, quiero decirte que…
—No lo digas, Marc. Lo sé, como tú también lo sabes. Siempre tendrás un espacio en mi vida.
—Elsa…
—No hay más que hablar. Cuídate, cariñete. Y no abandones jamás.
Colgó. Me quedé con el teléfono en la oreja no sé cuánto tiempo. Al rato entró *prasong* Anisara.
—Chit, ¿todo bien? —preguntó al verme paralizado como una estatua, con el teléfono en la mano.
—Sí, *prasong*. Gracias.
Salí a toda prisa de la oficina para ir a hablar con mi tío.

—*Achan*, ¿puedo? —pregunté desde la puerta de la biblioteca.
—Pasa, Chit.
—*Achan*, sé que mi tiempo como invitado está finalizando. Sin embargo, debo seguir mi búsqueda. Sé que cuento con tu ayuda, con la de *achan* Annan y con la del *wat*, por ello solicito tu permiso para formar parte de esta *sangha*.

Mi tío se esperaba algo así, sin ninguna duda.

—Chit, esta es la elección. Ven, dame un abrazo.

Era la primera vez que mi tío me daba manifiestamente una muestra de afecto, ya que siempre se limitaba a abrazarme con su mirada compasiva.

—Bien, Chit, tenemos trabajo. Lo primero que debemos hacer es ir a la ciudad de Trat y tramitar tu estancia aquí como monje en el departamento de extranjería de la policía. Eso no será ningún problema, pero debemos cumplir con todos los requisitos legales.

—Por supuesto, *achan*.

—Bien. Y lo segundo, empezar a organizar la ceremonia. Ya sabes que la ordenación de un monje es un gran acontecimiento en el *wat* y que organizamos una fiesta.

La cabeza de mi tío ya estaba elaborando una lista de tareas, preparativos e invitados. Se le veía encantado y agradecí que me contagiara un poco de su entusiasmo.

—¿Tus padres harán de padrinos? —Me quedé mudo. No me esperaba la pregunta. Mi tío insistió—: ¿Qué familiares vendrán a la ceremonia?

—No creo que mis padres puedan venir de un día para otro. Pero tengo un amigo que es como un hermano para mí que vendrá seguro.

—Estupendo. En ese caso, en la recitación de los sutras de esta noche lo comunicaremos a la *sangha* del *wat*.

Asentí con el máximo respeto.

El *wat* se llenó de alegría ante la noticia de mi ordenación como monje y atenuó mi tristeza por la ruptura con Elsa.

Al día siguiente me dispensaron de asistir a los monjes en su recorrido de cada mañana para la recogida de ofrendas. A mi tío y a mí nos esperaba un minibús para ir al departamento de policía de Trat, donde tramitamos el permiso para quedarme en el *wat*. Cuando regresamos, me dirigí a la oficina y pedí permiso a *prasong* Anisara para llamar al amigo que debía asistir a la ordenación.

—¿Pol? ¿Qué hay, *brother*?

—¡Heyyyy, Marc! ¿Cómo estás, tío?

—Muy bien, muy bien. ¿Y tú?

—Súper.

—Oye, Pol, te llamo para decirte que tienes que venir para acá.

—No me asustes, tío. ¿Qué pasa?

—La semana que viene me ordeno y tomo los votos como monje del bosque.

—¡Joder! ¿En serio? Bueno, conociéndote, tampoco me extraña tanto. ¿Y para qué quieres que vaya a Tailandia? ¿Necesitas mi bendición o qué? —preguntó con cierta ironía—. Porque esa ya la tienes.

—Eso ya lo sé. No te llamo por eso. Te llamo porque la ordenación de un monje es una ceremonia tradicional muy importante y los familiares y amigos íntimos suelen hacer de padrinos. No es exactamente así, pero tú ya me entiendes.

—¿Quieres que sea tu padrino?

—Más o menos.

—¡Encantado, tío! ¿Qué día es la celebración?

—El jueves de la próxima semana.

—Hecho, voy para allá.

—Grac…

—A ver, si salgo este fin de semana, el lunes estoy en Bangkok. O sea que podemos pasar un par de días juntos antes de la ceremonia y celebrar tu renuncia a lo mundano. ¿Te parece?

—Ok, *brother*. Pido permiso y te lo confirmo, pero nada en plan rollo despedida de soltero, ¿vale, Pol?

—Mira que eres aguafiestas, *brother*.

—Pol…

—Es broma, tranqui.

—Pórtate bien, ¿eh, Pol? Ten en cuenta que serás el único familiar mío que asistirá.

—¿Tus padres no irán?

—No. No pueden desplazarse con tan poca antelación.

—Oye, Marc, ¿lo sabe Elsa?

—Sí, hablé con ella.

—¿Y?

—Bien. Ya te lo contaré cuando estés aquí.

—Ok, Marc. Ya me dirás si te dan permiso para estar juntos un par de días.

—Claro.

Colgué.

Siempre que hablaba con Pol, era como si me cargara de energía. Pol era una de esas personas que tienen la capacidad de transmitir más que palabras, si bien el nivel de transmisión también depende de la persona receptora, algo así como que una no funciona sin la otra.

Hablé con mi tío y le pedí permiso para recoger a Pol en Bangkok y pasar dos días con él antes de la ceremonia. Como era de esperar, accedió de buen grado, aunque, cómo no, me aconsejó prudencia.

—Chit, Bangkok es muy grande.

Le entendí a la primera. Sabía lo que me quería decir, más por la expresión de su cara que por sus palabras

—Sí, lo sé, *achan*. Nos quedaremos un día en Bangkok y después volaremos a Trat.

—Bien. Aun así...

—*Achan*, actuaré según los compromisos que he adquirido y conforme a la decisión que he tomado.

—Está bien, Chit.

En el *wat* todos estaban contentos y no paraban de sonreírme en todo momento. Estaba claro que mi decisión de tomar los votos de Sila estrechaba nuestros vínculos, y les ilusionaba tener un nuevo hermano. A quien se le notaba a la legua que estaba loco de contento era a Chet, quien me ofreció su ayuda para cualquier cosa que necesitara. Cuando le comenté que mis padres no podían venir a Tailandia y que mi amigo Pol sería la única persona que asistiría a la ceremonia, me preguntó si me importaría que invitara a sus familiares. Por supuesto, le dije que estaría encantado.

El lunes a las doce del mediodía, me encontraba en el aeropuerto de Suvarnabhumi esperando a Pol. Cuando al fin apareció, nos dimos un fuerte abrazo, sentido y largo, una muestra de afecto insólita en tierra tailandesa.

—Me alegro de verte, Pol.

—Y yo a ti, *brother*.

A las puertas de mi ordenación y en un país lejano, esa palabra, *brother*, me sonó más auténtica que nunca.

Tomamos el taxi que nos estaba esperando para dirigirnos a Bangkok, donde teníamos previsto quedarnos un día. Nos sumamos al ritmo desesperante del tráfico de Bangkok, una ciudad llena de contrastes que veíamos a través de la ventanilla como si fuera una película.

Sorteamos transeúntes, motocicletas, bicicletas, carros y vehículos de todo tipo que no sabría clasificar, hasta llegar al hotel. Dejé que Pol descansara tras el viaje y al anochecer salimos a cenar y a dar una vuelta por la ciudad.

De noche, Bangkok se llena de farolillos y de luces de neón. Nos dirigimos al bullicioso barrio de Yaowarat, uno de los barrios chinos más antiguos y grandes del mundo, situado al sur de la ciudad, atiborrado de restaurantes que ofrecían una variada oferta gastronómica de platos chinos y tailandeses, como el dim sum o el famoso pollo frito tailandés. Antes de volver al hotel, dimos un paseo por la zona, donde los puestos de comida callejeros se solapaban por las aceras y las esquinas, llenando el aire de un intenso olor a fritura y a especias. En el barrio chino, el ajetreo diurno no cesaba por la noche, solo cambiaba de color, y los turistas se adentraban en él para inmortalizar con sus cámaras rincones y escenas que captaran la esencia de la ciudad.

Al día siguiente volamos a Trat, una ciudad rodeada de un bellísimo paisaje de montañas, bosques tropicales y playas de arena blanca, donde la gente era amable por naturaleza. Nos dedicamos a pasear y a vivir sin prisas ni preocupaciones, pues así transcurría la vida en Trat.

—La verdad, Marc, tu decisión de ordenarte no me sorprendió lo más mínimo —me comentó Pol charlando charlando.

—Bueno, no es que lo tuviera planeado, y nadie me ha obligado, pero las cosas han venido así y quiero aprovechar esta oportunidad. Mira. —Extendí un brazo para abarcar el exuberante paisaje que se veía a lo lejos—. Es el entorno perfecto para profundizar. Además, tengo la suerte de contar con apoyos que considero muy importantes: mi tío *achan* Anuruddha y *achan* Annan. Ya los conocerás. Mi tío es un estudioso del Sutra Satipatthana. No sé los años que lleva dedicado a su estudio, pero me atrevería a decir que es uno de los mayores expertos en ese sutra.

—¡Uau!

—Y *achan* Annan, como instructor de meditación, es increíble. Debe llevar toda su vida dedicado a esta práctica. No puedo ni imaginarme el nivel de profundidad que alcanza. ¿Qué más puedo pedir? Son los pilares perfectos para el aprendizaje.

—¿Y cómo llevas la disciplina del *wat*?

—Muy bien —reconocí al pensarlo—. ¿Sabías que las reglas del Vinaya fueron dictadas por el propio Buda?

—Pues no.

—Se ve que al principio apenas había reglas porque la comunidad de monjes era muy pequeña. A medida que fue creciendo, fueron surgiendo problemas y malentendidos, así que Buda, junto con la *sangha*, regularon esas cuestiones con unos preceptos, que se han mantenido hasta hoy.

—¿Y tan importante es el Satipatthana?

—Pues te diré que, cuanto más lo estudio y practico, más y más importante me parece. Diría que ahora estoy empezando a descubrirlo. Estoy seguro de que, detrás de esas palabras sencillas, se esconden secretos importantes.

—¡No me digas que está en clave!

—No, en absoluto. Lo que pasa, o nos pasa, es que estamos tan acostumbrados a que nuestras infinitas proyecciones emocionales y nuestro instinto descontrolado de supervivencia condicione nuestro entendimiento que la claridad resulta incomprensible, con lo que, a medida que disminuye tu visión egocéntrica y reduccionista, va apareciendo la simplicidad de la claridad. —Pol escuchaba y asentía con la cabeza—. Ten en cuenta que la simplicidad siempre ha sido el distintivo de los sabios.

—¿Y has descubierto algún secreto importante?

—Pol, solo soy un estudiante. Deja que acabe mi formación y luego me lo preguntas. Aunque, por lo que veo por mi tío, el estudio no termina nunca. En cualquier caso, te prometo que compartiré contigo lo que descubra para que puedas utilizarlo en tus terapias.

—Acabas de prometérmelo. —Me tendió la mano para sellar el pacto con un apretón de manos—. Y no lo dudes: te lo recordaré.

—Por cierto, Pol, ¿cómo acabó la historia con Marta?

—De acabar nada. Estamos en ello.

—¿Y?

—Muy bien.

—¿Y ya está? ¿«Muy bien» y punto?

—No quiero perturbarte ni crearte dudas antes de tu ingreso en el *wat*.

—Pol, ¿tan *heavy* es?

La respuesta de Pol fue una sonrisa entre satisfecha y maliciosa.

Los dos días juntos entre Bangkok y Trat habían pasado volando. Sin apenas darnos cuenta, llegó el día de mi ordenación. Pol y los familiares de Chet, mis «padrinos», acudieron cargados de flores y ofrendas para el *wat*.

Antes de la ceremonia, los monjes prepararon un convite con las ofrendas para dar la bienvenida a los invitados. Después nos dirigimos al templo. *Achan* Anuruddha abría la procesión, seguido por varios monjes que iban cantando y recitando sutras. Yo iba detrás, acompañado por mi padrino y por un séquito de monjes. Al final de la comitiva se encontraban mis invitados, la familia de Chet al completo.

Una vez en el templo, la *sangha* formó un círculo y *achan* Anuruddha y yo nos colocamos en el centro para dar comienzo a la ceremonia. Pol fue el primero en cortar un mechón de mi cabello, ya que, durante la ceremonia de ordenación, al novicio se le afeitaba cabeza y cejas. Después de rasurarme la cabeza y las cejas, me vistieron con una túnica de color azafrán, símbolo de renuncia y simplicidad. A continuación, contesté a una serie de preguntas que me formuló *achan* Anuruddha, como *achan* principal que era, y procedí a la toma de refugio para manifestar mi compromiso con el camino budista y con la búsqueda de refugio en las enseñanzas del Buda, el Dharma y la Sangha, las Tres Joyas. Como era tradición, tras la ordenación me impusieron un nombre nuevo: Chitananda, que podría traducirse como «feliz conciencia».

Para los monjes, las celebraciones de mi ordenación habían supuesto la ruptura del silencio habitual en la vida del *wat*. Tras la partida de los invitados, el monasterio volvió a quedar en silencio y yo retomé mis rutinas, ahora como monje del *wat* de la tradición del bosque.

Vivía centrado únicamente en la meditación y el estudio del Satipatthana, y dedicaba algunos ratos a debatir e intercambiar opiniones con mi tío. Muchas veces debatíamos sobre las reflexiones que habían dejado escritas los *achan* que habían pasado por el *wat*. Las explicaciones y comprensiones de mi tío eran tan racionales que, aunque en ocasiones yo pretendiera llevarle la contraria, él desarmaba mis argumentos con facilidad. Sin embargo, le gustaba mi disconformidad.

—Chitananda, debes tener muy claro que el viaje que iniciaste no va a llevarte a descubrir vidas nuevas, sino que cambiará tu comprensión y esta cambiará tu relación contigo mismo y con todo y todos los que te rodean. Me refiero a una nueva visión, ¿me comprendes? —comentó mi tío.

—Sí, lo sé, *achan*.

—Sé honesto con tu experiencia, distingue en cada instante lo que es y lo que parece que es, la fantasía y la realidad. Descubre la realidad. A mucha gente le sabe a poco la realidad porque no la entiende ni comprende, y elige su fantasía como su realidad, por lo que su subconsciente está totalmente controlado por la emoción y no por la razón. Eso genera un continuo de insatisfacción, ya que resulta imposible controlar el momento que cambia, instante a instante, sin esperar nada. Vívelo tal cual; te aseguro que eso es insuperable.

Cuando mi tío compartía conmigo sus conocimientos sobre el Satipatthana, su tono de voz era sereno y su mirada concentrada.

—Por medio de la meditación, debes adquirir la ecuanimidad y dar espacio a las sensaciones de posesión, y no me refiero solo a cosas materiales, sino a todo lo que es «tu-yo», porque en realidad no lo es. No te digo que lo rechaces, esa no es la cuestión. Sé abierto, da distancia. Debes cuidar tus expectativas, en especial en la meditación; tus expectativas envenenan la realidad. Abre tu mente, tu corazón y tus manos sin esperar nada. Estar abierto lo es todo. Esa es tu meta. Cuando meditas, tu meta nunca debe ser el Nirvana, porque el Nirvana ya lo posees desde el momento en que tienes conciencia. Tu meta es el camino, y el camino es ahora, aquí y ahora, instante a instante.

Dentro de cada uno de los instantes no existe el tiempo, porque no existe movimiento. La vida, la existencia, va más allá de las construcciones de tus pensamientos, pues lo único que hacen es reducir la visión sobre ti mismo y sobre la existencia entera. Todos formamos parte de ese organismo vivo que llamamos existencia. —Calló unos segundos y concluyó—: Todo esto no son palabras, son experiencias. Vívelas.

Me quedé absorto reflexionando sobre sus palabras. Las había percibido directas, con total claridad en mi mente-corazón. Al acabar me sonrió y me hizo un gesto para que continuara con mi estudio.

Cada día practicaba meditación con *achan* Annan. A veces meditábamos solos, cuando todos los monjes se retiraban a sus dormitorios, y permanecíamos en meditación hasta el amanecer. Sus enseñanzas, consejos y comprensión sobre la atención eran tan sencillas, tan evidentes, que no entendía que, con mis años de práctica, me pasaran desapercibidas. Para él, la meditación no era una técnica, sino una forma de ser, de vivir. Su ejemplo era su gran enseñanza. Lo único que para mí era incomprensible era cómo podía estar a todas horas con esos cigarrillos que apestaban, aunque jamás me atreví a comentárselo. Solo los dejaba para meditar.

—Chitananda —me decía—, la experiencia en la meditación se logra gracias a una atención constante en los elementos psicofísicos que aparecen de manera constante en ti. Y esa atención te lleva a la pregunta esencial del Dharma, del *Dhamma* —rectificó para usar el término en pali—. La pregunta es por qué. Y quien debe responder esa pregunta eres tú. Nadie debe responder por ti. Esa fue la pregunta de Buda, y no paró hasta hallar la respuesta. —Asentí con la cabeza para no interrumpir—. No pienses que Buda era un ser sobrenatural ni especules sobre si era un ser absoluto, ajeno a la realidad existencial, porque eso no te llevará a ningún sitio. Su esencia es esa pregunta. Y esa misma esencia está en todos los seres humanos. De ahí que digamos que la esencia de Buda se encuentra en todos los seres. Sé tú mismo, pero auténtico. Nunca es tarde para ser el ser humano que realmente eres. Contesta a la pregunta.

Podría llenar páginas y páginas recogiendo las conversaciones y prácticas que mantenía a diario con *achan* Annan.

Entre estudios, prácticas de meditación y debates, fueron transcurriendo los días, las semanas, los meses, hasta que pasaron tres años.

Una mañana luminosa y bochornosa, que presagiaba un día de calor, mi tío *achan* Anuruddha me hizo llamar y fui a su encuentro.

—*Achan*, ¿me has llamado?

—Sí, Marc.

Me quedé perplejo. ¿Marc? ¿A qué venía llamarme Marc?

—¿Te extraña que vuelva a llamarte Marc?

—Pues sí, *achan*.

—Hace días que quería hablar contigo.

—Estoy aquí para seguir tus instrucciones, *achan*.

—No, no es eso. Ya no es eso.

Interrogué a mi tío con la mirada.

—Marc, de los estudiantes que he tenido, eres el que más ha avanzado en el estudio del Satipatthana. No se lo digas a nadie, pero eres un experto en el tema —susurró sonriendo.

—¿Yo?

—Sí, Marc. Te conoces todos los estudios y tienes una buena comprensión.

—No creo, *achan*. Todavía me queda mucho que aprender.

—Y a mí, Marc, y a mí. Lo que quiero decirte, después de haber hablado con *achan* Annan, es que tu estudio ha finalizado. —Respiró hondo y añadió sin rodeos—: debes regresar a tu lugar.

Me quedé atónito; sabía qué significaban aquellas palabras.

—*Achan*, mi lugar está aquí.

—Marc, debes seguir tu camino. El *Dhamma* está en todas partes, eso ya lo has aprendido, y no debes guardarlo ni ocultarlo. Al contrario, debes mostrarlo con tu comportamiento en cada momento de tu vida. Y esta no está aquí.

Sabía que *achan* Anuruddha no solía equivocarse, de modo que decidí obedecer sus deseos, aunque no estuviera de acuerdo con él.

Comuniqué la noticia a mis hermanos del *wat*, quienes, por lo que vi, encontraban normal la sugerencia de mi tío. Todos la veían natural menos yo. Era evidente que debía acceder a abandonar el *wat* y seguir mi camino.

De pronto, la idea de regresar a casa me parecía una contradicción, porque sentía que el *wat* era mi casa, y que yo era una persona muy distinta de la que, más de tres años atrás, había cogido las maletas para ir en busca de su tío abuelo y de su camino.

Fui a la oficina y pedí a *prasong* Anisara que me dejara llamar a Pol.

—¡*Brother*, qué alegría! Tenía muchas ganas de saber de ti. ¿Cuánto tiempo ha pasado?

—Tres años y siete meses. ¿Cómo estás tú?

—Muy bien. Tengo un montón de cosas que contarte.

—Tranqui, Pol, tendrás tiempo.

—¿Qué quieres decir?

—Que regreso a Barcelona.

—¡No me digas! Te han echado, ¿a que sí?

No pude contener la risa. Agradecí la broma de Pol.

—Ya sé que te gustaría, pero no es eso. Terminé mis estudios.

—O sea que te has graduado.

—Más o menos.

—Felicidades, tío.

—Oye, Pol, ¿podrías enviarme dinero para el pasaje?

—Sin problema.

—Gracias, *brother*. Ya sabes que, cuando me ordené, tuve que prescindir de todo lo que tenía.

—Tú dime cuánto y dónde, y te envío la pasta.

Volví a darle las gracias, unas gracias que nunca serían suficientes. Pol siempre me sacaba las castañas del fuego.

Después de hablar con Pol, llamé a mis padres, que recibieron entusiasmados la noticia de mi regreso, en especial mi madre, quien, a pesar de su moderación en la expresión de sus sentimientos, no pudo ocultar su emoción.

Al cabo de una de semana, me encontraba de nuevo en el aeropuerto de Suvarnabhumi, vestido con la misma ropa que llevaba cuando llegué a Bangkok casi cuatro años atrás, que ahora me sobraba por todos lados, y con la cabeza rasurada que me distinguía como monje budista. Embarqué rumbo a Barcelona sin expectativas ni tristeza ni sensación de pérdida, fruto de mis años de aprendizaje en el *wat*. Al sobrevolar Tailandia, contemplé cómo empequeñecía la exuberante vegetación que envolvía la capital y cómo las playas de arena blanca iban dibujando la costa contra el mar azul, salpicado de islas e islotes. Poco más de diez mil kilómetros separaban Trat de Barcelona. De pronto me parecía una distancia ridícula entre mundos tan dispares.

Doce horas después, aterrizamos en el aeropuerto de El Prat. Crucé la terminal y al salir por la puerta de pasajeros vi a Pol buscándome entre la gente. La sensación de estar en casa despertó. Pol y Barcelona me esperaban para darme la bienvenida.

—*Brother!* —lo llamé saludándolo con una mano.

—¡Marc, *brother*! —exclamó cuando llegué a su lado—. Joder, así pelado no te reconocía.

Nos dimos un fuerte abrazo.

—¡Estás chupado, tío! —Se separó un poco y me miró de arriba abajo—. No te preocupes, eso lo soluciona un buen plato de lentejas.

Una hora más tarde, estábamos sentados frente a un plato reluciente a fuerza de mojar pan, donde no quedaba ni rastro de lentejas.

—¿Qué piensas hacer? —me preguntó Pol, visiblemente satisfecho.

—No lo sé. Lo único que tengo claro es que no volveré a trabajar como abogado. Es una etapa que tengo superada.

—¿Has mantenido el contacto con Elsa?

—No. Solo con mis padres y contigo.

—¿Tú sabes algo de ella?

—Sí. Hemos hablado de vez en cuando.

—¿Y?

—Elsa se casó hace dos años y medio y tiene una hija.

—Me alegro por ella.

—Se casó con Javier. ¿Te acuerdas de él?

—¿Javier? ¿El socio del gabinete?

—Sí.

—Es un gran tipo. ¿Y ella cómo está, Pol?

—Ya la conoces. Es difícil que Elsa esté mal. Yo la veo feliz. Su trabajo funciona mejor que bien y ella está más que encantada con su hija. Es una madraza. Por lo poco que sé, son un matrimonio de diez.

—Sí que estás al día, Pol...

—Después de tu marcha, estuvimos bastante en contacto, porque al principio lo pasó mal, aunque enseguida se recuperó. Ya lo sabes: su capacidad para superar los contratiempos es increíble.

—Me hace feliz saber que está bien. Ese ha sido siempre mi deseo.

—¿Cuál?

—Que sea feliz. Se lo merece. —Me quedé pensativo, agradecido—. ¿Le hablaste de mi regreso?

—Sí, ayer hablé con ella y se lo comenté. Me dijo que por favor la llamaras.

—Sí, lo haré. Gracias, Pol. Y gracias, por enviarme la pasta.

—No tienes que dármelas, *brother*.

Después de una sobremesa larga, pedí a Pol que me llevara a casa de mis padres porque, aunque mi madre había cuidado de mi piso, necesitaba reubicarme poco a poco y creía que el mejor sitio sería en la casa de mi infancia. Cuando me dejó frente al portal, me repitió dos mil veces que contara con él en todo momento y que, hasta que no me viera con diez kilos más, no me dejaría tranquilo, que, traducido, quería decir que no pararía de insistir hasta que las lentejas me salieran por las orejas.

Llamé al timbre de latón de casa de mis padres y el sonido familiar me arrancó una sonrisa. Abrió la puerta mi madre. Nada más verme, se quedó quieta con la puerta a medio abrir y brotaron lágrimas en sus ojos. La envolví con mis brazos y nos quedamos abrazados unos instantes que contenían la añoranza mutua acumulada durante años. Enseguida apareció mi padre y se unió a nosotros, rodeándonos a los dos bajo su abrazo protector.

Después de que mi madre me preguntara quinientas veces cómo me encontraba, mientras me estudiaba con la mirada como si no me reconociera y repetía una y otra vez que estaba muy delgado, la conversación se centró en cuestiones prácticas.

—Marc, hijo, ¿qué piensas hacer?

—Si no os importa, me gustaría quedarme unos días aquí hasta que me sitúe.

—Como tú veas, hijo —contestó mi padre, a quien le faltó tiempo para preguntarme por el trabajo—. ¿Y qué tienes pensado? ¿Volverás al bufete?

—Al bufete no, papá. No creo que vuelva a trabajar de abogado. Para mí, esa etapa terminó.

—Bueno, ya veremos. Acabas de llegar.

—Tengo que tomar decisiones, papá.

—Tranquilo, hijo, todo irá bien —intervino mi madre—. Cuenta con nosotros.

Me instalé en mi antiguo cuarto. Estaba cansado, así que comí algo y me fui a descansar, arropado por los recuerdos que se escondían entre las cuatro paredes que me habían visto crecer.

Al día siguiente seguí la misma rutina del *wat:* me desperté muy temprano, realicé mis prácticas de meditación y desayuné. Cambié el estudio por un paseo por la ciudad, para iniciar mi período de reubicación. Caminar por Barcelona, patear las calles de la ciudad, me reconectó con mi vida anterior al *wat*. Pol me llamó siete veces.

—Ahora entiendo tus fracasos —dije al contestar por enésima vez.

—¿Qué pasa?

—No me extraña que tus parejas acaben hasta el moño de ti. Pol, tío, eres un pesado.

—Ok, *brother*. Pero llama a Elsa, ¿vale?

Sí, era cierto, debía llamar a Elsa. Pero no era el momento. «Mañana sin falta», me prometí.

—Elsa, soy Marc.

—¡Marc, cuánto me alegro de que hayas vuelto! ¿Cómo te ha ido?

—Muy bien, la verdad. Y por lo que sé, a ti también, ¿no?

—Sí, superbien. —Hubo una pausa—. Oye, Marc, seguro que tienes un montón de cosas que contarme. ¿Por qué no vienes al gabinete y nos ponemos al día?

—Genial. ¿Cuándo te va bien que pase?
—Esta mañana me iría estupendo. ¿Te vienes?
—Por mí sí. Salgo ya, ¿te va bien?
—Sí, sí. ¿Te acuerdas de dónde estamos?
—Perfectamente.
—Pues te espero.
Colgué el teléfono, bajé a la calle y tomé un taxi con un gusanillo en el estómago muy impropio de un monje budista.

Entré en la nave en la que estaba el gabinete de resolución de conflictos y vi que todo había cambiado. Había un montón de gente trabajando y se respiraba un buen ambiente. Me dirigí a la recepción para preguntar por Elsa. Enseguida apareció ella, con su andar decidido y femenino y su resplandeciente sonrisa. Como siempre, estaba guapa a rabiar. Se detuvo a un metro de distancia y se me quedó mirando.

—¡Marc, casi no te reconozco! —Se me acercó y me dio dos besos—. Estás increíble, rapado al cero. Aunque un poco delgado…
—¡Bah!, no hay para tanto.
—Me alegro un montón de verte.
—Yo también, Elsa.
Me hizo pasar a su despacho. Al instante aparecieron Sonia y Javier, impacientes y animados al saber de mi visita. Nos abrazamos entre risas y felicitaciones por lo que unos y otros habíamos conseguido en cuatro años.
—Por encima de todo, quiero felicitaros a Elsa y a ti, Javier, por esa preciosa niña que me han dicho que tenéis.
Elsa tardó medio segundo en mostrarme la fotografía de su hija que tenía sobre su escritorio. Era una cría preciosa.
—Cuéntanos, Marc, ¿qué tal tu experiencia? —me preguntó Sonia.
Traté de resumir en cuatro frases lo que había significado para mí mi paso por el *wat* de la tradición del bosque.
—¿Y cómo es que has vuelto? —añadió Sonia.
—Ya sabes, todo lo que tiene un principio tiene un final —se me ocurrió contestar—. No, es broma. Mi maestro decidió que mi formación en el templo había finalizado y que debía continuarla en mi hábitat natural.

—¿Y qué piensas hacer, Marc? —me preguntó Javier.

—Pues no lo sé muy bien. Lo que sí tengo claro es que no volveré a ejercer como abogado.

—¿Lo saben tus padres? —intervino Elsa.

—Sí. No han puesto ningún problema. Tengo la gran suerte de que, aparte de apoyarme, confían y respetan mis decisiones.

—¿Y dónde vives? ¿Estás en tu casa? —quiso saber Elsa.

—No, estoy con mis padres. Ahora mismo no tengo recursos suficientes para ser independiente, porque me desprendí de todo lo que tenía cuando entré en el templo. Lo único que mantengo es mi piso. Por suerte, mis padres se hicieron cargo de todos los gastos.

Elsa miró a Sonia y a Javier de reojo.

—Pues creo que te vamos a dar una sorpresa, Marc.

—Y además buena —indicó Javier alargando una mano para coger un sobre que estaba encima de la mesa de Elsa y entregármelo.

Era un cheque bancario a mi nombre, por una cantidad más que generosa.

—Lo siento, chicos. Os lo agradezco de verdad, pero no puedo aceptarlo.

—Marc, no es un regalo, ni una ayuda —saltó Elsa.

—Es la parte de los beneficios que te corresponde por tu participación en el proyecto —informó Javier satisfecho.

—¿En serio?

Los tres asintieron al unísono con una gran sonrisa.

—Gracias, chicos, no me lo esperaba.

Era cierto, no recordaba mi inversión y, la verdad, esa cantidad me iba de maravilla.

—¿Qué te creías, Marc, que éramos unos matados? —me chinchó Elsa.

—El gabinete funciona a tope —comentó Sonia—. Además, tenemos una propuesta que hacerte.

—¡Uuuyyy!... Miedo me dais.

—Tú primero escucha —añadió Elsa.

—Adelante, soy todo oídos.

Se miraron entre ellos para ver quién hablaba. Tomó la palabra Javier.

—Verás, Marc. El gabinete funciona muy bien, en especial las áreas institucionales, tanto aquí como a nivel internacional. En cambio, el área de empresa no termina de arrancar, a pesar de que tenemos buenos contactos, porque hay que reconocer que es un tema en el que nosotros apenas tenemos experiencia. Es otro mundo, tú lo sabes, y la comunicación no funciona demasiado bien. Sin embargo, estamos seguros de que, si funcionase, podría ser un área muy interesante tanto a nivel de proyectos como de ingresos. —Hizo una pausa para tomar aire—. Marc, sabemos que tú tienes mucha experiencia en el trato con empresas. Por eso hemos pensado en ti.

Hubo un silencio. Me quedé pensativo.

—¿Qué dices, Marc? —me preguntó Sonia.

—¿En qué consistiría mi trabajo?

—Te pasaríamos la resolución de conflictos de empresa. Tu trabajo sería conseguir que equipos de diferentes especialidades trabajen en un objetivo común e interactúen, a pesar de tener mentalidades distintas.

—Cuando tratamos con empresas —intervino Sonia—, nos encontramos con equipos de trabajo en los que cada miembro es un fuera de serie en su especialidad, pero cuando se trata de estar juntos, de compartir sinergias, el resultado es un caos. Por lo que unos equipos de personas que podrían funcionar al 100 por 100 son un desastre. Más o menos es esto. ¿Qué te parece?

—Tú tienes mucha experiencia en negociaciones y conoces la mentalidad de los negociadores —señaló Elsa.

—Yo no soy psicólogo.

—Lo sabemos, Marc. El gabinete te proporcionará el apoyo de psicólogos cuando sea necesario —aseguró Elsa.

—De entrada, me parece bien. —No debía precipitarme—. ¿Me dejáis unos días para darle un par de vueltas?

—No hay problema, Marc. Por nuestra parte, estamos convencidos de que es un trabajo a tu medida —comentó Javier.

—Elsa, tienes que convencerle —insistió Sonia.

—Está bien, Marc. Tienes dos días para decidirte —concluyó Elsa.

—Igual respondo antes. De momento, es la mejor oferta que tengo.

—Y además eres socio de esta empresa, como nosotros —apuntó Javier levantándose.

Javier y Sonia se despidieron y salieron del despacho. Elsa y yo nos quedamos solos, el momento que yo tanto temía y esperaba.

—Elsa, quiero pedirte perdón por salir bruscamente de tu vida.

—Marc, no me pidas perdón. Cuando empezamos a estar juntos, yo ya sabía a qué me exponía. Te conozco bien, ¿sabes? No me resultó fácil, pero te entendía, y saber el porqué de tu necesidad de marcharte me ayudó un montón.

—Agradezco mucho que seas tan comprensiva.

—Y mira, aquí estás de nuevo, y hasta es posible que volvamos a estar juntos con un proyecto en común. De una manera muy distinta, claro… —Me dedicó una de sus cautivadoras sonrisas.

—Lo sé. Y quiero decirte que veo muy bien tu matrimonio con Javier. Es una gran persona y no dudo de que un buen marido.

—El mejor, Marc. Siempre tengo su apoyo y nos entendemos. Y además es un padre como pocos. A ver, no todo es perfecto, pero…

—Nada es perfecto, Elsa, porque desconocemos la perfección y, por lo tanto, carecemos de referente. Lo que quiero decirte es que todo puede ser perfecto sin tú saberlo.

—Veo que no has cambiado tanto, ¿eh? Va, háblame de tus años en el templo.

Estuve casi dos horas charlando sobre mi vida en el *wat*. Elsa estaba totalmente concentrada intentando absorber cada palabra, cada detalle de las experiencias que le contaba, así como de mis conversaciones con mi tío y con *achan* Annan, y me sometió a un tercer grado. Recordé a la joven preguntona que me había llamado la atención en el seminario de Ken Wilber, un recuerdo que quedaba muy lejano en mi memoria. No pude evitar sonreír.

—Marc, me hacen muy feliz tus logros. Quiero pensar que, en parte, algo de ellos me pertenece.

—No lo dudes, Elsa. Así es.

—Marc, ¿no te das cuenta de lo mucho que puedes aportar en el trabajo que te ofrecemos? No al gabinete o a ti, sino a las personas que forman esos equipos y que se pierden en tonterías, que son incapaces de ver lo que les aportaría el hecho de unir e intercambiar sus activos personales. Es más que un trabajo, Marc. Es ayudar a personas que se pierden.

—Visto así…

—No hay otra manera de verlo. ¿Qué me dices?

—¿Ahora?

—Sí, aquí y ahora, como dirías tú.

Se levantó del asiento y me tendió una mano para sellar el pacto. Había cosas que jamás cambiarían, pensé.

—Elsa, juegas sucio. Te aprovechas de mis debilidades.

—Marc, abrirte los ojos no es aprovecharse de nada.

Elsa tampoco había cambiado mucho. Era la Elsa de siempre, firme y segura. Dudé unos instantes.

—De acuerdo. Pero dame dos días antes de empezar —contesté estrechándole la mano.

De inmediato fue a dar el aviso a Sonia y a Javier, que vinieron a mi encuentro para deshacerse en felicitaciones y augurarme mucho éxito, satisfechos ante mi decisión.

Y así empezó mi nueva vida. Otra nueva etapa con un trabajo nuevo y nueva visión. Me instalé otra vez en mi ático del Eixample, con su terraza sobre la ciudad y su cuarto de meditación. El pelo me creció y cogí peso. Por supuesto, Pol lo atribuyó a las milagrosas y no menos sabrosas lentejas.

Había pasado poco más de un año desde mi ingreso en el gabinete de resolución de conflictos. «Señoras y señores pasajeros, en breves minutos aterrizaremos en el aeropuerto de El Prat. Rogamos...» Estaba a punto de aterrizar en el aeropuerto de Barcelona, después de estar un mes aislado en una plataforma petrolífera resolviendo las incomprensiones entre ingenieros y técnicos. El aparato se posó suavemente en la pista y, mientras los pasajeros iban dirigiéndose en orden hacia la salida, conecté el teléfono para comprobar si tenía algún mensaje. Como si alguien me estuviera espiando, sonó el móvil.

—¡Elsa! ¿Cómo has sabido que acabo de conectar el teléfono?

—Marc, después de tantos años, ¿cómo es posible que no sepas que puedo presentirte a kilómetros de distancia? —La voz de Elsa siempre me transmitía calidez, incluso cuando se burlaba de mí—. Aparte de que soy tu jefa y la que te compra y paga los billetes de avión.

—Ya... Oye, Elsa, estoy cansado. Si no te importa, nos vemos mañana a primera hora en la oficina. Mañana te presento el informe y te explico.

—Qué más quisieras, Marc. Te estoy esperando en la puerta de salida del pasaje.

—¿Estás aquí?

—Sí, o sea que ya estás saliendo, y rapidito.

La puerta de salida de pasajeros se abrió y ahí estaba Elsa.

—¡Eeeh, Marc, aquí!

No hacía falta que moviera una mano y gritara. Su resplandeciente sonrisa y su melena castaña con reflejos rubios, recogida en un moño alto y desmadejado, despuntaban entre la gente y la hacían inconfundible.

—Hola, Elsa —saludé dándole dos besos.

—Hola, Marc. Anda, vamos. Tengo el coche en el aparcamiento.

—Ya me explicarás por qué no puedes esperar a mañana.

—Por varias y justificadas razones. Primero, porque, después de estar un mes en la plataforma petrolífera, bien te mereces que la empresa tenga un detalle contigo y venga a recogerte.

—Pues se agradece.

—Segundo, porque el cliente está que se sale de contento por los resultados que has obtenido y nos ha asignado nuevos encargos. O sea que, además de los magníficos honorarios cobrados por este trabajo, tenemos asegurados otros muchos, lo que significa que el departamento que te asignamos es más que rentable.

—Genial, aunque…

—Y, por último, y no por ello menos importante, porque estoy embarazada.

—¡Felicidades! ¡Joder!, me alegro muchísimo por ti. —La abracé con delicadeza—. ¿Y Javier qué dice? Estará saltando de alegría, ¿no?

—Sí, está como loco. Ni te imaginas.

Me pareció todo un detalle que Elsa me recogiera en el aeropuerto como muestra de agradecimiento y para darme en persona la noticia de su embarazo. Cuando por fin me dejó ante la puerta de casa, de golpe me salió el cansancio acumulado durante las negociaciones en la plataforma, que no había sido un trabajo duro, aunque las condiciones eran incómodas a más no poder. Llegar a casa era maravilloso.

Al día siguiente fui al gabinete, saludé a mis socios, les expliqué por encima el resultado de las negociaciones y me encerré en mi despacho a elaborar el informe. A medida mañana sonó el teléfono.

—Dime,

—Marc, alguien pregunta por ti.

—¿Quién es?

—No sabría decirte. Habla en inglés, pero no se le entiende muy bien.

—Pásamelo, por favor.

Una llamada de Tailandia, pensé de inmediato.

—¿Hola?

—¿Chit? Hola, soy *prasong* Anisara.

—¡*Prasong*! ¿Cómo estás? ¿Estáis todos bien?

—Sí, Chit, todos bien. *Achan* Anuruddha está un poco delicado de salud. Pero nada serio, no tienes de qué preocuparte.

—De acuerdo, *prasong*.

—Chit, *achan* te necesita.

—Oye, ¿seguro que está bien?

—Sí, Chit, tranquilo. Pero tendrías que venir.

—¿Cuál es el problema, *prasong*?

—No puedo decir nada. Debe ser *achan* quien te lo explique. Pero se trata de algo relacionado con el Satipatthana Sutta.

—De acuerdo, *prasong*. Si *achan* me necesita, iré. Intentaré organizarme lo más rápido posible para estar ahí cuanto antes.

—Perfecto, Chit. Así se lo comunicaré a *achan* Anuruddha. Dime día y hora de llegada para recogerte en el aeropuerto.

—Así lo haré.

—Que tengas un viaje seguro, Chit.

—Gracias, *prasong*.

Inmediatamente después de colgar, me dirigí al despacho de Elsa para informarle de mi partida, ya que ella era la coordinadora y gerente del gabinete.

—Elsa, perdona que te interrumpa, pero es urgente.

—¿Qué pasa, Marc?

—Acabo de recibir una llamada de Tailandia. Mi maestro me necesita.

—¿Algo grave?

—Ni idea, Elsa, pero debo ir al *wat*.

—¿Cuántos días estarás fueras?

—Espero que unos quince días, pero te iré informando a diario.

—¿Te lo puedes combinar con tu trabajo?

—Sí, necesito un par de días para organizarlo y listo.

—Pues vete tranquilo. No te preocupes.

—Gracias, Elsa.

A continuación, hablé con Sonia y Javier, quienes también me dieron su apoyo.

Dos días más tarde, lo tenía todo organizado para que mi precipitada ausencia no fuera un trastorno para el gabinete. Antes de mi marcha, quería hablar con Pol, porque llevaba unos días sin verlo y quería informarle en persona de mi viaje. Así que fui a su consulta sin avisar.

—Hola, Marc —me dijo la recepcionista al verme entrar.

—Hola, ¿qué tal? ¿Está libre Pol?

—Sí, creo que sí. Espera un momento, por favor.

No había pasado ni un minuto cuando por el pasillo apareció Pol.

—¿Qué pasa, tío? ¿Todo bien? —me preguntó dándome una palmada en el hombro y un abrazo.

—Sí, espero que sí.

—¿Cómo que «espero»?

—He recibido una llamada de Tailandia. Mi tío me necesita y debo ir.

—¿Qué ha sucedido?

—No lo sé. Creo que es algo referente al Satipatthana. Para mí, lo importante es que él me necesita. Para qué exactamente, no lo sé.

—¿Y te vas así, sin más?

—Sí. Ni me lo cuestiono. Los años que estuve con mi tío en el *wat* fueron muy importantes para mí. A *achan* Anuruddha le debo mucho. Soy su estudiante, su discípulo. Él y yo hemos estudiado y trabajado juntos, y he compartido y he sido partícipe de su comprensión y de su sabiduría, un regalo que para mí no tiene precio. Qué menos que acuda cuando me llama.

—¿Y cuándo te vas?

—Tengo el vuelo mañana.

—Tío, si me necesitas, ya sabes que puedes contar conmigo.

—Sí, lo sé, *brother*. Ven, dame un abrazo.

Nos dimos un fuerte abrazo y me fui directamente a casa. Necesitaba preparar la maleta y hablar con mis padres de mi precipitada marcha. Les diría que me tomaba unas vacaciones.

Al día siguiente me levanté temprano para poder realizar mis prácticas y estar en el aeropuerto con tiempo de sobra. Al bajar a la calle tuve suerte: había un taxi esperando en la puerta. Me pareció algo insólito, porque bastaba que necesitara un taxi para que no apareciera ninguno. Me monté en él sin pensarlo dos veces y le indiqué al conductor que quería ir al aeropuerto.

—Te veo con prisa, Marc —soltó el conductor en un momento del trayecto.

Me quedé helado. ¿De qué me conocía ese hombre?

—Perdóneme, pero ¿quién es usted? Lo siento, pero no recuerdo…

—No me conoces porque no me he dado a conocer. Pero yo a ti sí te conozco, Marc, y mucho —me contestó.

—Pues sigo en blanco. ¿Quién es usted? —volví a preguntar.

—Puedes tutearme, Marc.

—Gracias. Pero ¿me puedes decir quién eres o de qué te conozco? —insistí.

—Me llamo Kipal y soy el autor de este relato.

—Pero si el que escribe este relato soy yo —repliqué.

—No, Marc. Tú eres el protagonista y, sin duda, no te falta mérito, pero no eres el que crea las olas, sino el que las navega.

—Pues podrías habérmelo puesto un poco más fácil.

—Cada cual tiene un proceso determinado y debe navegar las olas que le tocan.

—Déjate de olas. ¿Acaso crees que era necesario poner fin a la relación entre Elsa y yo? ¿Tan necesario era? —pregunté un tanto exaltado.

—A ver, Marc, de entrada, la relación no ha terminado, sino que ha cambiado. Todo cambia, lo sabes muy bien. Además, nadie es prisionero de los procesos de los demás. La esencia de la relación existe todavía. Sabes que siempre podrás contar con el apoyo y la comprensión de Elsa, y ella también cuenta contigo. Es perfecto.

—Pero a mí me gustaría…

—Eso que acabas de decir es veneno puro —me cortó enseguida—. Deberías saberlo. No malgastes las enseñanzas recibidas.

—Tienes razón.

—Bueno, ya casi hemos llegado al aeropuerto.

—Y en Tailandia ¿qué me voy a encontrar?

—Como tú dirías, el presente es una realidad y el futuro solo es una posibilidad.

—Kipal, ¿cómo es que me entiendes tan bien?

—Porque yo soy tú.

Me quedé en silencio hasta que llegamos al aeropuerto. Kipal no quiso cobrarme la carrera. Qué menos, pensé.

Al cabo de doce horas llegué al aeropuerto Suvarnabhumi, en Bangkok. Me había pasado casi todo el vuelo pensando en Kipal. Su aparición me había sorprendido. Sin embargo, no lo percibía como algo extraño, y tenía la sensación de que volveríamos a encontrarnos.

El mero hecho de estar de nuevo en Tailandia me llenaba de una energía vital que borraba cualquier rastro de cansancio. Había avisado de mi llegada a *prasong* Anisara, por lo que sabía que alguien me estaría esperando para llevarme al *wat*. De camino hacia la salida, iba observando por si descubría alguna cara conocida. De pronto advertí que alguien venía corriendo hacia mi sin parar de reír. Tardé un segundo en pasar de la sorpresa a la alegría y echarme a reír yo también de forma rítmica y sincronizada con la persona que se dirigía hacia mi: Chet, mi compañero de cuarto en el *wat*. Mi hermano Chet, como diría un tailandés, pues nos sentíamos muy unidos desde la época en que habíamos convivido estrechamente en la cabaña del *wat*. Nos fundimos en un abrazo sentido y sincero, que nos convirtió en el centro de atención por la efusiva muestra de afecto en público, que no se consideraba muy correcta, pero que, a quien más quien menos, le llegaba al corazón.

—Chit, qué bien te ves —decía Chet sin parar de estudiarme.

—Yo a ti también te veo estupendo, Chet. Estos años te han sentado de maravilla. Oye, qué sorpresa encontrarte aquí.

—Me llamó *prasong* Anisara y me pidió que viniera a recogerte.

—¡Ah!, claro.

—No sabes la alegría que me dio.

—Chet, no pensarás que me habría marchado de Tailandia sin darte un fuerte abrazo.

—Claro que no, hermano. Por cierto, ¿esta maleta es tu único equipaje?

—Sí. No creo que necesite mucho más. —Chet me cogió la maleta para que no la cargara yo —. Cuéntame, ¿por qué me han llamado? ¿Qué sabes?

—No te creas, Marc, no sé mucho más que tú. *Prasong* Anisara me comentó algo por encima. Yo tampoco insistí. Sé que esta noche te quedas en mi casa y que mañana coges un vuelo a Trat, donde te estará esperando alguien del *wat*.

Fuimos hacia el aparcamiento y nos montamos en el todoterreno de Chet para dirigirnos a su casa, que estaba a una hora y media del aeropuerto, siempre y cuando la circulación fuera fluida, cosa que, en Bangkok, eso era casi un milagro.

Chet vivía con sus padres y dos hermanas, una de dieciséis años y otra de siete. Él era el único varón y el mayor de los tres. La familia vivía en un recinto cerrado, un conjunto residencial de casas de estilo tailandés con las paredes de madera de teca y el tejado en punta. Era evidente que tenían una excelente posición social. Por lo que Chet me había contado, su familia tenía varias empresas en sectores diversos. Durante las dos horas y media que duró el trayecto, aprovechamos para ponernos al día de nuestra vida. Tras salir del *wat*, Chet había cursado un máster en finanzas en Australia y, cuando lo acabó, se incorporó a la empresa familiar. Yo le expliqué que había renunciado a trabajar en el bufete familiar y que había elegido dedicarme a la resolución de conflictos en el gabinete que tenía con mis amigos.

—¿Cómo es que decidiste cambiar, Marc? Me sorprende.

—Mi experiencia en el *wat* fue la que provocó el cambio en mi vida. No podía vivir a contracorriente de mí mismo. Ya no podía hacer la vista gorda respecto a una manera de hacer y de vivir. Todo lo que hiciera debía acercarme, o al menos no alejarme, de mis convicciones vitales, en mi caso el Dharma.

—Se necesita valor para una renuncia semejante.

—Yo no lo veo así, Chet. Para mí no fue una renuncia, sino una elección. Y no consistió en cambiar de trabajo; eso más bien fue una consecuencia lógica o coherente con la dirección hacia la que había elegido dirigir mi vida.

—Sigo pensando que hace falta valor —insistió Chet, supongo que ante la idea de lo que habría supuesto para él dejar la empresa familiar.

—La verdad, Chet, sentir que estás en el lugar donde debes estar es fantástico. Todo es más fácil. Incluso té diría que divertido. Bueno, no exactamente así, pero parecido.

—Lo que cuentas es envidiable, Chit.

—¿Por qué lo dices? Estoy seguro de que tú y yo, o mejor, nosotros, compartimos la misma visión y comprensión vital.

—Sí, pero yo me debo a unas tradiciones que son incuestionables.

—Y yo eso lo encuentro hermoso, Chet.

—¿Es una ironía? —repuso un poco molesto—. Porque la verdad...

—No, Chet, ni mucho menos. Deja que te explique.

—Adelante.

—Tu familia no se reduce a los que hoy estáis vivos y conviviendo, sino a todos tus antepasados y ancestros, quienes aportaron su energía, su amor y su dedicación a unos valores que querían conservar y transmitir. Y tú, al respetar y conservar esos valores, no solo por y para ti, sino para todo tu entorno, haces que tus antepasados y ancestros estén vivos en ellos, y eso conforma tu cultura. Eso no significa que rechaces otros puntos de vista o visiones distintas.

Chet me miraba con expresión triste, asintiendo de vez en cuando.

—Por otro lado —proseguí—, nosotros sabemos que no es lo que haces, sino cómo lo haces; no es lo que dices, sino cómo lo dices. Lo que cuenta es la intención o motivación de cada acto, de cada movimiento tanto físico como psíquico. Y eso nosotros lo sabemos porque hemos experimentado que cualquier cosa es transformadora, hasta la más mínima tontería: la brisa del aire, que puede ser imperceptible, se convierte en algo extraordinario; la respiración llega a ser la energía que mueve el universo. Esta es la manera de comprenderte a ti mismo y a todo lo que te rodea.

—Sí, yo también lo percibo así. La verdad es que tan solo con el hecho de ser consciente de tu respiración y de poder darle el valor que le corresponde, que es el movimiento que mantiene tu existencia, todo te resulta más fácil.

—Digamos que es una especie de alquimia psíquica.

—Exacto, porque los alquimistas perseguían la transformación de lo básico o lo simple en extraordinario.

—A lo mejor la transformación que buscaban no era transformar cualquier metal en oro, sino la simple existencia en un hecho extraordinario. Igual se trataba de eso y en su época los entendieron mal.

—A saber…

—Además, está demostrado que la búsqueda de la famosa piedra filosofal precisaba de una transformación espiritual y que los alquimistas pertenecían a distintas disciplinas y a diversas religiones y filosofías.

—¡Huy!, me parece que tenemos tema, Chit. Me recuerda los debates que manteníamos cuando estábamos en *wat*.

—Qué recuerdos tan hermosos. Y qué discusiones tan enriquecedoras. Empezábamos a debatir y no teníamos límite. Menos mal que *achan* Annan nos ayudaba a acotarlas para que se centraran en una mejor comprensión del Dharma.

Nos dimos cuenta de que se nos había pasado el tiempo volando y que aún estábamos sentados en el coche, enfrente de la casa de la familia de Chet, así que salimos del coche a la vez, como impulsados por un resorte.

Conocía a la familia de Chet del día que asistieron a mi ordenación. Era una familia muy unida y tradicional, aunque abierta a incorporar conocimientos nuevos, una característica innata en la so ciedad tailandesa. El buen gobierno familiar recaía en manos de la madre, y no por puro azar, sino porque la mujer tailandesa es consciente de que es un motor social, cultural y económico importante.

Me recibieron como al hijo pródigo que regresa tras una larga ausencia, pues me consideraban casi de la familia, no solo por haber convivido con Chet, sino también porque, gracias a que mi madre era tailandesa y a que había estado más de tres años como monje en el wat, podía comunicarme con ellos en tailandés. Tanto era así que sus hermanas se dirigían a mí con el prefijo *pii*, que significa «hermano o hermana mayor», y sus padres a veces utilizaban el prefijo *luuk*, es decir, «hijo», para referirse a mí.

Como marcaba la tradición, celebramos mi llegada con una comida festiva. Todos me trataban con afecto y cariño sinceros. Una vez conseguí convencerlos de que ya no podía comer ni un bocado más, salimos todos al jardín que rodeaba la casa. Estábamos en enero y en esa época del año la temperatura nocturna era muy agradable, así que nos quedamos charlando en el jardín un buen rato.

Pronto me convertí en el centro de la conversación, porque la familia de Chet no entendía por qué todavía no me había casado ni formado una familia, y no paraban de hacerme preguntas, sobre todo la madre y las hermanas de Chet, que se lo pasaban en grande y, a cada pregunta, me miraban con una sonrisa maliciosa. En más de una ocasión se me pasó por la cabeza que mi madre las había puesto al corriente de mi soltería para que me dieran un poco la vara. Suerte que Chet y su padre, al verme apurado, me ayudaron a transitar por el peligroso sendero del interrogatorio. Al final me rendí y pedí a las hermanas de Chet que me buscaran posibles candidatas para solucionar, según la madre, «el inmenso vacío que tenía mi pobre existencia de soltero».

A la mañana del día siguiente, Chet me despertó con tiempo suficiente para que pudiera recitar los sutras y meditar junto a la familia, y desayunar después todos juntos a modo de despedida. En el momento de marcharme, uno tras otro me mostraron su afecto y me desearon un viaje seguro, rogándome que no tardara en regresar, cosa que tuve que prometer.

Ya en el aeropuerto, me despedí de Chet con un abrazo de hermano y le prometí que le mantendría informado de todo lo referente a mi estancia en el *wat*.

Una hora más tarde aterrizaba en Trat. En la salida de la terminal me esperaba *prasong* Anisara, junto con otro monje. Me dirigí hacia él y lo saludé con respeto postrándome a sus pies. *Prasong* me alzó rápidamente y me dedicó una gran sonrisa para mostrarme su afecto.

Sin perder un instante, nos dirigimos al aparcamiento, donde nos esperaba el conductor que solía llevar a los monjes del *wat* en sus idas y venidas. Una vez en la furgoneta, consideré que era el momento oportuno de pedir a *prasong* Anisara que me informara de la situación.

—*Prasong*, ¿a qué se debe todo esto? ¿Mi tío se encuentra bien?

—Sí, sí, tu tío está bien. Tuvo una neumonía que nos preocupó mucho a todos, pero enseguida lo llevamos al hospital y en una semana se recuperó. Ahora está en el *wat* y lo cuidamos entre todos porque ha de guardar reposo absoluto.

—Me tranquilizas. Estaba muy preocupado por su estado de salud.

—No te preocupes, está bien.

—*Prasong*, ¿y tú sabes por qué me ha hecho venir aquí? ¿Sabes qué problema ha habido con el Satipatthana?

—Prefiero que te lo cuente tu tío, pero te adelanto que guarda relación con uno de los manuscritos antiguos del Satipatthana Sutta.

En el *wat* había escritos y enseñanzas sobre el Satipatthana Sutta de un valor incalculable, no solo por su antigüedad, sino por los muchos y notables monjes que habían pasado por el *wat* para estudiarlos y aportar sus comentarios o discusiones. Tales escritos eran reconocidos por toda la comunidad budista —me atrevería a decir que incluso a nivel internacional— por las aportaciones de algunos eruditos y maestros de renombre que habían residido en el *wat* para estudiar los sutras y sus comentarios. Tanto era así que se podría decir que el Satipatthana Sutta era la especialidad del *wat*. Para mi tío, a quien se le consideraba un erudito en el sutra por los años que había dedicado a su estudio, el Satipatthana Sutta era el mayor de los tesoros.

Yo también conocía bien ese sutra, porque, a lo largo de los tres años que duró mi estancia como monje en el *wat*, mi tío me instruyó en la comprensión del Dharma, que recibí como el mejor de los regalos, y en el estudio y la comprensión del sutra y de los escritos de los diversos *achan* y eruditos de todas las escuelas y linajes dentro del budismo, así como de las distintas visiones budistas que habían estudiado el sutra y los comentarios y debates sobre el mismo. Supuse que, por mis años de dedicación y estudio, y por la instrucción de mi tío y de *achan* Annan, que era mi maestro de meditación, en el *wat* me consideraban experto en el sutra y por eso me habían llamado.

En cuanto llegamos al *wat*, me fui directo a ver a mi tío. Tal era mi inquietud que entré por la buenas sin llamar a la puerta. Mi tío y los que estaban en la pequeña estancia se dieron un susto de muerte.

Con mi tío se encontraban *achan* Annan y *prasong* Rahula, un monje que hacía las veces de enfermero, ya que antes de entrar en *wat* había ejercido de farmacéutico. La expresión de sus caras pedía a gritos una disculpa.

—Lo siento —dije inclinando la cabeza.

—Hijo, vas a conseguir lo que no ha logrado la neumonía —se quejó mi tío.

—Lo siento mucho. Es que estaba muy preocupado por ti, tío. De veras que lo siento. No era mi intención alteraros.

Era consciente del impacto que había causado mi entrada, ya que el silencio y la armonía en los actos era una de las reglas de convivencia del *wat*. Supongo que atribuyeron mi ímpetu a mis genes occidentales.

—¿Cómo estás, tío? ¿Cómo te encuentras? —le pregunté acercándome a su cama.

—Tranquilo, hijo. Si no me has matado con tu entrada, seguro que tienes tío para rato. —Me tendió los brazos—. Anda, ven. Tienes un aspecto magnífico

Me acerqué un poco más, me descalcé e hice el saludo tradicional con respeto. Luego toqué los pies de mi tío con la mano derecha y me la llevé a la frente para indicar que la parte más baja de él era suficiente para dar luz a mi mente. Después me incliné hacia *achan* Annan y *prasong* Rahula, quienes aceptaron mi saludo como una muestra de afecto más que de respeto.

—¿Y bien? Creo que tienes muchas cosas que contarme, ¿no es así, tío?

—En efecto. Pero antes debo de agradecerte la rapidez con que has acudido a mi llamada.

—No hay nada que agradecer. Me considero uno más de esta familia.

Mi tío cambió su habitual expresión afable para ponerse serio.

—Marc, ha desaparecido el volumen principal de los comentarios del Satipatthana Sutta.

—¿Qué? —pregunté atónito.

—Como muy bien sabes, contiene comentarios que datan del siglo XV, de varios *achan* muy venerados y respetados dentro y fuera de nuestra comunidad. Ese volumen en concreto tiene un valor incalculable, no solo por su antigüedad, sino también por los comentarios de los *achan* y maestros de todas las escuelas y linajes budistas. —Hizo una pausa para recuperar el aliento, pues se cansaba al hablar—. Marc, en manos de gentes que no respetan las enseñanzas y solo buscan lucrarse, ese volumen podría ir a parar al mercado negro y venderse por una suma más que considerable.

—¿Habéis comprobado que no se trata de un despiste? A ver si aparece de repente donde menos lo esperáis.

—Ojalá... —contestó mi tío con un hilo de voz—. Hace más de dos semanas que desapareció y hemos mirado todos los rincones del recinto del *wat*. Tenemos la total seguridad de que no está aquí. Hemos puesto el asunto en manos de la policía, a través de un buen amigo que es el comisario del departamento de investigación especial de objetos religiosos, quien, a su vez, lo ha asignado a su mejor inspector, que no es otro que su hija Wanida Patimburana. —Asentí tratando de no perder el hilo—. La inspectora está esperando que te pongas en contacto con ella lo más rápido posible.

—Tío, ¿crees que soy la persona adecuada para llevar este tema? Sigo siendo un estudiante del Satipatthana. Mi comprensión todavía no alcanza todo su significado final.

Mi tío soltó una carcajada estruendosa, a la que se sumaron *achan* Annan y *prasong* Rahula.

—¿Qué es tan gracioso?

Los tres se miraron un instante y continuaron con sus carcajadas.

—Marc, no es lo que tú te crees.

—¿Ah, no? ¿Y qué es?

—Es lo que acabas de decir sobre el estudio y sobre que sigues siendo un estudiante con una curiosidad tenaz, pues todos nosotros estamos en tu misma situación, todos estamos por la labor de saber entender y comprender qué hay detrás de cada palabra y de su significado. En el estudio de este sutra no hay maestro. Él en sí mismo es el maestro, y tú y todos nosotros somos... compañeros de estudios, por llamarlo de alguna manera.

—Entonces ¿por qué yo?

—A eso iba. Es bien sencillo. La tarea de ayudar a la policía se te ha asignado a ti por dos razones de peso: la primera, porque tienes los suficientes conocimientos sobre el manuscrito para ser capaz de verificar su autenticidad y de valorar y rechazar cualquier tipo de copia; y la segunda razón es porque tú puedes desplazarte a cualquier lugar en cualquier momento, cosa que para nosotros es imposible, como bien sabes.

—De acuerdo, pues. Dime cómo puedo ponerme en contacto con la responsable de la investigación.

—*Prasong Anisara* te dará su teléfono. La inspectora ya sabe de ti y espera tu llamada. Pero hoy te quedas con nosotros. Estamos deseando que nos cuentes cosas. Lo hemos organizando para encontrarnos antes de la recitación de los sutras de la tarde.

Prasong Anisara me puso en contacto con Wanida Patimburana a través del único teléfono que había en el *wat*, el de la anticuada y austera oficina que eran sus dominios.

—*Hello?* —saludó una voz femenina al otro lado de la línea.

—*Khun* Patimburana —pregunté dirigiéndome a ella en tailandés.

—Sí, aquí la inspectora Patimburana. ¿Con quién hablo?

—Mi nombre es Marc, y la llamo en ref…

—Sí, ya sé quién es usted —señaló interrumpiéndome sin la menor consideración—. Estaba esperando su llamada. ¿Dónde se encuentra, señor Marc?

—En Trat, en el *wat*.

—¿Le iría bien que mañana nos reuniéramos y le explico todo lo referente al asunto del Satipatthana?

—Como usted prefiera, inspectora. Estoy a su disposición.

—Bien, pues nos vemos mañana.

—¿En su comisaría?

—No, en Bangkok. Hemos trasladado la investigación a la capital porque este tipo de robos, si tienen salida, es aquí. Por otro lado, hemos llevado a cabo una investigación en Trat y ha quedado descartado. Con ello le quiero decir que me encuentro en Bangkok, en el departamento de investigación criminal de la oficina central. ¿Le va bien quedar mañana aquí sobre las cuatro de la tarde?

—Por supuesto.

—Bien. En la oficina del *wat* le indicarán cómo encontrar la oficina central. Cuando llegue, pregunte por mí, ¿de acuerdo?

—De acuerdo, inspectora. Y descuide, allí estaré sin falta.

—Pues hasta mañana, señor Marc.

Colgó el teléfono sin darme tiempo siquiera a despedirme.

Prasong Anisara me asignó la misma habitación que había tenido durante mi larga estancia en el *wat*. Cuando entré en ella, me vi rodeado de recuerdos.

Una vez me cambié de ropa para ir lo más cómodo posible, me dirigí a la cabaña principal que hacía las veces de sala de reuniones, recitaciones y meditaciones. Estaban todos esperándome. Cuando entré, me indicaron el lugar donde debía sentarme. Desde allí hice mis postraciones a la Tres Joyas y luego alcé la vista. Todos me miraban expectantes, a la espera de que contara qué había sido de mi vida tras dejar el *wat*.

No entré en detalles, pero les hablé un poco de cómo era mi vida en Barcelona y de mi trabajo en el gabinete. A nadie le extrañó que dejara el bufete para elegir un trabajo y un modo de vida más acordes conmigo mismo. Después recitamos juntos los sutras y nos dispusimos a meditar. Acabada la práctica, cada uno se retiró a su pequeño dormitorio. Aquella noche, en la cabaña que había compartido con Chet, dormí rodeado de buenos recuerdos.

Después del desayuno de la mañana, *achan* Annan me vino a buscar y nos dirigimos a la biblioteca. Allí se encontraba mi tío, que nos recibió con una enorme y cariñosa sonrisa. Me invitaron a tomar asiento y, cuando los tres estuvimos sentados en las alfombras del suelo, mi tío nos indicó con señales que dedicáramos unos instantes a la meditación. Al cabo de unos minutos, mi tío tomó la palabra.

—Bien, Marc. Antes de que te marches, *achan* Annan y yo queremos hacerte un regalo.

—¿Un regalo?

—Bueno, para nosotros lo es… Y además estamos seguros de que será de tu agrado. —Se miraron de reojo—. *Achan* Annan dice que eres uno de sus mejores estudiantes en lo que respecta a sus enseñanzas sobre las distintas técnicas de meditación, aunque está claro que el objetivo de todas ellas es el mismo. Al igual que está claro que la técnica no es la meditación en sí, sino la muleta que te ayuda a estabilizar tu mente, algo así como esas ruedas pequeñas que le ponen a la bicicleta cuando los niños están aprendiendo a montar en bici.

No sabía muy bien adónde quería llegar mi tío con sus explicaciones, pero opté ser paciente y escuchar en silencio, como tantas otras veces cuando me transmitía sus enseñanzas sobre el Satipatthana Sutta.

—Cuando tu soporte es la respiración y tu atención se pierde en los pensamientos, la atención vuelve a su lugar con la ayuda del soporte: la respiración. Hay veces que, sin duda, es un ir y venir. Los pensamientos van y tú vuelves con la respiración. Siempre y cuando seas consciente de ello, es una buena meditación.

—Sí, tío, lo sé, pero…

—Marc, no corras —me indicó levantando una mano—. La pregunta es por qué practicamos la meditación, adónde queremos llegar y por qué, cuál es el sentido de todo esto. Sin embargo, la respuesta no es: «Yo quiero conocer o saber» o «Yo quiero esto o lo otro», ya que es evidente que estas respuestas egocéntricas serían contrarias al Dharma. Lo que te lleva a la práctica y al conocimiento de ti mismo, y con ello de todo, es el hecho de descubrir que no estás aquí para recibir, sino para dar, para ser únicamente un instrumento para dar todo lo que se te ha dado, y eso es una intuición que escapa a tu comprensión. —Hizo una pausa en su discurso y me miró con intensidad—. Pues bien, la única manera de que todo ello sea real es mediante la unión meditativa, ya que esta transformará tu mente de tal modo que condicionará todos los elementos psicofísicos que dependen de ella. —Se detuvo para tomar aire—. Es evidente que la práctica en la meditación no implica ser mejor o peor que otras personas, sino estar en el lugar que a uno le corresponde dentro del universo, siendo parte consciente del mismo en todo momento.

—Si, tío, lo tengo claro. Tal vez no he sabido expresarlo así, pero lo tengo claro: la práctica forma parte de logro, y darme cuenta de que mi atención no está donde debería estar es un logro. Hay gente que se entristece por desviar la atención, cuando darte cuenta de que es un logro es subir un escalón más.

—Así es, Marc —respondió *achan* Annan.

—Nuestro regalo va por ahí —comentó mi tío—. Tenemos una técnica secreta.

Abrí los ojos como platos. Mi tío y *achan* Annan se miraron y asintieron.

—Digamos que se trata de un soporte meditativo íntimo, por utilizar unos términos más adecuados —prosiguió mi tío—, ya que los *achan* de meditación de este *wat* lo han transmitido de generación en generación y de *achan* a *achan*, y solo lo enseñan a monjes y a seglares con ciertos atributos, siempre y cuando lo aprueben los *achan* del *wat*.

—No tenía ni idea —repuse asombrado—. Lo tenías muy bien guardado... Durante los años que residí aquí, nunca observé ni noté nada respecto a lo que explicáis.

—Eso quiere decir que lo estamos haciendo bien —concluyó *achan* Annan.

A partir de aquí, mi tío cedió la palabra a *achan* Anna para que se encargara él de la transmisión de la enseñanza. *Achan* Annan nos indicó dónde sentarnos cada uno. Él y mi tío estaban delante de mí, de modo que formábamos un triángulo. A continuación, *achan* Annan tomó la palabra.

—Como siempre, empieza por relajar todo el cuerpo. Toda tu musculatura debe estar relajada. —Hablaba despacio, deteniéndose en cada frase—. Una vez que percibas que todo tu cuerpo está relajado, pon tu atención en tu suave y tranquila y apenas perceptible respiración. No la pierdas. Mantente atento sin perder la relajación. Sigue ahí. No te ocupes de lo que surja en tu mente; sabes que no es real. Mantente atento y relajado, establecido en esa atención amable y despreocupada. Pon la atención en todo tu cuerpo. Encuentra la unidad de tu cuerpo y mente en una sola percepción. No fuerces. Sé amable. Mantén la ecuanimidad en todo lo que surja. Ahora, en este instante, traslada la unidad que percibes fuera de tu cuerpo y de tu mente. Sigue los pasos que te indicaré sin perderte. Mi voz será el camino que te llevará hasta «la puerta» que tendrás que cruzar. Inspira una sola vez con fuerza. Retén la respiración.

Achan Annan me guió paso a paso hasta alcanzar «la puerta»*. Mi comprensión no era reflexiva. Todo estaba claro sin necesidad de tener que explicarme nada. Yo no estaba aquí o allá. Yo ya no era, sino que formaba parte del todo. «Unidad», tal vez esa sea la palabra que más se acerca a esa comprensión que no sería capaz de describir, porque es imposible describirla; solo es posible formar parte de ella y ser ella. En la unidad dejan de existir arriba-abajo, cerca-lejos, frío-calor. Desaparece completamente la dualidad, tanto en las percepciones físicas como en las psíquicas. Todas las emociones que utilizas para autocompensar tu vacío existencial dejan de tener sentido, ya que eres, instante a instante, parte del organismo vivo que llamamos existencia, sin principio ni final. Algunos de los que lo han experimentado lo lla-

* N. del A.: Omito expresamente la secuencia restante, ya que la transmisión es íntima y secreta, y exclusiva para los oídos y la mente de la persona que sinceramente quiere acogerla en su interior. Y, por supuesto, por respeto a todos mis maestros.

man «estado de claridad absoluta»: nada está oculto, nada te queda por saber; tu comprensión forma parte del todo, todo está desvelado, todo resulta tan fácil y sencillo que en ningún momento percibes que hayas logrado nada, ya que, al ser uno con la existencia, las fantasías que genera tu mente no son necesarias porque dejan de tener sentido. Es estando ahí, en la unidad o en común unión, siendo parte y todo, cuando la extrema sencillez y simplicidad de la existencia que gobierna el universo te abraza y cuando...

De repente, alguien golpeó la puerta. Del sobresalto, todos abrimos los ojos, nos miramos y nos sonreímos con complicidad, corroborando la experiencia que acabábamos de compartir.

—Marc, vamos a llegar tarde.

Era *prasong* Anisara, que me reclamaba para salir hacia el aeropuerto, pues el vuelo a Bangkok despegaba al cabo de dos horas.

—Voy enseguida, *prasong*. Dame solo un segundo.

En señal de respeto y agradecimiento por la transmisión recibida, me postré ante mi tío y *achan* Annan. Habíamos estado una hora y media dentro de la absorción meditativa. Sin embargo, yo tenía la sensación de que habían pasado apenas unos minutos. No era de extrañar, ya que, al margen del nivel de absorción de cada uno, en meditación la alteración del tiempo es habitual: a veces, diez minutos parecen horas; a veces, solo unos segundos. No era más que una sensación. Por otra parte, después de la práctica, el estado de mi mente y de mi cuerpo era ligero, fácil, abierto; seguía en el estado de comprensión.

—Tío..., *achan* —rectifiqué—, ¿por qué yo? ¿Por qué soy merecedor de este regalo?

—Marc, has sido y eres un buen estudiante. Y sabes que aquí te tenemos mucho afecto y que todos te consideramos uno más. Además, alguien ha intercedido por ti.

—¿Por mí? ¿Quién?

Mi tío y *achan* Annan intercambiaron una sonrisa.

—Solo nos ha dicho que te transmitiéramos que este regalo es de parte de Kipal.

—¿Kipal?

—Eso ha dicho —contestó *achan* Annan.

—Marc, vas a perder el vuelo —insistió *prasong* Anisara.

—Vete ya, hijo —dijo mi tío—. Cuando esto termine, ya tendremos tiempo de hablar.

—Desde luego, porque me debéis una explicación.

Mi tío y *achan* Annan asintieron al unísono. Me dispuse a postrarme ante ellos en señal de respeto y gratitud por el regalo recibido, pero, al ver mi intención, ambos se me adelantaron y me dieron un fuerte abrazo. Luego salí a la carrera, ya que *prasong* estaba ya en el coche haciéndome señas para que agilizara mi paso.

Llegamos a tiempo. Estaba en el aeropuerto de Trat, me había despedido de *prasong* Anisara, quien me deseó un viaje seguro y un pronto regreso, y me dirigía a la puerta de embarque. En ese instante sonó mi móvil.

—¡Hey, *brother*!

—¡Pol! ¿Qué pasa? ¿Qué me cuentas?

—¿Dónde estás?

—Pues me coges a punto de embarcar en el aeropuerto de Trat rumbo Bangkok.

—¿Y cuánto dura el vuelo?

—Más o menos una hora. Si no hay retraso, aterrizaré en Bangkok sobre las once.

—¿En qué aeropuerto?

—Pues en el de Bangkok. ¿A ti que más te da?

—Pero en Suvarnabhumi o en Don Muang.

—Suvarnabhumi, Pol —Resoplé—. Tío, ¿a qué viene ese interés? Cuando te pones en modo incógnito, me das miedo. Que te conozco…

—Tranquilo, Marc. Hoy es tu día de suerte.

—Ahora es cuando entro en pánico.

—Pues… ¿quieres saber una cosa?

No contesté. La respuesta era más que evidente. Pol también se quedó callado.

—¡Suéltalo ya, Pol!

—¡Estoy en Bangkok, en el Suvarnabhumi! —anunció entusiasmado—. Acabo de llegar hace una hora. —Al ver que me quedaba mudo, añadió—: ¡Que te estoy esperando, tío!

—¿En serio, Pol? Pero…

—Pues sí. Tenía la agenda despejada y pensé: ¿por qué no? Y aquí estoy.

—Pero, tío, ¿por qué no me has llamado antes? ¿Y si llego a estar ya de vuelta?

—No, si eso ya lo hice, pero no conseguí comunicar contigo.

—Sí, es posible, porque estaba en Trat, en el *wat*, ya sabes que allí la comunicación no es muy buena. De todos modos, eso no quita que estés mal de la cabeza, y que los «sirocos» que te cogen no te puedan dar un día algún problema.

—¡Uf!, más de uno, y costarme un ojo de la cara, además.

—Pol, que sepas que me alegro de que estés como una chota. Es estupendo tenerte aquí, *brother*.

—Sí, eso pensé yo. Marc, que sepas que te espero con el ramo de flores y la caja de bombones.

—Que te den, tío —respondí conteniendo la risa—. Y las flores y los bombones te los guardas para compensar la paciencia que tienen contigo tus parejas ocasionales.

—De ocasionales nada. Como tú dirías, el amor sincero y eterno no tiene medida temporal.

—Ok, tío. —Vi que la cola de embarque avanzaba—. Oye, tengo que colgar, que estoy con un pie en el avión.

—Vale, *brother*.

—Pol…, que sepas que me alegra mogollón que estés aquí.

—Marc, abrazo fuerte. Te espero.

Colgué, pasé el control de billetes, embarqué, me dirigí a mi asiento y, como no podía hacer nada más, me relajé y me dormí durante prácticamente todo el trayecto. Cuando llegué al aeropuerto de Suvarnabhumi, ahí estaba Pol, que había hecho caso de mi recomendación: no llevaba ni flores ni caja de bombones.

Le propuse que nos alojáramos en un hotel céntrico que estaba bastante bien. En el trayecto hasta el hotel, le puse al día del caso que tenía entre manos y le comenté que tenía una cita con la inspectora Patimburana a las cuatro de la tarde y que debíamos ser puntuales.

Llegamos a las oficinas del departamento de investigación criminal de la policía metropolitana de Bangkok veinte minutos antes de la hora convenida. Las oficinas se encontraban en un edificio moderno y colosal, con un gran hall de entrada y un mostrador al fondo, donde se encontraba la recepción. Nos acercamos al mostrador y, tras indicar el motivo de nuestra visita y entregar el pasaporte para nuestra identificación, nos asignaron unos pases y nos enviaron a la quinta planta, donde un agente nos estaba esperando para acompañarnos hasta una sala. Nos acomodamos en uno de los lados de la mesa central y al cabo de unos minutos aparecieron tres policías, dos hombres y una mujer. No soy experto en insignias policiales tailandesas, pero las que lucían daban a entender que los tres tenían cargos de importancia.

—*Khun* Marc.

—*Khun* inspectora —contesté levantándome del asiento—. Permítame presentarle a mi colega Pol.

—*Khun*, Pol —dijo la inspectora con una leve inclinación de cabeza—. Encantada de conocerlos a ambos. Les presento al inspector Thongkam y al inspector Suksamran, miembros de mi equipo. Por favor, siéntense.

—Gracias —contestamos Pol y yo al unísono.

—*Khun* Marc, habla usted muy bien el tailandés, y además con buen acento —indicó la inspectora.

—Gracias, *khun* inspectora. Mi madre es tailandesa y de pequeño pasaba las vacaciones aquí en Tailandia, de ahí que conozca el idioma.

—¿Su colega también habla tailandés?

—No, Pol no.

—¿*Khun* Pol habla inglés?

—Perfectamente, inspectora —respondió Pol.

—Bien. Pues, como todos los presentes lo entienden, continuaremos en inglés.

Todo el mundo se mostró de acuerdo.

—Bien. Les pondré al día de la investigación. Como ya le comenté por teléfono —dijo la inspectora dirigiéndose a mí—, desplegamos agentes por los alrededores del *wat* y por la ciudad de Trat para investigar el robo y en el centro de investigación no tenemos constancia de que por esa zona existan posibles delincuentes especializados en esa clase de robos. Piense que ese tipo de material es muy difícil de colocar en el mercado negro, ya que es preciso conocer muy bien no solo el material, sino también los posibles compradores, que, como se pueden imaginar, son personas peculiares. Con lo cual, una vez realizadas las investigaciones pertinentes, estas confirmaron de manera clara que las escrituras robadas no se encontraban en la zona. De modo que trasladamos la investigación a la capital, ya que lo más lógico es que tales escritos hayan ido a parar al lugar donde tendrían mayores probabilidades de ser vendidos, que es aquí, en Bangkok.

El razonamiento de la inspectora tenía su lógica. Asentí en silencio, a la espera de que diera por terminada su explicación.

—Llevamos varios días realizando pesquisas y presionando a nuestros informadores habituales en Bangkok —prosiguió—, pero a día de hoy no tenemos nada claro. Admito que vamos un poco a ciegas. No obstante, tenemos un contacto, si es que se le puede llamar así, que podría aportarnos información… —Miró de reojo a su equipo y luego a mí—. O que tal vez tenga algo que ver con el robo.

—¿De quién se trata, *khun* inspectora?

—Es conocido por el sobrenombre de Mister Mam.

—¿Mister Mam? —Me pareció un nombre demasiado cinematográfico—. ¿Y qué nos puede decir sobre ese tal Mister Mam?

—Pues podría contarle muchas cosas, la verdad. Lo conozco bien o, mejor dicho, conozco muy bien la parte que él quiere que conozca. Su nombre oficial es Somchai Siriwan. —Se me quedó mirando fijamente, como si esperara una reacción por mi parte—. Creo que usted lo conoce, *khun* Marc.

—¿Yo? —pregunté perplejo—. No me suena para nada. ¿De qué debería conocerlo, *khun* inspectora?

—Durante su infancia, adolescencia y juventud, su tío *achan* Anuruddha, mi padre y Mister Mam eran inseparables. Eran «hermanos», como solían decir los tres, y no porque fuera una costumbre social, sino porque estaban muy unidos y el sentimiento fraternal entre ellos era muy fuerte.

—Nunca he oído hablar a mi tío de Mister Mam —repuse.

—Pues es muy posible que se conozcan, porque los tres tenían tertulias y debates interminables, y en muchas ocasiones en casa de su abuela.

—No recuerdo…

—Incluso es posible que, mientras ellos conversaban, estuviera usted jugando junto a ellos, *khun* Marc. De hecho, y según mi padre, usted y yo nos conocimos de pequeños.

—¿En serio?

—Y, a decir verdad, yo tengo un vago recuerdo del niño *farang* al que veía de vez en cuando en casa de *lung* Khiao.

—¿De *lung* Khiao? —pregunté con extrañeza traduciendo mentalmente: «tío Verde» era el sobrenombre de mi tío.

—Para mí, su tío *achan* Anuruddha siempre ha sido *lung* Khiao. Al igual que Mister Mam, que para mí es *lung* Mam.

Cuando de niño pasaba mis vacaciones en Tailandia, en casa de mi abuela siempre había un montón de gente, adultos y niños, de eso sí me acuerdo.

—Sí, creo que la recuerdo… —contesté, más por cortesía que por otra cosa, porque no estaba muy seguro de recordarla.

—El mundo es un pañuelo —comentó Pol, que se había mantenido callado hasta ese momento.

—Entiendo que no me tenga muy presente —añadió la inspectora—, porque de eso hace mucho tiempo. No sé si sabrá que los tres amigos, su tío, mi padre y Mister Mam, fueron unos estudiantes sobresalientes, aunque en disciplinas universitarias diversas. Sus discusiones giraban siempre en torno al Dharma y el autoconocimiento y, a pesar de sus diferencias, esas discusiones de horas y horas los unían profundamente. Después los tres amigos y hermanos se distanciaron, ya que sus vidas tomaron rumbos muy distintos: mi padre, en la policía; su tío, en la vida monástica, y *lung* Mam en un mundo lleno de claroscuros.

—Sí, es cierto que, a partir de cierto momento, las idas y venidas en casa de mi abuela disminuyeron considerablemente. Yo lo atribuía al ingreso de mi tío en el *wat*… —Me quedé pensativo—. Disculpe, *khun* inspectora, pero ¿a qué se refiere con eso de «un mundo de claroscuros»?

—Cuando conozca a Mister Mam, lo entenderá. Verá que no es una mala definición.

—Interesante… —comentó Pol.

—Mi amigo Pol es psicólogo —indiqué.

La inspectora Wanida Patimburana miró a Pol sin decir nada.

—*Khun* inspectora —añadí—, ya que nos conocemos desde niños, ¿qué le parece si nos tratamos de un modo más informal?

No tenía ni idea de cómo podía tomarse mi pregunta, por lo que me esperaba cualquier respuesta por su parte. Sin embargo, me miró con una sonrisa.

—Sí, creo que sería lo más acertado. Si no, sería como ignorar unos recuerdos que forman parte de nuestra vida.

—Entonces ¿eliminamos el *khun*?

—Claro. Y puedes llamarme Nid.

—De acuerdo, Nid —contesté disimulando una sonrisa, pues la inspectora era mucha mujer para apodarse «chiquitita»—. ¿Y qué más sabes de Mister Mam? Tengo entendido que el sobrenombre «Mam» se les daba a los tailandeses con aspecto occidental, ¿no es así?

—Así es, Marc. Al menos, tiempo atrás. Hoy en día no tanto, aunque en el caso de nuestro Mam sí, porque, a pesar de ser tailandés hasta la médula, tiene un aspecto muy occidental.

—Curioso.

—Bueno, ya me dirás qué te parece, porque está tarde lo conocerás.

—¡Joder!, estoy impaciente —se le escapó a Pol.

La inspectora le dirigió una mirada inquisidora y luego se dirigió a mí.

—Estoy segura de que te sorprenderá. De todos modos, debo de recordarte que eres parte de esta investigación en calidad de experto. Cuento contigo, no solo para que verifiques la autenticidad de las escrituras del Sutra Satipatthana, en el supuesto de encontrarlas, sino también para que me informes de cualquier comentario, pista o sospecha que te pueda surgir.

—Descuida, Nid, lo tendré en cuenta.

Nid, Pol y yo nos montamos en el coche de Nid. Los inspectores Thongkam y Suksamran no nos acompañarían porque, según la inspectora, se trataba de una visita de «cortesía familiar», más que una intervención policial. El trayecto duró una hora, no porque fuera una distancia considerable, sino debido al siempre caótico tráfico de Bangkok. En cualquier caso, el viaje fue muy provechoso porque nos permitió mantener entre los tres una agradable charla amistosa y distendida en la que cada uno explicó su historia.

Nid nos estuvo explicando que estaba en el cuerpo de policía por tradición familiar y que, si hubiera tenido hermanos varones, se habría librado de seguir esa tradición. Sin embargo, como solo tenía tres hermanas y ella era la mayor, pactó con su padre que ingresaría en la policía a condición de estudiar antes una carrera universitaria fuera de Tailandia, a lo que su padre accedió. De modo que Nid se marchó a Estados Unidos, donde había estudiado Psicología, se había especializado en neurociencia y había obtenido un doctorado por la Universidad de Michigan. A su regreso a Tailandia, ingresó en la Escuela Superior de la Policía, donde se especializó en psicología de la investigación criminal. Pol no daba crédito al impresionante currículo de la inspectora.

A medida que iba hablando, Nid se iba soltando. Ya no se mostraba tan rígida y formal como al inicio de nuestro encuentro. Si tuviera que describirla, diría que era una mujer muy tailandesa, y eso para mí significaba una melena morena muy larga, que llevaba recogida cuando vestía uniforme o estaba de servicio, una figura alta y delgada, unos ojos discretamente almendrados y una sonrisa hipnotizante.

Nid era una experta en sortear el tráfico y conducía a toda velocidad, lo que nos dio pie a Pol y a mí para bromear, aunque Nid no se dio por aludida, o quizá disfrutaba más haciéndose la longuis para frustrar nuestros comentarios graciosos. Llegamos a una enorme finca vallada con control de seguridad en la puerta. Al reconocer a Nid, el guarda abrió rápidamente la gran verja de entrada al recinto para franquearnos el paso. Al otro lado de la valla había un jardín inmenso con un camino asfaltado que finalizaba al pie de la escalinata de una gran mansión de riguroso estilo tailandés. Al acercarnos un poco, vi que nos estaba esperando un hombre de unos sesenta o setenta años, alto, delgado, de piel morena y con los ojos muy azules. Se dirigía hacia nosotros bajando la escalinata de la casa con una gran sonrisa. Apenas salí del coche, se abalanzó sobre mí y me dio un caluroso abrazo. Sin duda, era Mister Mam. Su gesto fue tan inesperado que no supe reaccionar. Al fin y al cabo, para mí era un extraño. Totalmente desconcertado, miré de reojo a Nid, que me devolvió la mirada, como diciendo: «Yo ya te lo avisé». Pasados unos instantes, respondí a su abrazo. Cuando me soltó, se me quedó mirando con su imborrable gran sonrisa.

—¡Estás enorme, muchacho! —exclamó separándose y mirándome bien—. ¡Ya eres un hombre!

Dicho esto, volvió a abrazarme. Claudiqué y le devolví el abrazo.

—Marc, no quiero agobiarte con tanto abrazo, pero es que no te puedes imaginar lo feliz que me hace volver a verte después de tantos años —se disculpó emocionado—. ¿Te acuerdas de mí?

—¡Eeeh!, pues no muy bien.

—Es normal, hijo. Han pasado muchos años y tú eras muy niño.

Se volvió hacia Nid, la saludó con el saludo tradicional tailandés y a continuación la abrazó.

—Es mi sobrina favorita —comentó mirándome—. No sabías que tenías una prima tan guapa, ¿a que no?

—No, la verdad.

—Vosotros soy mi familia más cercana. Con Nid nos solemos ver con frecuencia. A ti hace siglos que no te veo. Caramba, Marc, la verdad es que esperaba este momento.

El recibimiento de Mister Mam fue muy afectuoso. Sin duda, el sobrenombre «Mam» le hacía justicia, ya que, al hablar, sus formas eran absolutamente tailandesas y, en cambio, su apariencia era una mezcla entre tailandés y occidental, pues combinaba la clásica delgadez asiática con unos ojos azules y una nariz prominente, de evidente herencia occidental.

De pronto, Mister Mam se quedó mirando a Pol.

—Discúlpame, *lung*, soy un mal educado —dije al darme cuenta de que me había olvidado por completo de Pol, y aprovechando la confianza que había mostrado hacia mí para dirigirme a él como sobrino suyo—. Permíteme presentarte a Pol. Es un amigo verdadero —le dije, consciente de que, en Tailandia, un amigo verdadero es más que un amigo íntimo, algo así como alguien de la familia—. Y aparte de ser un extraordinario psicólogo, es una gran persona.

—Encantado de conocerte, Pol —dijo en inglés, realizando el saludo tradicional.

—Igualmente, señor —respondió Pol, devolviéndole el saludo.

—Pol, esta es tu casa. —Extendió una mano para abarcar los jardines y la mansión—. Pero pasad, pasad. Adelante. Os he preparado algo de comer y bebidas frescas —añadió cambiando al inglés.

Subimos la escalinata que daba al grandioso porche de la grandiosa mansión del grandioso recinto, pues, en casa de Mister Mam, todo era grandioso. Como por arte de magia, empezó a aparecer gente. Saltaba a la vista que algunas personas formaban parte del servicio doméstico y de mantenimiento de la mansión. También pude distinguir a otras que formaban parte del personal de seguridad, ya que iban discretamente armadas. Cuando cruzamos el porche y nos adentramos en la casa, pasamos por varias estancias hasta llegar a la parte trasera, que daba a un jardín inmenso, donde habían dispuesto una mesa central con comida y bebida variada. El personal de servicio y el de seguridad nos acompañaba en todo momento.

—Por favor, tomad asiento —indicó Mister Mam, y dirigiéndose a mí añadió—: A ver, Marc, cuéntame. ¿Cómo es que dejaste el bufete de tus padres? Tenías un futuro profesional muy prometedor.

—¿Cómo sabes eso, *lung*? —No daba crédito.

—Mi querido sobrino, ya me irás conociendo, pero debes saber que de las cosas y personas que me interesan lo sé todo o casi todo.

De nuevo la mirada de Nid con la expresión de: «Te dije que te sorprendería».

—Pues sí, *lung*, es verdad. Podría decirse que tuve un conflicto de intereses.

A continuación, le hablé de mi búsqueda, de mi camino en la autocomprensión, de mi ingreso en el *wat* y del reencuentro con mi tío, como también de mi relación con Elsa.

—¿Y no sentiste vértigo? Muchas veces, ante cambios radicales, la incertidumbre produce vértigo —comentó Mister Mam.

—No, la verdad. —Reflexioné un instante sus palabras—. Tampoco lo percibí como un cambio, sino más bien como algo que por sí solo evolucionó. Una evolución que mi propia trayectoria vital provocaba o estimulaba, condicionada por las personas, situaciones y hechos que, por así decirlo, me redireccionaban. Sí que es cierto que siempre hay que elegir, pero lo percibí como algo natural, incluso lógico. Por eso lo considero una evolución.

—Interesante, Marc. Me gustaría hablarlo con más detalle, aunque no te quiero agobiar. Además, tendremos tiempo más que suficiente, porque, para mí, este reencuentro es el inicio de una relación que no quiero volver a perder.

De nuevo, Nid me dirigió una mirada más que significativa.

—Bien, sé la razón de vuestra visita —añadió Mister Mam—. Me habría gustado que el motivo fuera más personal, pero en fin… Lo importante es que estáis aquí. ¿Qué quieren saber mis sobrinos?

—*Lung*, ¿qué sabes del Satipatthana robado? —preguntó Nid.

—Del robo, nada. Del escrito del Satipatthana, bastante, ya que siempre fue un tema de debate entre tu padre y el tío de Marc. Supongo que ya sabéis que el valor del manuscrito no solo se halla en el manuscrito en sí, ya que existen pruebas de que formó parte de la Gran Biblioteca de la Universidad budista de Nalanda, que, al parecer, es una de las más antiguas.

—Lo sabemos, *lung* —contesté.

—Se encontraba en un recinto en el que también había un monasterio. En la universidad no solo se impartían asignaturas teológicas, sino también lógica, gramática, medicina, metafísica, astronomía y, por supuesto, filosofía, en especial de las diferentes escuelas y ramas del budismo. Había más de diez mil estudiantes y dos mil profesores, procedentes de diversas partes del mundo, y contaba con la mayor biblioteca de la época, con más de un millón de manuscritos. En 1193, los turcos musulmanes, dirigidos por un tal Bakhtaran Khiljien, la destruyeron y quemaron. Cuentan que la cantidad de manuscritos era tan extraordinaria que estuvo quemándose durante meses. —La mirada de Mister Mam transmitía una profunda tristeza—. A pesar de la devastación, unos cuantos monjes y estudiantes salvaron algunos manuscritos, entre ellos el Satipatthana Sutta.

—El más importante del *wat* de la tradición del bosque.

—No solo eso, Marc, ya que, como sabéis, el manuscrito ha sido estudiado y debatido por maestros de diversas tradiciones budistas, y también advaitias, jainistas, shivaístas de Cachemira y por prácticamente todos los abordajes no dualistas de diferentes escuelas, así como por las diversas ramas de las visiones teológicas, y ha constituido el punto de partida de muchos estudios, debates y conclusiones que son manuscritos complementarios y a la vez forman parte del manuscrito base del Satipatthana. En definitiva, que se trata de un manuscrito de valor incalculable por la sabiduría que contiene, además de por su antigüedad.

—Lo sé muy bien, *lung*. Lo estuve estudiando más de tres años —indiqué apenado.

—Ya lo sé, Marc. Estoy bien informado de tu estancia en el *wat*, de tus estudios y de tus progresos con *achan* Annan.

Mi mirada y la de Nid volvieron a cruzarse.

—Imagino que tenéis en cuenta que los posibles compradores son personas que no solo buscan poseer un manuscrito antiguo, sino también una sabiduría excepcional —comentó Mister Mam.

—¿Te refieres a algo así como «la joya que cumple todos los deseos»? —pregunté.

—Deduzco por tu comentario que también te has interesado por las escuelas Mahayana y Varjayana del budismo.

—Sí, he estudiado en diferentes escuelas, no solo budistas. Sobre todo, las no dualistas.

—¿Cómo es eso?

—Buscando respuestas.

—¿Respuestas a qué? ¿A qué pregunta?

—No sé cómo explicarlo o, mejor dicho, cómo concretarlo. Más bien… Más que a una pregunta, buscaba respuestas a un vacío que sentía, a algo que me faltaba. Buscaba «la pieza», me refiero a la comprensión para que todo encajara. No sé cómo expresarlo. —Cerré los ojos y me concentré para encontrar las palabras adecuadas—. La relación de mi existencia con el conjunto del universo. —Abrí los ojos y busqué la mirada de Mister Mam, que me observaba con atención—.

Sí, ya sé que suena bastante extraño, pero siempre tenía la sensación de que algo se me escapaba, algo que estaba muy próximo a mí, pero que me era imposible ver o comprender.

—Entiendo…

—Estoy convencido de que la búsqueda de la pieza que nos falta para completar el puzle para la comprensión de la existencia es innata en cada persona y dentro del organismo vivo del cual todos nosotros formamos parte. Aunque también pienso que tal vez somos la especie que más alejada está del saber y del lugar donde realmente le corresponde estar. —De repente me di cuenta de que me desviaba del tema y me callé—. ¡Hum…! No sé si he respondido a tu pregunta. Os pido disculpas. Podría estar hablando horas y horas de las intuiciones que motivaron mi búsqueda y de mi búsqueda de respuestas, que a día de hoy continúa.

—Y en este momento, ¿en qué fase del proceso de búsqueda te encuentras, Marc? —quiso saber Mister Mam.

—Pregunta difícil… Incluso me la suelo hacer yo, aunque, sinceramente, ni lo sé ni me importa. Es más, tal vez la respuesta no sea una frase o una palabra, algo que me permita decir: «Ya lo sé». Tal vez la respuesta sea sentarme a meditar y estar ahí, estar bien, sin pretender saber, sin necesitar nada, sin que surja nada. —Reflexioné un instante—. Sí, creo que esa es la respuesta.

—Sí, Marc, te entiendo. Sé lo que quieres decir. Todos tenemos nuestro proceso y este depende de los condicionantes de cada uno, que son muchos y variados. Por ello, el camino de la búsqueda hacia «el encuentro» es personal. No obstante, a medida que te vas adentrando en él, este se hace más amplio y más común, porque partimos de diferentes lugares, pero la meta es la misma para todos, de modo que, en un momento dado de la experiencia, todos convergemos en el mismo lugar. —Volvió la cabeza para mirar a su sobrina—. ¿Y tú, Nid, qué piensas de lo que ha dicho Marc?

—Lo entiendo, y creo que lo comparto. No es fácil expresarlo, ya que es una sensación y en mi caso viene y va. O sea, que a veces aflora con claridad y a veces parece que esté escondida.

—¿Se podría decir que es una emoción? —preguntó Pol, dejando al fin oír su voz.

—Buena pregunta, Pol —admitió Mister Mam.

—Para nada, Pol —me apresuré a contestar.

—Vaya, esto se pone interesante… La visión de la psicología *versus* la visión de la espiritualidad —saltó *lung* Mam.

—Yo no utilizaría el término «espiritualidad» —repliqué al instante—. No sería correcto por sus connotaciones. «Espiritual» implica un componente mágico, sobrenatural, fuera de lo común, y nada más lejos de la comprensión, ya que esta te lleva a relacionarte contigo mismo y con todo lo que te rodea, de una manera amable e integradora.

—Pues yo no veo que sean incompatibles —repuso Pol dirigiéndose a Mister Mam—. Es más, creo que pueden ser visiones complementarias.

—Para mí, está claro que son abordajes distintos —apuntó Nid—. La psicología trata las emociones, las aborda, incluso las disecciona, mientras que el abordaje de la autocomprensión no las tiene en cuenta, no les otorga solidez alguna.

—Pero estaréis de acuerdo conmigo en que hay abordajes espirituales, y dejadme utilizar esta palabra, en los que se tienen muy en cuenta las emociones. Incluso diría que, sin estas, algunas dejarían de tener sentido —aseguró *lung* Mam.

—Entiendo que te refieres a los abordajes teológicos, en los que la base son el bien y el mal —puntualicé—, dado que las emociones tienen la misma base: a cada emoción positiva le corresponde una negativa.

—En cualquier caso, tales abordajes son más que eso, ¿no crees? —objetó *lung* Mam.

—Sí, es cierto, pero ese dualismo es una parte importante de su credo.

—Sin la menor duda, Marc. No obstante, estos últimos años he oído hablar de abordajes teológicos dualistas que incorporan, o aseguran que incorporan, técnicas no dualistas que dicen que son zen —añadió *lung* Mam.

—¿Zen? —solté incrédulo—. Pues no tienen ni idea de lo que es el zen, porque el zen de por sí no existe. «Zen» proviene de la expresión *za-zen*, que es la práctica de la meditación sentada, la base del budismo Mahayana del Japón, y *zen* de la palabra china *chan*, que, a su vez, proviene de la palabra sánscrita *dhyana*, y todas ellas vienen a significar «absorción meditativa». En fin, no quiero daros una charla sobre las escuelas budistas japonesas, que hay muchas y muy interesantes. Lo que quiero decir es que la práctica del budismo zen se basa en el Sutra del Corazón de la Sabiduría, y este sutra, que para mí es increíble, tienen como base la enseñanza de la vacuidad Inter-dependiente y la no dualidad. Por tanto, si tu abordaje es dualista y con un ente permanente en la cual se basa todo tipo de existencia, es posible que utilices una herramienta de concentración y a esta la llames meditación, pero os aseguro que poco tiene que ver con el budismo zen. No pongo en duda que todo ayuda y que, cuantas más herramientas, más opciones tendremos de alcanzar nuestro objetivo, pero si esto no se explica ni se entiende bien, puede llevar a confusión.

—¿Y qué piensas sobre las técnicas de *mindfulness* que se emplean en algunas terapias dentro de la psicología? —quiso saber Pol.

—De entrada, como ya he dicho, y no puede ser de otra manera, cualquier herramienta que pueda ser de utilidad para mejorar la armonía de las personas no debe parecer mal a nadie. Dicho esto, el *mindfulness* o la atención plena es una técnica de absorción meditativa común a casi todas las escuelas budistas. Es evidente que es inconcebible una meditación sin una atención plena. Ahora bien, la técnica, que no es lo mismo que la meditación, tiene dos patas o soportes, como las ruedas pequeñas que colocan a las bicicletas cuando estás aprendiendo a ir en bici para no caerte, ya sabéis a lo que me refiero.

—Sí, sí, claro. Todos hemos aprendido a ir en bici con la ayuda de esas ruedas pequeñas —contestó Pol mientras el resto asentía.

—Entonces estaremos de acuerdo en que, cuando llevas las ruedas pequeñas, eso no es propiamente ir en bici, sino que ir en bici es cuando ya no las necesitas y puedes montar sin ellas con tranquilidad y seguridad. Pues bien, para meditar, esas dos «ruedas» son la relajación y la atención, máxima relajación con máxima atención. Cuando lo consigues, ¿eso es meditación? No, a partir de ahí, de cuando ya no necesitas las ruedas pequeñas, puede empezar la práctica en la meditación, y esta práctica se inicia con el proceso de observación de todos y cada uno de los movimientos y/o procesos psicofísicos del meditador, que con dicha observación se da cuenta o adquiere la conciencia de que todos esos movimientos, pensamientos y sensaciones condicionan y alteran su experiencia vital. La cuestión no es que los pensamientos discursivos sean buenos o malos, ya que en sí mismos no lo son, pues son inconsistentes, vacíos, como humo o nubes. Quien los etiqueta como buenos, malos o neutros y les da una validez de realidad eres tú con tus condicionantes. Sin embargo, cuando te das cuenta de eso, empiezas a soltar, es decir, a observarlos sin etiquetarlos, lo que, de entrada, te permite tener una visión menos condicionada y, por tanto, más amplia de ti mismo y de todo aquello con lo que te relacionas.

—Te entiendo, Marc —dijo Pol—, pero ¿adónde quieres llegar? A ver, tengo claro que un pensamiento, sensación o situación, en función de mis condicionantes personales, puede alterar mi realidad y, en muchas ocasiones, provocar sufrimiento y generar un trastorno psicológico. Y utilizo este término porque en mi profesión consideramos que la mayoría de los trastornos, es decir, salvo los que tienen un origen físico y no psíquico, llevan a la inseguridad, y esta al miedo, al pánico, y ahí es donde se origina el trastorno psicológico, pero ¿es ese el objetivo del *mindfulness*, ser terapéutico?

—Chicos, esto se está poniendo muy interesante —comentó Mister Mam con una sonrisa de satisfacción.

—No, por supuesto que no —se apresuró a contestar Nid, haciendo caso omiso del comentario de su tío, pues la conversación había derivado hacia el terreno que mejor conocía—. Si bien es cierto que el *mindfulness* es una herramienta a la que se le puede dar un buen uso en el día a día, como únicamente tenga un fin terapéutico con el propósito de corregir un malestar psicológico, solo actuará de contrapeso de ese malestar y, evidentemente, el problema de fondo seguirá estando, aunque lo escondas bajo la alfombra. Y otra cosa muy importante: el *mindfulness* o la plena atención consciente no pueden convertirse en una obsesión, ya que te puedes meter en un bucle de ansiedad, con lo cual pasarían de ser una práctica de apertura a un pensamiento obsesivo.

—Yo no podría haberlo expresado mejor —comentó Pol sonriendo a Nid.

—Bajo mi punto de vista —añadió ella—, no se debe mezclar la solución de un problema psicológico con la búsqueda de la autocomprensión. Es fácil la confusión porque el terreno en que se trabaja es el mismo, pero el punto de partida y la finalidad no tienen nada que ver.

—Así es, Nid —admití—. Y ahí es donde el terapeuta debe explicar bien la herramienta que utiliza y a la que llama *mindfulness*, y no dejar de comprobar que se está entendiendo correctamente. De lo contrario, puede llevar a una mayor confusión. Por otra parte, entiendo que todos tenemos claro que el psicoterapeuta o el guía espiritual no pueden conducir a nadie más allá de donde esa persona haya podido llegar, por mucho que haya estudiado o leído al respecto.

—Desde luego —indicó Pol—. Y, como apasionado de mi trabajo e incansable investigador, permitidme añadir que la visión de la psicología está cambiando, lo que sin duda nos llevará a aplicar otros métodos terapéuticos, y eso es incuestionable, ya que que el tema de la mente está dando un giro increíble. Y eso que la investigación neurocientífica está en pañales…

—¿Un giro en qué sentido? —preguntó Mister Mam.

—Sin ir más lejos, el estudio de la mente, a la que la ciencia apenas daba importancia, es hoy día uno de los principales temas de investigación, y cada vez lo será más. Y muchos e interesantes resultados de estas investigaciones se acercan y coinciden con las investigaciones llevadas a cabo por los abordajes de la autocomprensión no dualista, como, por ejemplo, que los practicantes de meditación pueden regular y evitar reacciones emocionales automáticas, como el enojo, la impulsividad, etc. Y lo que es más interesante todavía: al parecer, el efecto perdura incluso cuando la persona no está meditando, es decir, en la vida cotidiana.

—De acuerdo, Pol, pero el hecho de coincidir y encontrar sinergias no implica ponerlo todo en el mismo saco —repuse.

—Está claro, Marc. Y estoy de acuerdo contigo en que el punto de partida y la finalidad son totalmente distintos —aclaró Pol.

Tomó la palabra Nid.

—Por mi parte, y creo que Pol estará de acuerdo conmigo por lo que acaba de comentar, considero que la psicología ha tenido avances muy relevantes los últimos años, ya que los estudios e investigaciones en el campo de la neurociencia están cambiando el lugar que ocupaba la mente para darle más protagonismo e importancia, si bien es cierto que la neurociencia es una disciplina muy reciente y, a pesar de los múltiples estudios, la información de la que disponemos aún es escasa. Aun así, creo no equivocarme al afirmar que cerebro, mente y cuerpo están entrelazados y que estos «elementos» están interrelacionados, aunque cada uno tiene sus peculiaridades. Hasta hace poco se creía que la mente estaba sujeta al cerebro, y no siempre es así. Está claro que un problema en el cerebro físico o algún desorden bioquímico del cerebro afecta directamente a nuestra mente, es decir, a la manera de percibir los entornos, situaciones, emociones, pero también está claro que la manera de percibir de nuestra mente, que está condicionada por un sin fin de «impactos», afecta directamente y puede llegar a cambiar nuestra red neuronal.

—Totalmente de acuerdo —señaló Pol.

—He tenido la suerte de asistir a conferencias de la doctora Lisa Feldman Barret y os aseguro que sus hallazgos os sorprenderían. Ha publicado varios libros. Con mucho gusto puedo pasaros las referencias. También os sorprenderían los estudios del profesor Anil Seth, neurocientífico, sobre la conciencia. Ellos y muchos más investigadores de diferentes disciplinas que centran sus investigaciones en la mente, e incluso historiadores, cuando proyectan en futuro, explican que un hecho pasado tiene en cuenta los condicionantes mentales, y eso, sin duda, afecta a las acciones.

—Este tema es superinteresante —intervino enseguida Pol—. Además, parece como si diferentes disciplinas que no tienen que ver unas con otras estén interrelacionadas. Quien me hizo pensar en todo este embrollo de la mente fue el profesor Yuval Noah Harari a través de sus libros, ya que la manera de explicar los hechos pasados o los posibles del futuro me llevó a descubrir una manera nueva y fresca de comprender los entornos que nos condicionan. No debemos olvidar que somos un organismo vivo y que el instinto básico de cualquier organismo vivo es la supervivencia por encima de cualquier cuestión. Y es muy posible que el don que se nos ha dado, y me refiero a lo que llamamos inteligencia, que ha sido, es y será mal utilizado, en vez de llevarnos a una claridad nos lleva a una confusión, y que nuestra esperanza es que la evolución de todo el universo, y ahí estamos nosotros incluidos, nos lleve a una mejor utilización de ese don y, por tanto, a tener más claro nuestro propósito vital, que, sin entrar en cuestiones «espirituales» —señaló mirándome de reojo—, es nuestro objetivo.

—Muy interesantes vuestros comentarios —dijo Mister Mam—. Y ahora os lanzo otra pregunta. El hecho de que la psicología busque, digamos, solucionar un estado emocional perjudicial para proporcionar bienestar por medio de unas terapias, ¿os parece suficiente? ¿No creéis que es quedarse a medias?

—Pol, cuidado con las preguntas de *lung* Mam —advirtió Nid—. Le encanta encontrar los puntos débiles en cada argumento.

—Descuida Nid, —repuso Pol—. La pregunta de tu tío tiene sentido. Es más, creo que la psicóloga y neurocientífica la intenta contestar cada vez que investiga y crea nuevas herramientas. Yo también he seguido los estudios de la doctora Feldman Barret, del profesor Seth y de muchos psicólogos, psiquiatras y neurocientíficos que, a mi modo de ver, no se limitan a cumplir su función dentro de su disciplina profesional, es decir, a aplicar una terapia de solución a una emoción mal entendida, sino que aplican técnicas o métodos que proporcionen una visión más amplia a los pacientes o, mejor dicho, a los interesados, porque tal vez, y solo tal vez, el malestar de una emoción mal entendida, que puede manifestarse como ansiedad, TOC, etc., es una respuesta de tu mente a algo que le falta, que no encaja, y el resultado es la desesperación, que lleva a la confusión en forma de ansiedad y demás.

—Coincido contigo, Pol —aseguró Nid.

—Este es el planteamiento o línea de pensamiento que, de forma consciente o no, la nueva visión de la psicología está incorporando a su método de trabajo —prosiguió Pol—. Aunque Marc le ponga pegas, el hecho de incorporar el *mindfulness* a la terapia por parte del doctor Jon Kabat-Zinn, o la técnica de los cuatro pasos del psicólogo Rafael Santandreu para solucionar estados de ansiedad, bajo mi punto de vista son acercamientos a métodos con base en técnicas de autoconocimiento milenarias y utilizadas en abordajes «espirituales». —Pol me miró con intención—. Ya sé que la palabrita no te gusta, Marc, pero pónmelo fácil.

—¿Y qué dice a esto mi sobrino Marc? —me preguntó *lung* Mam.

—Me parece muy interesante lo que comentan Nid y Pol. Y estoy de acuerdo en que la psicología, la psiquiatría y la neurociencia se enfoquen a una mayor búsqueda y comprensión del objetivo existencial. Además, estoy convencido de que la evolución o, lo que es lo mismo, el desarrollo de las habilidades humanas, forma parte de la propia evolución y va en busca de dicho desarrollo. Ahora bien, sin que una se mezcle con la otra, pues cada cosa tiene su camino y debe evolucionar según su base y objetivo, aunque en un momento dado todas confluirán en un mismo punto.

Hubo un silencio. Mister Mam carraspeó.

—Bueno, creo que ahora me toca a mí aportar algo a esta conversación tan interesante —comentó incorporándose en su asiento—. A propósito de lo que estáis comentando del punto de partida y la finalidad, os diré que eso es lo que da sentido a todo, lo que determina nuestras relaciones en cualesquiera de los ámbitos, es decir, que aquello que nos motiva condiciona el resultado. Intentaré ceñirme al tema de la meditación.

—Te escuchamos, *lung* —indicó Nid.

—Veamos, ¿cuál es la motivación en tu práctica? ¿Por qué te sientas a meditar insistiendo a diario e invirtiendo horas de tu valioso tiempo? ¿Qué buscas? ¿El control de tu mente y, de ahí, controlar tu cuerpo o doblar objetos? ¿O algo más complicado como, por ejemplo, encontrar la felicidad o desprenderte de lo que tú crees que es tu identidad? Ya no te pongo el ejemplo de la relajación o de tranquilizar tus emociones negativas, ya que son etapas muy básicas y que no requieren absorción meditativa. Y en cuanto al control mental, tal vez te permitirá llegar a ser un famoso prestidigitador, pero poco más, porque, por mucho que otras opciones pasen por delante de tus narices y las tengas a tu alcance, tu mente no estará abierta a percibirlas.

—¿Y la búsqueda de la felicidad no sería una motivación? —preguntó Pol.

—Cuando alguien utiliza esta palabra, me muero de curiosidad por saber qué quiere decir, porque es sorprendente el significado que cada persona le da. Existen miles de definiciones distintas para eso que llamamos «felicidad». Sin embargo, curiosamente, cuando se trata de definir lo opuesto, la infelicidad, existe una tremenda coincidencia. Me pregunto por qué las desgracias o lo negativo nos une y, al contrario, por qué los éxitos o los logros positivos nos separan y distancian. Me gustaría que vosotros, los psicólogos, me dierais una respuesta razonable.

—Cuando gustes —contestó Pol.

—Y, por último, está la meditación en busca de un encuentro al margen de cualquier condicionante. Ahora bien, si tienes como única herramienta tu criterio o tu intuición o tu lo que sea, tus posibles logros en esa búsqueda estarán limitados a tus condicionantes. Y a propósito de la búsqueda, me gustaría recordaros que nuestro referente, Siddhartha Gautama…

—Buddha Shakyamuni —puntualicé.

—Exacto. Pues bien, Buddha Shakyamuni, a pesar de sus atributos personales y sus intuiciones, fue en busca de maestros que le orientaran en su búsqueda, de quienes recibió instrucciones y enseñanzas. Por lo tanto, está claro que necesitamos un guía que nos indique el camino, con el fin de que eliminemos en cada paso nuestros condicionantes personales para abrirnos a una visión no condicionada y sin límites, ya que el camino es la no dualidad junto con el vacío de la impermanencia, y cada paso en la búsqueda te acerca a esta experiencia.

Mister Mam se calló. Tenía la mirada concentrada en sus pensamientos. Nid, Pol, todos permanecimos callados ante un hombre que infundía a la vez respeto y admiración.

—Marc —prosiguió—, piensa que tu supuesta identificación, aquello que tú crees que es tu identidad y que está basado en tus condicionantes, que surgen de tus expectativas y traumas emocionales, limitan y condicionan tu existencia. Por ello, necesitas la orientación de alguien que haya transitado antes por ese sendero. Tal vez la meditación en sí no te solucione muchas cosas ni te proporcione las respuestas que necesitas, ya que es una herramienta y, como tal, depende de cómo la uses y para qué la uses: qué es lo que buscas, qué es lo que te falta, qué es lo que no encaja en tu experiencia vital... Para mi está claro: es tu errónea percepción de estar separado de todo y todos, tu convicción de que eres un ser separado del resto y no puedes controlar lo que tú crees que es tu existencia. Eso te genera inseguridad, y la inseguridad, pánico, de modo que, para contrarrestar ese pánico, creas las emociones, a las que llamas equivocadamente positivas y negativas, y a partir de ahí se crea tu realidad condicionada. Sin embargo, tienes un no sé qué en tu interior que te llama a unirte. Por eso crees que eres más de lo que tu cuerpo refleja, más que tus pensamientos, más que tus emociones o que tu intelecto, y poco a poco vas avanzando en esa, digamos, percepción intuitiva que, a pesar de los retrocesos y de tus fuertes y convincentes negaciones, continúa estando ahí. Esa es la unión no dual, que no tiene contrastes. Algunos maestros y eruditos lo llaman «un solo sabor», «el uno sin dos», y esta unión te lleva a la visión de la impermanencia, ya que toda apariencia está vacía, es decir, no tiene solidez permanente por sí misma: los átomos de la materia surgen y desaparecen sin cesar, las células de tu cuerpo, tus pensamientos..., todo es un continuo cambio. Nos parece que todo permanece y que tiene sus propias cualidades, que lo hacen estable en cada momento, pero estas cualidades cambian constantemente. Tú mismo no eres el de ayer; eres un cambio continuo y permanente. Y resulta curioso que los cambios te provoquen miedo e inseguridad, y con ello ansiedad. Cuando tú eres el cambio, eso desarrolla tu existencia, y en cada instante el cambio te abre a nuevas oportunidades. Así que ábrete, suéltate.

Nos quedamos absortos escuchando las explicaciones de Mister Mam.

—*Lung*, me gustaría que nos expusieras tu punto de vista respecto a la interrelación entre no dualidad e impermanencia.

—Buena pregunta, sobrina, aunque la respuesta es en extremo sencilla, puesto que ambas cuestiones son sencillas. La no dualidad y la impermanencia en sí son básicas, ya que las cosas, los hechos y los sucesos, que son un continuo, que surgen y desaparecen dentro de ese continuo impermanente, están vacías. Quien las etiqueta es tu mente, y no según su realidad, sino según tus condicionantes, por lo que impermanencia y no dualidad van unidas. Todo lo que no es unidad crea la ficción de la dualidad permanente. Ya lo decía Heráclito…

—¿Te refieres a lo de las aguas del río? —preguntó Pol.

—«Nadie se baña en el río dos veces porque todo cambia en el río y en el que se baña» —añadí citando al filósofo de Éfeso.

—Sí, eso es. Gracias, Marc —me dijo *lung* Mam inclinando la cabeza—. Pues bien, como sabéis, Heráclito vino a decir que lo que define la realidad es el cambio constante, y para explicarlo utilizó la metáfora del río: un flujo constante de agua que nunca vuelve a repetirse, si bien a los ojos puede parecer que siempre es la misma agua. No obstante, el agua que observas en un punto determinado del río es nueva y no se repite, de modo que, en un punto de observación determinado, el agua está surgiendo en el aquí y ahora sin estar sujeta a de dónde viene y adónde va, con lo cual podrías decir que es atemporal. Así pues, si tu conciencia, tu atención plena y total es ahora, este preciso instante no tiene ni pasado ni futuro ni está condicionado.

—Pero, *lung* —interrumpió Nid—, entonces el karma, que es la ley de causa y efecto, en el instante de atención plena, en el aquí y ahora, ¿deja de existir? Me refiero… ¿Desaparece? ¿Cambia? Porque, dentro de las enseñanzas, la ley de causa y efecto es una base importante a tener en cuenta, ¿no es así?

—Así es, Nid —se apresuró a contestar Mister Mam—. Esta ley se tiene en cuenta en cualquier precepto ético, ya sea de orden religioso o social. La base es que todo lo que haces tiene una repercusión en ti y en los demás o en tu entorno, y esa repercusión va en función del hecho. Es bastante evidente, ¿no?

Asentimos todos a la vez.

—No obstante, no solo las acciones tienen repercusiones futuras, sino también la intención, que, me atrevería a decir, a veces es mucho más importante o tiene mayor repercusión que los hechos. Sí que podemos pensar que la causa y su efecto no tienen que ser contrarios, por lo que no son dualistas, y eso más o menos sería cierto… Bueno, no exactamente cierto, pero podría dar esa impresión. Sin embargo, si una causa lleva a un hecho, son interdependientes, y eso no es uno sino dos, con lo que, mis queridos jóvenes, me temo que el karma es dual.

Nos miró y levantó las cejas como interrogándonos. Nadie dijo ni mu.

—De todos modos —prosiguió—, eso no quiere decir que no lo tengas en cuenta o que sea menos importante en el camino de la autocomprensión. Ahora bien, cuando llegas, cuando por fin y sin merecerlo cruzas la puerta y todo en tu mente es comprensión clara y sin sombras, ahí el karma no existe, ya que todo es ahora, ahora, ahora, este preciso instante infinito. —Suspiró—. A menudo pienso que la verdadera utilidad de la imaginación es poder percibir, vislumbrar o intuir ese instante. El problema es que se confunde la imaginación con la fantasía. Sin embargo, tened en cuenta que las ideas que han promovido el desarrollo de la humanidad no han surgido de la inteligencia racional, sino de la imaginación. En definitiva, la respuesta a la pregunta en cuestión es que impermanencia y no dualidad van unidas.

Nos quedamos todos callados.

—Y volviendo a Buddha Shakyamuni, ¿sabéis que la palabra «budismo» no es originalmente budista? —añadió Mister Mam para animar la conversación.

—¿Ah, no? —preguntó Pol, desconcertado.

—La acuñaron unos etnólogos y filósofos occidentales en el siglo XVII o XVIII. Antes, a los que ahora llamamos budistas se les denominaba «seguidores del Dharma», una palabra que tiene un montón de significados: religión, enseñanza, ley natural, naturaleza, conducta correcta, virtud, aquello que sostiene o mantiene unido, verdad, algo establecido o firme. En el caso de deidades, tiene el sentido figurado de sustentador, apoyo. Y en sentido más abstracto es similar al término griego *nomos*, es decir, norma fija, estatuto, ley. Todo ser humano tiene un *dharma* o deber supremo cuando ejecuta sus actos, y es utilizar la acción para realizarse interiormente. La misma naturaleza tiene también su *dharma*, su deber: el sol, iluminar y dar vida; los animales, entre otros, servir de alimento a sus depredadores, y estos a los siguientes en la cadena alimenticia, con el fin de preservar la vida. El *dharma* más alto del ser humano es el conocimiento de sí mismo, la autorrealización o autocomprensión.

Mister Mam tomó un sorbo de su refresco. Nid cogió el móvil y miró la pantalla.

—Perdona, *lung*, pero es tarde —señaló Nid—. ¿Podrías enseñar tu biblioteca museo a Marc y a Pol?

—¡Desde luego! Estaré encantado de enseñaros mi pequeño rincón de cosas que he ido recopilando y guardando durante años. Pasad por aquí o… mejor seguidme.

Mister Mam se dirigió hacia el interior de la casa y el resto le seguimos en un orden perfecto. Pasamos varias estancias y bajamos unas escaleras hacia lo que parecía ser el sótano de la mansión. Por todas partes había miembros del personal. Resultaba difícil distinguir si era personal de servicio o de seguridad, hasta que bajamos al sótano, que estaba repleto de cámaras de videovigilancia. Ya no había duda: todo el personal era de seguridad, porque iba armado. Llegamos ante una gran puerta blindada, situada unos dos pisos por debajo de la planta baja y custodiada por cuatro hombres armados hasta los dientes.

—Bien, es aquí. Debo pediros que nos entreguéis los teléfonos móviles o cualquier otro aparato electrónico, pues no se puede entrar con ellos —señaló Mister Mam.

Antes de que acabara la frase, el personal de seguridad ya nos estaba cacheando y comprobando que no lleváramos ningún aparato electrónico.

—Ruego me disculpéis, pero es totalmente necesario —insistió Mister Mam.

Miré a Nid con extrañeza, ya que todo me parecía exagerado y me sentía incómodo, como si estuviéramos haciendo algo que no debíamos, pero, por lo visto, yo era el único que tenía esa sensación. Pol, en cambio, parecía encantado, inmerso en ese entramado misterioso que le fascinaba, y Nid no paraba de mirarme y sonreír. Era evidente que yo era el único al que toda esa parafernalia le hacía sentirse incómodo, de modo que decidí estar abierto a lo que pudiera surgir.

Una vez cumplido el protocolo de seguridad, entramos en la sala. Era gigantesca, llena de estanterías repletas de libros y manuscritos, de estatuas de todos los tamaños y de diferentes tipos de ornamentos, todos ellos desordenados, o esa fue mi primera impresión.

—Marc, ven aquí. ¿Qué te parece este escrito? —me dijo Mister Mam, sosteniendo en las manos un manuscrito.

Me acerqué de inmediato.

—¡Es el Satipatthana Sutta! —exclamé.

Al tocar el manuscrito, mi sorpresa se desvaneció de repente, ya que, si bien era el manuscrito del Satipatthana Sutta, no era el mismo que yo había estudiado día tras día en mis años en el *wat*. Con solo tocarlo, me di cuenta de que la textura del papel, el color, la tinta no eran iguales, pero la copia era extraordinariamente buena.

—Es increíble, es una copia perfecta.

—Debes de conocerlo muy bien para darte cuenta de que es una copia.

—Ya… No es solo por el papel, la tinta y demás, sino también por los comentarios del texto de los diferentes maestros. Esta copia tendrá, ¡hum…!, unos veinte comentarios, ¿no?

—Más o menos. Para ser exacto, tiene veintidós —contestó Mister Mam.

—El original que yo estudiaba tenía setenta y cinco, y es posible que se haya añadido alguno más después de mi estancia en el *wat*.

—Muy bien, Marc, te acabas de ganar el puesto de experto. No mucha gente es capaz de distinguir si este manuscrito es original o una copia. Y de paso me acabas de liberar de las sospechas de la policía, y en especial de mi querida sobrina Nid —comentó Mister Mam, satisfecho.

—*Lung* Mam, sabes que siempre serás mi sospechoso favorito —repuso Nid con una amable sonrisa.

—¿Y qué opinas de este manuscrito, Marc? Míralo bien —me pidió Mister Mam mostrándome un libro.

Me acerqué un poco para verlo mejor. Era un libro de gruesas tapas que protegían su contenido. En la portada, y en color rojo muy bien conservado, pude ver un escrito en sánscrito, *Prajñāpāramitā*, «la perfección de la sabiduría». Lo toqué, lo ojeé detenidamente pasando las páginas con mucho cuidado, leí párrafos al azar y alcé la vista. Todos me miraban esperando que hiciera algún comentario.

—¡Es increíble! —exclamé.

—¿Increíble el qué? —saltó Pol, intrigadísimo.

—Pues… pues que este libro igual tiene más de dos mil años.

—¿Cómo puedes saberlo? —me preguntó Pol.

—Por el tacto del papel, por el sonido al pasar sus páginas, por su tinta, su color, su olor y por cómo está escrito. No olvides que en el *wat* dediqué mucho tiempo al estudio de diferentes sutras y de diferentes escuelas, y además con la inestimable ayuda de mi tío, que es todo un erudito en estos escritos. —Me volví hacia *lung* Mam—. ¿Cómo es que tienes este tesoro? ¿Cómo lo conseguiste? Es prácticamente imposible que exista, porque…

—Mi querido sobrino —me interrumpió *lung* Mam—, como os he comentado, muchos manuscritos de la Gran Biblioteca de Nalanda pudieron ser salvados gracias a la labor de algunos monjes, que arriesgaron su vida para rescatarlos y luego los ocultaron y trasladaron a lugares seguros. Este en concreto tiene su historia, ya que fue rescatado por un monje chino llamado Xuanzang.

—Sé muy bien a quién te refieres —señalé entusiasmado—. Conozco muchas historias y escritos de este erudito, un monje budista chino. Además, fue un viajero incansable, de modo que es posible que este manuscrito haya recorrido toda Asia. Es el más antiguo de los Prajñāpāramitā Sutta, una colección de unos cuarenta textos que constituyen la base llamada Astasahasrik Prajñāpāramitā Sutta, «el sutra de la perfección de la sabiduría en ocho mil líneas». Este manuscrito es el que da origen a todo el movimiento Mahayana, que significa «gran vehículo». Todo aquel que se considere seguidor de la escuela Mahayana debe conocer este sutra. Más que conocerlo, estudiarlo en profundidad. Yo lo habré leído muchísimas veces, y cada vez que lo leo me sorprende.

—Ahora que mencionas lo de «gran vehículo», quisiera saber tu opinión, Marc. Hay quien utiliza el término Hinayana, o sea, «pequeño vehículo», para referirse a las escuelas budistas de los antiguos. ¿No te parece que suena un poco despectivo?

—Sí, y me duele que usen esta expresión para referirse al budismo Theravada. Una cosa es que el estudiante que sigue un credo, una escuela, una línea o un maestro esté convencido de que es el mejor, y otra es desmerecer las otras alternativas. Creo que hay gente que tiene conceptos equivocados por ignorancia. La escuela Mahayana no surge por contraposición a la Hinayana, sino, precisamente, a partir de la enseñanza del Prajñāpāramitā Sutta. Además, el objetivo es el mismo, y el mismo maestro con independencia de la escuela o linaje.

—Entonces ¿la creencia no importa? —intervino Pol.

—Pol, eliges un camino u otro dependiendo de tus características personales. Tanto un camino como otro pueden favorecer la comprensión e integración del Dharma en tu vida, y debemos apoyarnos los unos a los otros para que así sea, dado que tu avance en la comprensión del Dharma favorece mi progreso en la autocomprensión, pues el logro de uno es el logro de todos, ya que, sin duda alguna, todos formamos parte de la misma *sangha*, y esta comunidad no está limitada por la pertenencia a un credo, escuela o linaje concreto: todos y cada uno de los seres humanos, conscientes de ello o no, formamos parte de esa comunidad.

—Marc, ¿estás diciendo que da lo mismo cuál es tu creencia? —insistió Pol.

—Esto se pone interesante… —comentó Mister Mam.

—Dicho así, suena un poco radical, Pol, pero en esencia sí, porque, al fin y al cabo, un credo, una emoción, una pasión o una alteración química no son más que medios para alcanzar lo que todos buscamos: la plenitud.

—Plenitud…, bonita palabra —observó Mister Mam

—Sí, y digo «plenitud», no «felicidad», porque el concepto felicidad es más ambiguo, más subjetivo.

—Sí, eso ya lo hemos comentado —intervino Nid.

—Todos los seres humanos estamos faltos de plenitud —proseguí—, y eso nos produce una constante insatisfacción, por lo que, de forma consciente o inconsciente, empezamos a buscar esa plenitud. Todos estamos ahí, en esa búsqueda.

—Coincido contigo, Marc —añadió Mister Mam—. Es más, creo que las clasificaciones nos separan, nos encasillan en un grupo determinado. Al fin y al cabo, todos somos buscadores.

—Por eso, quienes tienen la fortuna de ser conscientes de esa búsqueda deben devolver ese regalo ayudando con una actitud amable, cariñosa y de unidad a los que no son tan conscientes de la búsqueda. Fijémonos en el Bodhisattva: él no quiere obtener la autocomprensión final hasta que todos los seres sin excepción puedan alcanzar antes el Nirvana. Y la figura del Bodhisattva no solo está presente en el movimiento Mahayana, sino también en todas las demás escuelas budistas.

—Interesante, me encanta esta conversación, pero permitid que os muestre otros manuscritos y objetos de mi colección. Como ya os habéis dado cuenta, algunos son piezas únicas y de un valor incalculable —comentó Mister Mam.

—*Lung*, no quisiera ofenderte, pero todas estas adquisiciones ¿son legales? —pregunté.

—Será mejor que responda Nid, ya que ella es la especialista en este tipo de objetos.

—Bueno… Más que legales, se podría decir que son «no ilegales», ya que es muy difícil certificar su autenticidad porque solo podrían hacerlo cuatro personas en todo el mundo, por lo que cualquier intento de demostrar que uno de esos objetos es ilegal o ha sido adquirido ilegalmente sería en vano sin la colaboración de dichos expertos —contestó Nid.

—¿Y quiénes son esos expertos? —pregunté con curiosidad.

—Pues de los cuatro conoces a tres. El primero es tu tío *achan* Anuruddha; el segundo, mi padre; el tercero, *lung* Mam, y el cuarto no lo sabemos con certeza, ya que solo lo conocen ellos tres.

—¿Qué quieres decir, que lo mantienen en secreto? ¿Que lo tienen escondido? —repuse.

—No, ojalá fuera eso. Me temo que es más complicado. Además, ten en cuenta que uno de esos tres expertos es mi padre, cuya responsabilidad como jefe de un departamento de la policía le impediría ocultar esa información. Es más, lo obligaría a compartirla con el departamento y conmigo, que, además de formar parte de este, soy su hija.

—Tiene razón —señaló Pol.

—Esa pregunta debería contestarla *lung* Mam —sugirió Nid—, puesto que lo conoce. ¿No es así?

—Sí, así es, lo conozco. Lo conocemos los tres, pero es complicado indicar su identidad... A ver cómo lo explico... —Miró hacia arriba unos segundos, pensativo—. Como sabéis, nosotros tres éramos hermanos inseparables. Teníamos, y tenemos, diferentes visiones, pero un mismo objetivo, y eso lo valorábamos en positivo, ya que el punto de vista de uno enriquecía la visión y comprensión del resto. Si tuviera que indicar la característica principal de cada uno de nosotros, diría que la de *achan* Anuruddha es la dedicación, pues para él todo está relacionado con el Dharma, todo es Dharma. *Achan* Anuruddha tiene muy claro que la existencia del universo y lo que forma parte de este es la unión en el cambio hacia un mismo y único elemento; de ahí su elección de ser un monje dedicado a esa comprensión. La del padre de Nid es el análisis, porque no acepta nada de por sí; cualquier argumento, venga de quien venga, lo desmenuza, lo despedaza y lo somete a un análisis y a una crítica objetiva. Para él, en el universo o la fuerza de la existencia a la que llamamos Dharma, nada surge porque sí o desaparece porque sí; todo es aparentemente un conjunto de miles y miles de millones de piezas que encajan a la perfección unas con otras a través de un mismo hilo conductor, y a la vez todas ellas son una única unidad; de ahí su elección de estar continuamente analizando. Esa es su misión en el departamento de policía, y estoy seguro de que tú, Nid, has heredado parte de esa habilidad. Y en tercer lugar estoy yo. ¿Cuál es mi característica? La búsqueda continua y permanente, sin descanso. Algo así como cuando estás leyendo un libro poco interesante: continúas leyendo porque estás convencido de que en la página siguiente está el desenlace de la historia, la clave del porqué, y de que cada movimiento, todo lo que sucede, ya sea bueno, malo o neutro, surge para dar sentido a esa búsqueda. La diferencia no está en lo que ves o en lo que aparece o desaparece, sino en ti, en cada uno de nosotros. Cada uno de estos manuscritos y objetos me ha llevado al siguiente, todos y cada uno de ellos mantiene mi búsqueda viva, y a mí atento, despierto; de ahí mi elección de buscar y encontrar la pieza que me lleve a la siguiente en esa búsqueda continua…

Dicho esto, *lung* Mam, se quedó en silencio y entró en una especie de introspección meditativa. Los demás comprendimos su necesidad de conexión y la respetamos con nuestro silencio. Al cabo de un tiempo que no sabría concretar, *lung* Mam regresó y, juntando sus manos a la altura de la nariz, recitó una oración de agradecimiento.

—*Lung*, ¿y el misterioso cuarto personaje? —me atreví entonces a preguntar—. ¿Qué nos puedes contar de él?

—Pues bien, en primer lugar, no es él, sino ella.

—¿Una mujer? —preguntó Nid, sorprendida.

—Como os decía, los tres estábamos en constante conexión, practicábamos meditación juntos, íbamos a templos alejados que se encontraban en medio de la selva en busca de un manuscrito o de algo o alguien que diera respuesta a nuestras preguntas… Ya os he dicho que teníamos motivaciones distintas que enriquecían y complementaban nuestras experiencias y comprensiones, aunque a veces generaban fuertes discrepancias. No sé si conocéis un viejo dicho en tibetano que dice: «Si dos filósofos están de acuerdo, uno de los dos no es un filósofo; y si dos santos no están de acuerdo, uno no es un santo». El caso es que, a pesar de nuestra conexión, no estábamos haciendo algo bien en nuestra búsqueda de la comprensión, y el problema era que no nos dábamos cuenta.

Cierto día, durante una comida en la montaña en casa de unos campesinos, empezamos a discutir. De repente, la mujer que nos preparaba y servía la comida nos hizo callar. Los tres nos quedamos perplejos. Entonces ella nos miró, sonrió y nos dijo: «No es la razón, sino la comprensión. Si al espacio le creas distancias, creas el tiempo, y lo alejas de la razón de su existencia y de su verdadero significado, ya que eso no es mesurable». Los tres nos quedamos desconcertados, sin saber qué decir, pues no entendíamos a qué venía eso. Ella, al ver nuestras caras, continuó con su exposición: «Pero ¿cómo es posible que nos os deis cuenta? ¿Por qué os empeñáis en ver distancias? Vuestras diferencias son solo parte de una totalidad, como en la fábula del ciego y el elefante, que cada uno toca una parte del cuerpo del animal y cree que todo es igual. Vosotros tres transitáis el mismo camino, pero dais prioridad a vuestra característica personal. Sin embargo, la dedicación, el análisis y la búsqueda no deben estar separadas. Todo debe ser una única visión, ya que la búsqueda precisa dedicación y, sin una visión analítica, la dedicación no tiene sentido, ya que uno se pierde. ¿Y eso es todo? ¡No! Porque… ¿cómo unir esas tres visiones? ¿Cómo pueden ser uno? ¿Cómo se unen? ¿Cuál es el ingrediente que une? ¿Qué es lo que hace que los miles de millones de partículas que componen el universo se muevan al mismo ritmo y con un mismo sonido?». La mujer se quedó en silencio, nos interrogó con la mirada y añadió: «La respuesta es una palabra que explica que esto suceda y permanezca: compasión. La compasión no es una emoción ni un sentimiento, es una fuerza que ni se da ni se recibe porque formas parte de ella. Es la fuerza que une todo y a todos y nos hace uno, que está en continua y permanente expansión». Volvió a callarse y a mirarnos muy seria. Luego prosiguió: «Dejad vuestros sentimientos y sensaciones egocéntricos, a los que etiquetáis como buenos o malos y que están condicionados por vuestro karma. Entrad en la unión del vacío impermanente de la compasión y sed uno». Los tres nos quedamos en shock. ¿Cómo traducir o asimilar esas palabras? ¿Cuáles eran las bases lógicas en las que podían encajar? Compasión, unión, vacío, ni dar ni recibir, ni emociones ni sensaciones… Ella continuó: «Todo lo que tú crees que das o recibes es una percepción equivocada, es una confusión que crea tu ego en busca de su identidad separada del todo. Por ello, para subsistir, necesita la dualidad como reconocimiento de entidad, y necesita el contraste, ya que no puede existir lo bueno si no existe lo malo. Para existir, positivo necesita un negativo, lo que crea una continua insatisfacción. Yo no os doy las respuestas, sino las preguntas. Las respuestas las debéis dar cada uno de vosotros, ya que forman parte del camino. Cada paso debe acercarte a la percepción de unión con todo y con todos; a desprenderte de eso que llamas "identidad", que está formada por sentimientos, sensaciones y pensamientos condicionados por el pánico a no poder controlar tu existencia, dado que ignoras que la existencia va más allá de la vida y la muerte; y a abrirte a la única experiencia que no tiene contraste».

Como podéis imaginar, sus palabras nos trasladaron a un estado de visión y comprensión fuera de lo normal, o tal vez eso fuera lo normal. Fue como si nos hubiera subido a la cima de la montaña más alta, desde donde divisábamos un horizonte nítido y sin final. Un momento después nos indicó que nos cogiéramos de las manos para formar un círculo y añadió: «Mirad más allá de lo que percibe vuestra vista, escuchad los sonidos más allá de lo que perciben vuestros oídos, olfatead los olores más allá de lo que llega a vuestro olfato, sentid las percepciones de vuestro cuerpo más allá de vuestro sistema sensitivo, observad los objetos mentales que van y vienen más allá de su significado, uníos conmigo en esta sucesión de momentos con el movimiento de la respiración, dando espacio a todo lo que venga». —Mister Mam suspiró al recordar ese momento—. La absorción meditativa fue total. Todos al mismo tiempo formábamos parte de la unidad. Nuestra mente, que evita a cada momento el estado de calma engañándonos, interaccionando con todo tipo de objetos mentales, estaba ahí, con espacio, formando parte del movimiento cambiante, percibiendo sin necesidad de crear una entidad que observar. Al cabo de no sé cuánto tiempo, abrí los ojos; creo que lo hicimos los tres a la vez. Nos miramos. No hacía falta decir nada, ya que todavía estábamos unidos. —En su cara se dibujó una media sonrisa—. Yo había escuchado a maestros que hablaban sobre el estado de unión y eso me sonaba bastante esotérico, algo extraordinario e irreal. Sin embargo, una vez lo experimentas, es todo lo contrario. La simplicidad de cada instante nos daba una total apertura. Todo era claro, transparente, obvio. Ni dábamos ni recibíamos, ya que formábamos parte de ello, hasta que, poco a poco, esa percepción viva fue disminuyendo. La mujer nos miraba y sonreía. «Cuando formas parte de algo, ni das ni recibes, sino que eres. Dar y recibir, por muy bueno o malo que sea, es un intercambio, siempre es a cambio de algo. Si crees que das o recibes, estás condicionando la compasión, intercambiándola para obtener un resultado, y esto es egocéntrico. El perdón sin comprensión, sin unión, es mera arrogancia». —La mujer se calló unos instantes y tomó aire—. «Ahora ya lo habéis experimentado: al poner vuestra atención en todos o en cualquier elemento que condicione vuestra mente, se disuelven, y la atención queda vacía, sin contenido. Es entonces cuando surge la pura experiencia de la existencia. Desde luego, no siempre tendréis acceso a esta experiencia, pero siempre y en cada momento podréis recordarla. Yo solo puedo mostraros el camino.

Quienes deben andar por él sois vosotros, utilizando las herramientas que os han sido dadas y se os darán a través de las enseñanzas y experiencias. Y si en algún momento creéis que estáis perdidos, que vuestra mente juega con vosotros, y os veis incapaces de controlarla, dejadla, soltadla, no le sigáis el juego. Tan solo recordad este instante de experiencia que no tiene medida. Recordad, recordad y tendréis un regreso seguro». Tras estas palabras, se levantó. Al ver que la mujer se disponía a marcharse, se me ocurrió preguntarle cómo se llamaba, quién era y cómo podíamos contactar con ella. Su respuesta fue: «Aquí y en este relato, mi nombre es Kipal. Yo soy tú, yo soy nosotros, y siempre que seas tú mismo, contactarás conmigo». Dicho esto, cogió el portante y se alejó.

Había oscurecido y decidimos pasar la noche allí. Los lugareños nos dieron cobijo en una construcción que hacía las veces de almacén y nos proporcionaron colchonetas y mantas para pasar la noche. No sabría decir qué parte de la noche estuve en meditación y qué parte durmiendo. Lo que sí sé es que al día siguiente todavía estábamos en el estado de conexión: la comunicación entre nosotros tres era tan obvia que apenas tenía sentido usar las palabras; era como si cada uno de nosotros tuviera parte del otro. —Mister Mam sonrió satisfecho—. Y aquí se acaba la historia.

—Impresionante —comentó Pol.

—Pues sí —se limitó a decir Nid.

—*Lung*, y después de esta experiencia, ¿notasteis algún cambio en vuestra vida? —pregunté.

—Yo sí. Un cambio importante. Y creo que los demás también. Todo este proceso, camino o búsqueda o como lo quieras llamar se inicia en nosotros como una intuición, o sea, algo que no sabes cómo explicar. Yo lo califico más de intuición que de sentimiento, ya que te empuja a saber más, a descubrir, y aunque te parece que sigues estando en el mismo lugar y cometiendo los mismos errores y dando vueltas sin avanzar, sigues ahí insistiendo, casi con una fe ciega en esa intuición, a la espera de que el sutra que estás estudiando o las palabras o indicaciones de tus maestros o del amigo con experiencia en el camino te permitan descubrir el verdadero sentido de esta búsqueda y alcances la comprensión que nada puede ocultar. Hasta que, un buen día, alguien o algo aparece en tu vida y entiendes que el camino, el logro, no es individual. Entiendes que tu identidad egocéntrica limita una comprensión y no puede ir más allá de los parámetros y condicionantes de la pobre experiencia de tu existencia. Y al fin entiendes que únicamente alcanzarás la comprensión sin límites llamada *Nibbana* desprendiéndote de esa visión de ti mismo plana y corta, en la que te refugias utilizando tu inteligencia mecanicista para taponar y ocultar el inmenso poder que el universo te ha dado, ya que formas parte del él. Tu camino avanza cuanto más unido estás a todos sin condiciones. Y esta unión va más allá del amor, más allá de cualquier emoción que precise un intercambio, porque no hay dos, sino uno, y se la conoce como compasión o *metta*.

—Es decir, que todo lo que quieras conseguir para ti mismo, aunque sea con buenos propósitos, nunca te llevará a la comprensión última —concluyó Nid.

—Exacto, así es —contestó Mister Mam—. En la renuncia de ti mismo se encuentra la elección de formar parte del todo.

—Pero ¿qué pasa con tu vida? —repuso Pol—. Quiero decir, la falta de identidad me puede llevar… no sé… a lo absurdo, a que no encuentre un sentido en mi vida, ya que dejaría de dirigir mis decisiones y estaría expuesto a vete tú a saber qué. ¿Eso sería posible?

—Buena pregunta, Pol —contestó Mister Mam—. Intentaré darte una respuesta. —Hizo una pausa—. Veamos… Estarás de acuerdo en que, en el momento en que tu comprensión aumenta o, por así decirlo, adquieres la comprensión de algo, no pierdes nada, sino que ganas. A ver cómo te lo explico… —Se rascó la barbilla reflexionando—. Te pondré un ejemplo un poco simplón, pero que nos puede valer. Cuando empezaste a estudiar operaciones matemáticas complejas, te daba la impresión de que se trataba de algo distinto, incluso extraño, y tal vez para algunos sin sentido, pero tenías que hacerlo porque, si no, tendrías que abandonar tus estudios. De modo que, con más o menos destreza y motivación, empezaste a estudiar y llegó un momento en que, a fuerza de perseverar y de abrir tu mente a una nueva «visión», las operaciones matemáticas complejas pasaron de ser algo extraño a ser una disciplina sin secretos para ti. ¿Por qué? ¿Qué había pasado? Pues que tu mente había comprendido, asimilado esas operaciones matemáticas complejas y, a partir de ahí, las había integrado en tu vida sin necesidad de abandonar, por ejemplo, tus habilidades artísticas, puesto que la nueva comprensión en esa materia entraba a formar parte del conjunto de tus habilidades cognitivas. Con la comprensión última a la que nada se oculta ocurre lo mismo: es inclusiva, no exclusiva, y lógicamente aumenta y refuerza el resto de las habilidades cognitivas. Ahora imagínate que descubres el secreto del chocolate, ¿a que no dejará de gustarte? Más bien al contrario: te gustará más porque sabrás más de él y sabrás por qué te gusta. No sé si me he explicado bien.

—Perfectamente, *lung* —dijo Nid.

—Vamos, que más o menos te conviertes en un supermán, ¿no? —bromeó Pol.

—Al contrario, Pol. Te transformas en la persona más normal del mundo, porque el sentido básico de tu existencia es que fluyas con ella, no contra ella.

—Yo siempre he tenido en cuenta que la compasión forma parte del camino —comenté—, pero debo darte las gracias por tus enseñanzas de hoy, *lung* Mam, porque nos has enseñado que, sin ella, no existe camino ni logro.

—No Marc, gracias a vosotros. Repasar las lecciones aprendidas siempre fortalece la búsqueda —dijo posando una mano en mi hombro—. Pero dejémonos de charla. Venid, pasad por aquí, en este lado tengo unos escritos… —añadió dándose la vuelta y buscando algo con la mirada—. ¡Hum…! ¡Aquí están! Ven, Marc, échales un vistazo.

Con sumo cuidado, *lung* Mam me entregó un manuscrito que constaba de tres volúmenes y estaba escrito en tibetano clásico. Yo no era experto en tibetano clásico, pero me defendía bastante bien, por lo que, cuando tuve en mis manos el manuscrito, no daba crédito a lo que estaba viendo.

—*Lung*, ¿puede ser que estos volúmenes traten de los debates entre los eruditos budistas Kamalasila y Moheyan, del consejo de Lhasa? —pregunté sorprendido.

—Sí, así es, Marc. Ten mucho cuidado. Su valor es incalculable.

—Desde luego que lo es, *lung*. Aunque muchos expertos cuestionan seriamente la veracidad de estos debates; incluso ponen en duda su existencia —objeté.

—Marc, creo que no tengo que convencerte de nada. En tus manos tienes la prueba. Juzga por ti mismo si estos manuscritos son auténticos o no.

Tenía en mis manos uno de los debates más importantes en la historia de la escuela budista Mahayana. Si aquellos manuscritos eran auténticos, su valor, económico, histórico como espiritual, sería inimaginable. Ahora entendía el porqué de tanta seguridad y misterio en el «museo» de *lung* Mam.

Estuvimos curioseando por la sala. En un rincón había una urna de cristal que protegía una fabulosa e impresionante estatua de Buda en jade verde. Mam, al verme impactado por la imagen, me comentó que había sido un regalo del emperador chino Wu a Bodhidharma, también llamado Da Mo, allá por el año 518. Acto seguido me señaló un *thangka*, el tradicional tapiz de origen mongol en el que se representaban figuras sagradas, deidades, mandalas o escenas budistas y tibetanas, que, más que una obra de arte, era considerado un objeto sagrado. El que Mister Mam tenía colgado en la pared representaba al emperador mongol Altan Khan, en 1560, designando al primer Dalai Lama «Océano de Sabiduría». Recorrimos todos los rincones del «museo», a cuál más extraordinario. Mam nos iba dando todo tipo de explicaciones y relatando anécdotas sobre cada una de las piezas de su colección.

Una vez saciada nuestra curiosidad, salimos del sótano y el personal de seguridad nos devolvió los móviles. Cuando llegamos a la planta baja, sonó el teléfono de Nid. Por lo que pude escuchar, llamaban de la comisaría. Al acabar la conversación se nos quedó mirando.

—La llamada era de la comisaría central. Me comunican que el manuscrito supuestamente robado del Satipatthana Sutta ha aparecido en la biblioteca del *wat*.

—¿Cómo? —exclamé al instante—. ¿Cómo es posible? ¿Qué ha pasado?

—No tengo los detalles. Cuando llegue a la comisaría, me ampliarán la información —contestó Nid.

—No me digáis que he dejado de ser vuestro sospechoso —repuso burlonamente *lung* Mam.

—Por esta vez, me temo que sí, *lung*, pero ya te he dicho que siempre serás mi sospechoso favorito —contestó Nid.

—Haré todo lo posible para que así sea —respondió Mister Mam.

La llamada de comisaría puso punto final a la visita. Nos despedimos del peculiar, simpático y, a todas luces, sabio y misterioso Mister Mam, quien insistió en que no demoráramos nuestro regreso a la mansión, cosa que le aseguré, ya que no quería perder la oportunidad de escuchar sus disertaciones respecto a su visión del Dharma y sus experiencias, y menos aún de visitar su valioso museo; tener a mi disposición una biblioteca con semejantes volúmenes y manuscritos era un lujo que no podía desperdiciar.

—Marc, ¿qué te ha parecido *lung* Mam? —me preguntó Nid cuando íbamos rumbo a la comisaría.

—Pues, la verdad, me ha encantado conocerlo. No sabría definirlo, pero, desde luego, sus conocimientos son extraordinarios.

—Ya te dije que te sorprendería.

—Oye, Nid, ¿cómo es posible que mi tío no me hablara sobre *lung* Mam?

—No sé, es extraño. Él sabrá la razón… Yo solo sé que, en un momento dado, los tres hermanos inseparables tomaron rumbos distintos, aunque estoy segura, y no me preguntes por qué, de que los unos saben de los otros.

—Es extraño, sí —admití—. Y me temo que he hecho el viaje en balde.

—No seas negativo, Marc —saltó Pol—. Has conocido a Nid, que más o menos es tu prima, y a tu tío, el extravagante Mister Mam. Dos parientes nuevos, ¿qué más quieres?

—Tienes razón, Pol. Eso ha sido una sorpresa muy agradable, y estoy seguro de que ambos serán de gran apoyo en el futuro.

—Cuenta con ello, Marc —se apresuró a decir Nid—. Ya sabes que, aquí, el sentimiento de familia está muy arraigado.

Sí, lo sabía. Y ellos también sabían que podían contar con mi apoyo incondicional.

Una vez en comisaría, decidimos llamar al *wat* para informarnos sobre la misteriosa aparición del Satipatthana Sutta. Nos instalamos en el despacho de Nid. En primer lugar, la inspectora habló con *prasong* Anisara, dado que era el encargado de las tareas administrativas, la organización y de todo lo relacionado con el exterior del *wat*. Por sus respuestas, no me pareció que Nid quedara satisfecha de las explicaciones del monje.

—Marc, *prasong* Anisara quiere hablar contigo —me dijo pasándome el teléfono.

—Hola, *prasong*. ¿Cómo está mi tío? ¿Cómo estáis todos?

—Hola, Marc. Bien, todos estamos bien y, la verdad, muy aliviados tras la recuperación de los manuscritos del Satipatthana Sutta.

—Sí, es un alivio, desde luego.

—Marc, tu tío me pide que te diga que le gustaría que pasaras un par de días en el *wat* antes de tu regreso a Barcelona.

—Eso ya lo tenía previsto, *prasong*. Dile a mi tío que intentaré coger mañana un vuelo hacia Trat. Ya te avisaré para que podáis venir a recogerme.

—Por supuesto. *Achan* Anuruddha estará encantado.

Informé a Nid y a Pol de la conversación que había tenido con *prasong* Anisara. Nid me pidió que le hiciera saber cualquiera cosa referente a la desaparición y aparición mágica del Satipatthana Sutta. Pol prefería quedarse en Bangkok, como era de esperar.

Al día siguiente me levanté temprano. Inicié mi práctica de meditación matinal y dediqué todos mis posibles méritos a favor de todos los seres sin condiciones y, una vez que mi mente-corazón y mis manos estuvieron totalmente vacías, la experiencia del todo se abrió de nuevo: yo formaba parte de la unidad.

Cuando llegué a Trat, *prasong* Anisara me esperaba junto a una furgoneta, acompañado del conductor. Nos saludamos a la manera tradicional tailandesa uniendo las palmas de las manos a la altura de la boca. Durante el trayecto hasta el *wat*, me quedé absorto contemplando la exuberancia de la vegetación que crecía a ambos lados de la carretera, mientras rememoraba momentos de mi pasado en el *wat* de la tradición del bosque. Al llegar a las cabañas, me dirigí sin demora al encuentro de mi tío en la biblioteca, pues, según me había comentado *prasong* Anisara, su salud había mejorado y había retomado sus estudios.

Di unos golpes suaves a la puerta de la biblioteca para anunciar mi llegada y oí un sonido al otro lado. Deduje que me daban permiso para pasar y entré. Al fondo, sentado frente a un escritorio, estaba mi tío, enfrascado en sus quehaceres.

—Hola, *achan* —saludé discretamente para no darle un susto.

—¡Marc! —exclamó alzando la vista de los manuscritos con cara de sorpresa y una sonrisa de boca a boca—. Qué ilusión que hayas venido. Pero ven, acércate —dijo levantándose.

Me acerqué y me postré ante él tocándole los pies en señal de respeto. Él correspondió a mi saludo tocando con suavidad mi cabeza con su mano derecha e indicándome que me alzara.

—¿Cómo te encuentras, *achan*?

—Estupendamente, hijo. Ya me ves.

—Me alegro mucho, tío —contesté al ver que pasaba a un trato más familiar.

—Ven, toma asiento, como en los viejos tiempos.

—Gracias, *achan*... —contesté con toda la intención inclinando la cabeza—. Oye, tío, ¿qué ha pasado con los manuscritos del Satipatthana Sutta? Primero desaparecen y luego aparecen, así como así. ¿Qué explicación tiene todo esto?

—Bueno, yo no necesito ninguna explicación. Ya está solucionado y eso es lo que importa, ¿no crees?

—Sin duda, lo más importante es que se ha solucionado, pero deberíamos saber qué ha sucedido para que no ocurra de nuevo.

—Es cierto, pero no te preocupes, ya sé lo que ha ocurrido.

—¿Lo sabes?

—Creo que sí. Si no estoy equivocado, alguien los cogió prestados. En su momento no lo supe ver, pero ahora estoy casi seguro de que fue así —añadió asintiendo con la cabeza—. Lo hizo con buena voluntad.

—Tío, cada vez lo entiendo menos. ¿Te importaría explicármelo?

—Diría que todo esto tiene que ver contigo, Marc.

—¿Conmigo? Ahora sí que me mata la curiosidad.

—Cálmate, enseguida lo entenderás. ¿Te acuerdas de cuando *achan* Annan y yo te transmitimos el «regalo» de parte de Kipal?

—Sí, perfectamente. Imposible olvidarlo.

—Pues bien, aquí, Kipal es un antiguo *achan* del *wat*, mi predecesor.

—No puede ser...

—*Achan* Annan y yo fuimos y seguimos siendo sus discípulos. No creo equivocarme cuando te digo que él ha sido uno de los *achan* más reconocidos del *wat* de la tradición del bosque, no solo por sus conocimientos sobre el Dharma y el logro de la comprensión última, sino también como un gran conocedor y maestro de innumerables técnicas de meditación.

—¿Has dicho que *achan* Annan y tú seguís siendo sus discípulos? ¿Quieres decir que aún vive?

—Espera, deja que te lo explique.

—Por favor.

—Un día, años atrás, Kipal convocó una asamblea de todos los monjes para comunicar que su labor en el *wat* había finalizado y que su camino le llevaba a buscar la unión plena, de modo que se retiró a la selva en total soledad para dedicarse al estudio y la meditación. —No sabía muy bien adónde quería llegar mi tío, pero esperé a que acabara su relato—. Desde entonces, el *wat* cuida de él. Cada semana le hacemos llegar alimentos. De vez cuando y con suma discreción, él aparece por aquí, cosa que celebramos, ya que sus enseñanzas, tanto en la comprensión como en el camino hacia la comprensión, las consideramos tesoros.

—Pero ¿qué tiene que ver conmigo esa historia? —pregunté cuando mi tío se quedó callado.

—Pues no lo sé con exactitud, pero lo que sí que sé es que, de algún modo, él sabía que vendrías al *wat* mucho antes de que empezara todo este lío de la desaparición de los manuscritos del Satipatthana Sutta.

—¿Por qué lo dices?

—Porque me pidió dos cosas: que, en cuanto vinieras, te transmitiera el «regalo» de la técnica de meditación que compartimos, y que te dijera que su nombre era Kipal. Dijo que tú ya lo entenderías...

—Creo que empiezo a entenderlo...

—Son demasiadas casualidades: la desaparición de los manuscritos, mi indisposición física, tu venida...

—¿Insinúas que todo este lío lo ha provocado él?

—Me temo que sí.

—Yo también lo sospecho. Y todo apunta a que debo tener un encuentro con él. ¿Dónde puedo encontrarlo?

—No creas que es tan fácil. No sabemos con exactitud dónde se encuentra.

—Pero me acabas de decir que cada semana le lleváis comida...

—Sí, pero la dejamos en un lugar concreto que nos indicó él. O sea que, si él no quiere tener contacto contigo, te aseguro que ni lo verás.

—Tío, aun así, creo que las señales están claras y que debo ir a su encuentro. ¿Me podríais acercar hasta allí?

—Desde luego. Te dejaremos en el lugar donde depositamos la comida. Eso será mañana por la mañana.

—Me parece perfecto, tío, pero... si no quiere verme y no aparece, ¿qué hago?

—No te preocupes, cada día pasaremos por allí a ver si estás.

Una vez acordamos los detalles de mi partida hacia la selva en busca de Kipal, abandonamos la biblioteca y nos trasladamos a la sala de reuniones y templo del *wat*, donde se encontraba el resto de los monjes, para recitar los sutras y meditar todos juntos antes de retirarnos a nuestras pequeñas cabañas.

A la mañana siguiente, después de la práctica de meditación y del desayuno, mi tío y *achan* Annan me esperaban para despedirme.

—Bien, Marc, todo está dispuesto. El chófer te espera para llevarte al lugar donde debemos dejar la comida. *Prasong* Anisara te ha preparado una mochila con cosas que pueden resultarte de utilidad. Y recuerda: cada día a la diez de la mañana pasaremos por el mismo lugar, por si quieres volver o necesitas algo.

Me despedí de ambos con el saludo tradicional, seguido de un abrazo cargado de buenos deseos y de incertidumbre.

TERCERA PARTE

COMPRENDER

Tras una hora de trayecto, la camioneta salió de la carretera asfaltada para tomar un camino de tierra que se adentraba en la selva. Y tras otra hora de traqueteo bajo el frondoso techo del bosque tropical, el coche se detuvo y el chófer me indicó una gran palmera: el lugar acordado que sería mi único punto de reencuentro con la civilización a partir de entonces. Salí del coche con la mochila al hombro, me despedí del chófer y me dirigí a la palmera. El motor de la camioneta arrancó y su sonido se perdió en la espesura.

«Aquí estoy», me dije. Me resguardé bajo la sombra de la gran palmera para disponerme a esperar al misterioso Kipal. Pasado un tiempo, sin saber muy bien qué hacer, opté por lo que hace todo meditador: sentarme, ponerme cómodo y relajado, mantener la atención, abrir la mente a lo que surgiera y no esperar nada.

El tiempo cronológico desapareció de mi cabeza. Solo existía el ahora, ahora, ahora, ahora... En uno de esos «ahora», algo se movió. Presté atención a la maleza y frente a mí apareció un hombre alto de piel morena, extremadamente delgado, con el pelo largo y revuelto, una barba poco densa que le llegaba a la cintura, unos enormes ojos negros y una amplia sonrisa en la que se adivinaba que le faltaban algunos dientes. Vestía una especie de túnica de color verde, ajustada a la cintura con una especie de rama. Iba descalzo y llevaba en la mano una rama a modo de varita. Cuando vi que se dirigía hacia mí, me dispuse a levantarme, pero él movió la varita para indicarme que no me moviera. Se me acercó, se sentó frente a mí, me sometió a un riguroso examen con sus enormes ojos y soltó una carcajada. Luego, de repente, quedó en silencio, cerró los ojos y adelantó la cabeza hasta que su frente tocó con la mía. Algo sucedió en ese instante. Una sensación parecida a una corriente eléctrica recorrió mi cuerpo desde la frente hasta la punta de los dedos de los pies. Sin embargo, en vez de generar tensión, relajó todos mis músculos y me provocó una especie de ligereza en mi mente-cerebro y en todo mi cuerpo. Me pareció que él percibía lo mismo, y quise decirle algo, pero se me adelantó.

—Aprovechemos este momento auspicioso, porque es único. Han pasado miles de años para que este encuentro se produzca. Unamos nuestra atención.

Nuestras frentes permanecieron en contacto. No me cabía la menor duda: estábamos en completa unión. Al cabo de unos instantes, nuestras frentes perdieron el contacto.

—Cuánto me alegro de que al fin hayamos podido encontrarnos, Marc.

—*Achan*… —dudé un momento—. ¿Cómo debo llamarte?

—¡Hum…! Una pregunta difícil, pero seguro que entre los dos encontraremos la respuesta.

—¿Y mientras tanto?

—Por el momento puedes continuar con *achan.* —Se levantó—. Vamos, quiero enseñarte donde vivo.

—Sí, *achan*…

Achan Pa, añadí mentalmente: «maestro del bosque».

Me levanté y le seguí. Se adentró en la selva y se fue abriendo paso entre la maleza con una facilidad asombrosa. Cruzamos un río y llegamos a un claro donde se alzaba una pequeña cabaña. Dentro había cuatro piedras con una pequeña cazuela encima y, en un rincón, varias ramas de palmera y unas mantas. La cabaña estaba rodeada de grandes árboles que la protegían del sol, por lo que la sensación térmica era muy agradable. No sé por qué, pero me pareció acogedora. *Achan* Pa me asignó un espacio dentro de la cabaña, donde dejé la mochila que me había preparado *prasong* Anisara.

—Ven, Marc. Deja que te enseñe el lugar.

Salió de la cabaña y fui tras él. Anduvimos entre la maleza unos diez minutos hasta llegar a una cima rodeada por todas partes de una naturaleza verde y selvática que se extendía más allá de donde alcanzaba la vista. *Achan* Pa me indicó que me sentara en una piedra sobre un montículo y él se sentó a mi lado. Nos quedamos en silencio contemplando la profundidad de la naturaleza infinita.

—¿Qué te parece, Marc? —me preguntó al rato.

—Me cuesta expresar lo que me transmite —contesté.

—Mira relajadamente la extensión sin fijarte en nada concreto. No fuerces nada, utiliza tu respiración para relajar tu cuerpo y tu mente. No clasifiques nada. En el momento en que tu mente quiera poner nombre a lo que tú crees que estás viendo, como «árbol», «bonito», «montaña», «valle», «verde», «azul», o a las sensaciones agradables, neutras o incómodas, concentra tu atención. Si surge esa etiqueta que tu mente necesita para clasificar, obsérvala, ya que lo único que hace es limitar la existencia del universo. En ese momento respira con suavidad y percibirás cómo se diluye, ya que en realidad no existe observador ni objeto observado ni acción que observa, pues todo es un concepto de tu mente, que necesita esa separación para existir. A eso lo llamamos «ego» o «yo». Cuando observas y te dices que eso es esto o lo otro, eso es un concepto. Cuando crees que lo estás percibiendo, eso es un concepto. Y cuando percibes el conjunto de tu observación también es un concepto. Debes apartarte del sujeto, del objeto y de la acción. Cuando tu mente está exenta de dualidad, deja de existir el sujeto y el objeto, y eso deja paso a la conciencia vacía, la cual no tiene límite y abarca la totalidad del universo. Marc, observa. Sin preguntas. Deja que la observación penetre en tu mente. Sin miedo. Abre tu mente a la realidad sin conceptos y únete a uno sin dos.

La suavidad del sonido de su voz, y la comprensión de sus palabras más allá de su significado, hizo que mi mente se abriera con facilidad y formara parte del entorno. No fue una experiencia nueva, ya que, en algunos momentos, y de forma más habitual ante la visión de la naturaleza, había sido atrapado por ella, aunque mi mente, al sentirse aislada y anulada, reaccionaba con pánico y enseguida me hacía volver a esa realidad plana y corta, que me provocaba una sensación como de felicidad angustiosa. Sin embargo, en lo más secreto y profundo de mí, sabía que era la dirección a seguir, y permanecimos ahí, formando parte de la experiencia. Después dedicamos unos instantes a integrar la experiencia. Luego regresamos a la cabaña, ya que empezaba a oscurecer. Durante el trayecto de vuelta, la unión con el entorno era absoluta. No existía sensación alguna que alterara esa unión. Todo era parte de mí y yo parte de ella. Percibía claramente mi entorno en cada paso que daba y este me percibía a mí. No había lugar para la acción egocéntrica de la atención, ya que sujeto y objeto eran uno.

Llegamos a la cabaña en completa unión. Entramos y permanecimos sentados hasta que, en un instante preciso, *Achan* Pa inició la recitación de la toma de refugio en pali. Nos unimos en la recitación y en el propósito:

Buddham saranam gacchami.
Dhammam saranam gacchami.
Sangham saranam gacchami.

Tomo refugio en el Buddha.
Tomo refugio en el Dharma.
Tomo refugio en la Sangha.

Una vez finalizada la recitación de la toma de refugio, entramos en la meditación de la conciencia vacía de la mente, la que me había sido transmitida por mi tío y *achan* Annan como un regalo, pero ahora sin pasos previos, puesto que no tenía que relajar nada, no tenía que poner atención, ya que no había un yo que actuara; solo existía un nosotros en continua presencia.

Al cabo de no sé cuánto tiempo, noté unos pequeños golpes en la cabeza. Al abrir los ojos, vi que era *Achan* Pa, que me daba unos toques con su varita, y me di cuenta de que estaba tumbado entre mantas y hojas de palma. Supongo que me había quedado dormido y que él me había acomodado, ya que yo no recordaba haberme acostado. Para mí todo había sido una constante de unión y comprensión. Deduje que debían de ser sobre las cinco de la madrugada o poco más, ya que empezaba a oír los sonidos del despertar de la jungla. *Achan* Pa me hizo señas para que lo siguiera.

Salimos de la cabaña y caminamos entre la maleza hasta llegar a un pequeño riachuelo, donde nos aseamos y nos tomamos un tiempo para recrearnos echándonos agua para quitarnos de encima el sopor nocturno. Regresamos a la cabaña para realizar la toma de refugio e iniciamos la práctica de meditación.

De pronto, un olor a comida despertó mis sentidos. Era el *jok*, el desayuno típico tailandés a base de arroz. Tenía un hambre atroz, pues hacía veinticuatro horas que no había probado bocado. Hasta entonces no había tenido sensación de hambre, pero el *jok* había despertado mi apetito. *Achan* Pa me miraba sonriendo, como regodeándose de lo fácil que era atraparme con sus artes culinarias. El *jok* es una sopa de arroz muy pasada a la que le añaden condimentos vegetales diferentes dependiendo de quién y dónde se prepare; no quise preguntar a *Achan* Pa qué condimentos había utilizado, por si su respuesta me quitaba mi descomunal apetito. Me ofreció un cuenco lleno y no perdí ni un segundo en saborear mi desayuno. Picaba a rabiar, pero mi apetito era voraz, así que repetí. Después *Achan* Pa me ofreció unos mangos que estaban deliciosamente dulces y jugosos, sobre todo en contraste con el sabor picante.

Hasta ese momento, el intercambio de palabras había sido mínimo. Era curioso. Yo había acudido a la selva en busca de respuestas. Sin embargo, fue encontrarme frente a *Achan* Pa y todas mis preguntas se desvanecieron. Aun así, mi mente necesitaba cerrar el círculo ante cualquier posible duda futura.

—*Achan*, ¿tú sabes por qué he venido hasta aquí? —pregunté.

—Sí, Marc, sí que lo sé. —Me miró en silencio unos instantes—. Te estaba esperando.

—*Achan*, ¿has sido tú quien ha organizado este lío del Satipatthana Sutta?

Esbozó una sonrisa.

—Algo tenía que hacer para propiciar nuestro encuentro. Y no me digas que no le has sacado partido a todo este lío —contestó entre risas.

—*Achan*, necesito una explicación para poder entender.

Achan Pa se quedó mirando al vacío, como si quisiera hacer recuento para recopilar todo lo que tenía guardado y poner orden de cara a su explicación.

—De acuerdo, Marc. —Respiró hondo—. Cuando mi comprensión empezó a surgir con fuerza, yo estaba a cargo de *wat*. Era el responsable de la comunidad, no solo de facilitar a la *sangha* un entorno adecuado para hacer posible su compromiso de entrega al Dharma, sino también, y sobre todo, de comunicar y compartir con todos ellos la comprensión y los logros del camino. Sin duda, no podía pedir más, puesto que el *wat* reunía unas condiciones óptimas: el entorno, la *sangha* y los años de enseñanzas acumuladas en su biblioteca. Además, tenía una conexión especial con todos los miembros de la *sangha*, y más aún con tu tío y con *achan* Annan, ya que era fácil transmitirles mis compresiones en nuestras discusiones sobre los sutras, los comentarios y las reseñas de los diferentes *achan*.

Con el paso del tiempo, me iba dando cuenta de que mi comprensión del Dharma, mis conclusiones o razonamientos sobre el camino y el logro, superaban la experiencia, hasta que llegó un buen día en que esta me pareció insuficiente. Me explico: hasta ese momento, me había guiado por una experiencia que comunicaba utilizando mi cultura, mi intelecto y mi razonamiento más o menos lógico, si bien siempre prevalecía la experiencia, ya que ninguna explicación lógica o racional, por muy auténtica que sea, puede sustituir la experiencia, que siempre es un sucedáneo barato de la realidad expresada en la experiencia.

Pues bien, al darme cuenta de esto o, si lo prefieres, al ser consciente, empecé a cuestionarme todo lo referente a mi práctica. Para mí era evidente que algo no estaba en su lugar, que me faltaba incorporar algo. En mi práctica de meditación, mi absorción entraba y salía, y hasta entonces lo encontraba normal o incluso correcto, ya que me permitía darme cuenta de lo que es y lo que parece que es. Sin embargo, cuando llegó ese día, supe que eso era insuficiente, y rogaba a los Budas de todos los tiempos y de todos los lugares que mi absorción y atención pudieran permanecer siempre en la unidad vacía de la consciencia que sostiene el universo, a fin de poder aliviar en alguna medida la insatisfacción creada por la confusión que tienen todos los seres sintientes. No obstante, sabía que eso no era posible, pues cada vez tenía más claro que, para que todo pudiera encajar, me faltaba una pieza. Fue entonces cuando decidí ir en busca de la pieza, retirándome a la jungla en soledad.

—Y dejaste el *wat*.

—Sí. Comuniqué a la *sangha* que debía continuar mi búsqueda y lo entendieron. Además, tenía un digno sucesor, tu tío, la persona perfecta para el cargo por su compromiso y aptitudes para con el Dharma.

—¿Y has encontrado la pieza? —pregunté impaciente.

—Espera, deja que te cuente. Cuando llegué a la jungla, anduve de un sitio a otro hasta que fui a parar a aquí. No es que este lugar fuera mejor o peor que otro, pero decidí instalarme en él, donde vivo dedicado únicamente a la práctica de la meditación. —Miró alrededor con gratitud—. Como sabes, porque tú ya has alcanzando un punto de comprensión, las diferentes técnicas de meditación, por mucho que se diferencien las unas de las otras, todas te llevan al mismo punto: relativizar la visión egocéntrica, puesto que es la que te crea distancia y te separa de todo. Por esta razón, por mucho que te esfuerces o por muy buenas intenciones o sentimientos que puedas tener, si percibes como sujeto individual, lo que te acciona o motiva es la obtención de un resultado hacia ti mismo, y por lo tanto egocéntrico. En otras palabras, tus expectativas conceptuales limitan lo que tú supones que debe ser. ¿Me sigues?

—Creo que sí, *achan*. Lo que quieres decir es que la visión egocéntrica que tenemos al percibirnos como seres individuales y separados hace que, ante la ausencia de unidad, necesitemos interactuar con todo y con todos en busca de la plenitud de la unidad, cuando esta plenitud es imposible de obtener si actuamos con la visión individual, ya que esta solo busca consciente o inconscientemente el beneficio propio. ¿No es eso?

—¡Hum...! Sí, no vas desencaminado, aunque la cuestión se complica un poco más porque no sabes con certeza lo que buscas ni lo que quieres. Instintivamente buscas la permanencia, y crees obtenerla fortaleciendo el egocentrismo, esto es, siendo más o teniendo más, y no solo me refiero a objetos, riquezas y conocimientos, sino a todo el mundo emocional que te creas para que tu ego tenga sentido, e intentando definir una identidad, una supuesta identidad que, al no lograr nada, entra en un estado de frustración permanente que se convierte en un terrible enemigo para sí misma.

—Mucha gente tiene terror a abandonar esa identidad.

—Claro, porque no conocen nada más, porque están convencidos de que eso supondría la muerte o lo más parecido a la muerte, y sus reflexiones son muy lógicas desde su visión, ya que, si yo me identifico con unas ideas de lo que soy yo y las rechazo, las abandono, me niego a mí mismo y a mi propia existencia, y entonces ¿qué soy yo? ¿La inexistencia? ¿La muerte?

—En cambio, si preguntas a una persona si cree que es algo más que su forma física, sus pensamientos, sus ideas, sus reflexiones o sus emociones, la respuesta suele ser que sí, que es más que todo eso.

—Sin duda, Marc. Incluso si le preguntas si cree que la muerte física es la extinción total y absoluta de todo, si piensa en sí mismo, te dirá que no. Otra cosa es si te refieres a los demás.

—¿No contesta lo mismo?

—En absoluto. Te sorprendería la diferencia de respuestas que da la gente sobre este tema. Curiosamente, si se trata de los demás, la muerte sí pude ser la extinción total. En cambio, cuando se trata de uno mismo, aunque no tengas un credo ni una creencia determinada respecto a la vida más allá de la muerte, en el fondo de tu ser habrá algo inexplicable que sabes, y digo «sabes», no «crees», ya que estás convencido. Pues bien, en el fondo de tu ser hay algo que puedes llamar como quieras, energía, fuerza vital, alma..., que sabes que inexplicablemente no desaparece, que siempre ha existido y que permanece. Y es natural, pues lo que no nace no puede morir.

—Evidente —reconocí.

—Lo es, porque no forma parte del ciclo nacimiento-muerte, pues siempre ha permanecido, y está en permanente cambio, y esto lleva a la transformación, que a su vez crea el ciclo vital de los seres, es decir, que la esencia de los llamados seres vivos está más allá de su nacimiento o muerte. La cuestión es con qué te identificas, ¿con tu esencia o con tus ideas conceptuales de lo que crees que debes de ser? Si te identificas con lo segundo, tu identidad es humo, sin base real ni verdadera, y nunca podrás encontrar la paz, pues, por mucho que lo intentes, tu visión estará limitada por el sistema conceptual y condicionado de tu entorno. En cambio, si te identificas con tu esencia, que es la misma esencia que mantiene todo el universo, ¿qué te puede faltar? ¿Qué es lo que puedes desear? La respuesta es «nada», pero no en el sentido de «falto de», sino de nada porque ya lo tienes todo, y eso se llama plenitud total.

—Plenitud total. Está claro, *achan* —admití pensativo—, aunque, para mucha gente, llegar a este punto es... No sé cómo expresarlo... No diría complicado, sino más bien...

—Impensable —apostilló *achan* Pa—. ¿Es eso lo que quieres decir? ¿Que es imposible que se planteen el sentido verdadero de su existencia?

—Sí, a eso me refiero. Porque mucha gente cree que ya ha hallado el verdadero sentido de su existencia: su familia, su trabajo, su vocación, o cuestiones y direcciones de lo más diversas.

—Sí, es cierto, y estoy convencido de que, gracias a ellas, otras muchas consiguen cuestionarse objetivos con mayor perspectiva, porque no debemos olvidar que el logro nunca es personal sino de todos.

—El logro de uno es el logro de todos.

—Exacto. Si tú o yo o cualquiera lográramos la comprensión absoluta, el Nirvana, de forma individual, no conllevaría beneficio alguno, ya que estaría dentro de la visión o comprensión egocéntrica. Por el contrario, cuando ese logro lo canalizas hacia todo y hacia todos, y tú eres simplemente un instrumento o una pieza más del conjunto de la existencia, entonces, mi querido Marc, la dimensión del logro no tiene límite.

—*Achan*, volviendo a la idea de que perder o deshacerme de mi identidad me convierte en alguien sin sentido por el hecho de que, si dejo de interactuar con mi yo, que son mis ideas, mis creencias, mis emociones, que siempre se han considerado las características que nos definen como humanos...

—Eso de que te definen como ser humano es mucho suponer, Marc —replicó—. De entrada, me parece que es simplificar demasiado, ya que esas características las vas adquiriendo a lo largo de los años. Es decir, no naces con ellas, sino que, dependiendo de tus circunstancias personales, de tu lugar de nacimiento, adquieres unas características intelectuales, emocionales, ideas y creencias que das como ciertas, cuando están totalmente condicionadas, ya que, según nazcas aquí o allí, esas características podrían ser totalmente diferentes, por lo que podemos dudar de su autenticidad. En cualquier caso, pueden formar parte de una realidad relativa, pero no absoluta.

—De todos modos, *achan*, la búsqueda y obtención de una mayor comprensión de la existencia no es excluyente, sino incluyente, por lo que la adquisición de esta visión suma, pues se añade a las características ya existentes.

—Cierto. Una nueva comprensión, sea de lo que sea, moldea o perfila el conjunto de todo lo que es tu personalidad o visión y, por lo tanto, si adquieres el logro de la comprensión de la conciencia vacía, esta actuará de la misma manera.

—*Achan*, creo que nos hemos desviado del tema.

—Sí, tal vez, Marc, aunque todo está entrelazado.

—La pregunta era si habías encontrado la pieza que te faltaba.

—La respuesta es sí. Tras largas y numerosísimas reflexiones, llegué a la conclusión de que, si quería desprenderme de mi yo para integrarme en la unión del nosotros, solo había un camino: la entrega, una entrega que no debía ser a cambio de algo, como sucede en el mundo emocional, sino una entrega sin condiciones y sin obtener nada a cambio, una entrega total. Esta era la pieza que me faltaba. Por ello dejé todas mis prácticas de meditación y me entregué al amor incondicional mediante la práctica del *Metta Bhavana*, que, como sabes, significa «desarrollo del amor incondicional», porque *metta*, en pali, es «amor sin condiciones» y *bhavana*, «desarrollo», así como a la práctica del *Tong-Len*, expresión en tibetano que proviene de *tong*, que significa «dar», y *len*, que es «tomar» o «recibir». Son prácticas de meditación que precisan de un maestro o de un amigo espiritual que te muestre su experiencia, que sea el vivo ejemplo del resultado, más que explicarte en qué consiste. *Achan* Pa se quedó en silencio y me miró con los ojos entrecerrados—. ¿Quieres que te las muestre?

—Sí, *achan*. Nada me gustaría más.

—Bien —dijo asintiendo—. Espero saber exponer esta experiencia. Intentaré hacerlo de una manera lógica para que puedas entender ambas: la práctica del amor incondicional y la entrega de todo tu bienestar a cambio de recibir el sufrimiento de los demás. Es un resumen un tanto burdo, pero sirve. Se empieza con una intención de uno mismo hacia los demás. Es un buen comienzo, porque toda intención de aproximación y de compartir relativiza el ego. Sin embargo, como el ego se siente aquí el hacedor, se podría decir que nos quedamos a medias. Así pues, para lograr una total entrega en la compasión incondicional, debemos relativizar el egocentrismo empezando a asumir que, si damos o recibimos, nuestro yo diluye la esencia de esa unión compasiva. Por esta razón me entregué a estar aquí sin pretender nada, únicamente abriendo, intentado en todo momento ser un mero instrumento dentro del conjunto del universo. Cuando, después de exponerme en repetidas ocasiones tal cual y sin barreras, llegué al punto en que mi ser no daba ni recibía, sino que era parte, fui parte y todo de la unión compasiva. Yo era nosotros.

—Entonces, *achan*, si todo el problema radica en el ego, ¿por qué no, simplemente, te desprendes de él?

—Marc, no se trata de coger tu ego o tu mente y tirarlo a la basura —se apresuró a contestar *achan* Pa—. El problema no está en ellos en sí mismos, sino en cómo lo utilizas para desarrollar cualquier aptitud personal. Necesitas puntos de partida de los elementos o funciones cognitivas que están ahí y que utilizas. El problema es que no las utilizas correctamente, y es lógico, ya que nadie te ha enseñado o mostrado cómo debes utilizarlas, por lo que poco a poco, día a día, eso que te mueve, que te motiva y que dirige tu vida, te va transmitiendo la sensación de que te falta algo por lograr o comprender, hasta que llegas a la conclusión de que algo debe cambiar, y ese algo eres tú mismo, y lo que tú creías que eras tú, que consistía en una visión de la realidad que tu mente y su compañero inseparable, tu ego, te hacían vivir de una manera que solo te aportaba insatisfacción. Pues bien, eso debe cambiar. Por tanto, esas dos herramientas deben ser utilizadas de manera distinta. Sin embargo, no es un cambio fácil, porque esas dos herramientas tienen una inercia de años funcionando de una manera determinada. Además, tú estás convencido de que eso es tu identidad, por lo que es un cambio complicado. A pesar de todo, con paciencia y cariño las puedes orientar en la dirección correcta para que se den cuenta de que su verdadero trabajo es obtener el logro supremo, es decir, la entrega al amor sin condiciones a todos los seres.

Achan Pa guardó silencio y se oyó a lo lejos el graznido de un pájaro.

—Como bien sabes, Marc, el camino del logro supremo necesita dos cualidades, como dos alas para poder volar correctamente: la sabiduría y la compasión. Sin estas dos cualidades es imposible alcanzar el logro, ya que la sabiduría sin compasión es un atributo que te separa y distancia de los demás, pues crees que eres distinto al resto y, por mucho que lo intentes disimular, te conviertes en un arrogante. Y si a tu supuesta sabiduría, que tú crees que son tus logros personales, económicos, intelectuales o de cualquier tipo, no le quitas el sello de tu ego, lo único que haces es perjudicarte a ti y a los demás. De igual manera pasa con la compasión. La compasión sin sabiduría, que es la que te da la comprensión y el significado correcto, te puede llevar a la absurda creencia de que tú eres el supremo hacedor de la compasión, sin darte cuenta de que tú y todos formamos parte de ella, y en consecuencia aplicarás la compasión de una forma errónea que generará confusión a ti y a los demás.

—*Achan*, tengo clara la compasión, pero ¿qué es para ti la sabiduría?

—Lo siento, Marc. No suelo contestar preguntas tan difíciles.

Me quedé de piedra. No me esperaba esa respuesta.

Achan Pa empezó a reír a mandíbula batiente. Mi desconcierto era absoluto. Yo no veía la gracia por ningún lado y él no paraba de reír. Sus sonoras carcajadas se me hicieron eternas. Por el respeto que le profesaba, me forcé a encontrarle la gracia a aquella inesperada reacción suya.

—Perdona, Marc —dijo recuperando la calma—, pero me moría de ganas de dar esa respuesta. Créeme, es una pregunta que muy pocas veces nos hacemos y no sé por qué. Pasa lo mismo con la inteligencia o con la felicidad. Tal vez sea porque nos parecen inalcanzables, ya que nunca podrán ser suficientes para colmar la idea que tenemos sobre ellas, o porque nos de miedo preguntarnos, ya que la respuesta puede ser tan sencilla y tan básica que podría implicar una renuncia para nuestro insaciable ego. —Movió la cabeza de un lado a otro—. Y contestando a tu pregunta sobre qué es para mí la sabiduría, te diré que, para darte una respuesta, es importante primero parametrizar qué es eso de la sabiduría, separándola de otros atributos o habilidades, o de lo que no es sabiduría. Veamos… —Entrecerró los ojos y se acarició la barba—. La inteligencia no es sabiduría, ya que, si lo fuera, una de las dos nos sobraría, ¿no crees? Tampoco tiene nada que ver con una memoria extraordinaria. Por lo tanto, si no guarda relación con la agilidad en la resolución durante el proceso cognitivo y además no requiere tener presente un almacén de datos, ¿qué podemos decir de la sabiduría?

Permanecí callado a la espera de su respuesta.

—Yo diría que se trata de una comprensión clara, es decir, precisa y ecuánime, que no necesita de una reflexión previa, ya que se muestra a nuestro entendimiento de manera evidente. De modo que llamamos sabiduría a una especie de comprensión intuitiva que es fruto de la experiencia. De hecho, siempre hemos relacionado a los sabios con la experiencia, que no es más que la suma de las realidades vividas que automáticamente te llevan a la visión ecuánime. Y esto quiere decir que el resultado de esa experiencia no se ajusta a un concepto personal, sino multiuniversal. No sé si he respondido a tu pregunta, Marc.

—Sí, creo que sí. Te refieres a que la sabiduría no pude ser una visión únicamente personalista, sino que debe englobar cualquier tiempo, época, situación o cualquier algoritmo predeterminado, y que su visión siempre es válida. ¿Es así, *achan*?

—Sí, correcto.

—¿Y cómo podemos adquirir estas, digamos, «habilidades»?

—Es sencillo, Marc. Siempre que queremos conseguir algo, sea lo que sea, lo primero que debemos hacer es incorporar ese deseo en nuestra vida, hacer que forme parte de ella. No me refiero a obsesionarte, ya que eso, sin duda, provocaría el efecto contrario. Me refiero a tenerlo presente de una manera sana, llevando una vida normal respecto a tu trabajo, aficiones, aciertos, errores y demás. En todo momento debes saber dónde tienes el norte, pase lo que pase, por muchos errores que cometas, por muchas idas y venidas en esa dirección. Acuérdate de que el error forma parte del aprendizaje, siempre y cuando reconozcas que es un error.

—De acuerdo, pero ¿cómo lo aplico a la sabiduría?

—Entiendo que te refieres a cómo desarrollar las habilidades que precisa la sabiduría. Como la ecuanimidad, ¿cierto? —Asentí con la cabeza—. La desarrollarás mediante métodos de observación sin implicación personal, puesto que abren la puerta a una mente no condicionada. Uno de ellos es la meditación. El trabajo es personal, contigo mismo. No obstante, siempre puedes contar con la ayuda y los consejos de personas que tengan el mismo objetivo, aunque sigáis diferentes tradiciones. Otra cosa es la compasión…

—¿Por?

—Pues porque la sabiduría puede ser muy aséptica en según qué cuestiones, ya que la ecuanimidad, que no la neutralidad, te pone en una perspectiva muy amplia y sin límites. En cambio, la compasión requiere la entrega total de todo tu ser. Me refiero a que no es una mera intención bonita con la idea de obtener una compensación o reconocimiento personal. La compasión te exige que te sumerjas en ella sin límites. No tienes más remedio que formar parte de ella y, por mucho que te esfuerces, solo podrás tener pequeños vislumbres de esa compasión. Hasta que descubres que la función natural de todos los seres sintientes que formamos parte de este organismo vivo es la entrega y la unión de los unos con los otros, y que tu entrega total y absoluta hacia los demás no es un sacrificio, sino algo evidente y lógico.

—¿Y para descubrirlo?

—Quienes te abren la puerta a esta visión son los diferentes seres que se entregan a este propósito y que se funden en él. Puedes constatarlo en tu día a día observando su enorme potencial, si bien, a pesar de su entrega, viven una vida normal y se relacionan contigo en cualquier momento. Todos y cada uno de ellos son tu ejemplo.

—La verdad es que me cuesta ver a las personas de esta manera.

—Pues acabas de descubrir cómo conseguirlo.

—¿Cómo, *achan*?

—Cambiando la manera de ver. Cambia la perspectiva de tu visión. Pon ahí el foco y no renuncies jamás a conseguirlo. Ese es el propósito de tu práctica, no hay otro.

—De acuerdo, *achan*, aunque la inmensa mayoría de la gente no lo ve de esta manera. Están convencidos de que hacer realidad sus deseos es lo único que les puede dar la felicidad.

—Marc, lo único que consigues cuando tus deseos se cumplen es generar más deseos, y con estos no obtendrás la plenitud, por lo que necesitarás nuevos deseos y más inalcanzables, que no harán sino alimentar la frustración de tu existencia.

—Sí, *achan*, es cierto.

—Además, acuérdate de que no estás aquí para juzgar ni para decir qué es mejor o peor, sino para estar junto a quien sea apoyándolo, porque la persona que tú crees que es contraria al Dharma o al logro tiene el potencial necesario para llegar a la máxima comprensión, no lo dudes, y tú debes estar ahí para que, cuando pregunte, le puedas responder.

Sus palabras despertaron algo en mí que me resultaba difícil de expresar. Sin darme apenas cuenta, mis ojos se llenaron de lágrimas. No sabía qué decir ni qué estaba sintiendo: algo había entrado en mí y bañaba todo mi ser, una especie de ternura. No sabría decir… Percibía que la vida era algo más, algo que traspasaba los límites de mi mente y mi cuerpo. No sé cuánto tiempo permanecí en ese estado.

—¿Sabes ahora por qué estás aquí, Marc? —La pregunta de *achan* Pa me devolvió a la realidad.

—Sí, *achan*, porque mi maestro tenía una lección que darme.

—Tu maestro… Ahí está la clave, pues nadie puede ser maestro si no hay alguien que diga que es su discípulo. Para ser *achan*, alguien debe considerarse tu discípulo. Uno sin el otro no existen. Y la preguntaría sería: ¿quién es más importante, el maestro o el discípulo?

—Pues…

—La respuesta podría ser «ambos», ya que los dos son necesarios. No obstante, en esencia todos somos maestros y discípulos. Tú crees que eres mi discípulo y por eso me conviertes en *achan*, pero, para mí, tú eres mi *achan*.

—¿Tu *achan*?

—Sí, por eso estás aquí. Porque quería explicarle a mi *achan* Marc qué he hecho con el tiempo que se me ha dado en tener esta experiencia que llamamos vida y decirle que he intentado en todo momento, y a pesar de mis continuos errores, tener presente la visión del logro. También quería decirle que no sé con certeza hasta dónde he llegado, pero que el hecho de poder compartir pequeñas compresiones con mi *achan* es un regalo, y ese regalo es mi logro.

—¿Yo *achan*…? No sé qué decir. ¿Cómo me puedes designar como maestro cuando…?

—Yo me pregunto lo mismo, Marc. Piensa que el discípulo acumula las riquezas del aprendizaje, incluidos los errores. El maestro lo tiene un poco más difícil, ya que es el responsable de saber qué decir y en qué momento para que todo tenga utilidad, y en su caso el error no suma, sino que resta. Pero no eres tú el que elige, pues si hay alguien que te llama maestro con la mente y el corazón abiertos, no lo dudes: eres su maestro y estás obligado a aportarle claridad para que pueda encontrar a su maestro verdadero, el que está dentro de él mismo y que tú le ayudarás a encontrar.

—A*chan*, ¿y qué tiene ver en todo esto Kipal?

Achan Pa esbozó una sonrisa condescendiente.

—Supongo que lo empiezas a tener claro. Kipal es el autor de este relato. Es él y todos los personajes y situaciones a la vez. Es la unión del yo con el tú o con el nosotros. Somos uno y a la vez todos y todo. Y si de vez en cuando o en algún momento percibes tu existencia de esta manera, ya que tú eres más que tu cuerpo y tu mente, y en ti está la esencia de la plenitud de la existencia, te darás cuenta de que no hay un final, sino que siempre estás aquí y ahora, sin un antes o un después.

Ya anochecía. Estaba tan absorto escuchando a *achan* Pa que, a pesar de que habíamos desayunado hacía horas, en ningún momento había tenido sensación de hambre ni de cansancio. Mi mente se quedó sin preguntas. Tan solo estaba confortablemente acomodado en el sutil movimiento de mi ritmo cardíaco, de mi respiración, del conjunto de movimientos de cada una de mis células, y todo ello conectado con el infinito movimiento del universo. Era como si percibiera el movimiento físico del universo a través de mi cuerpo.

Achan Pa se sentó delante de mí, recitó una oración cuyas palabras no pude distinguir, unió su frente con la mía y nos quedamos un tiempo en esta conexión. Después recitamos la toma de refugio e iniciamos nuestra práctica meditativa, hasta que noté unos pequeños golpes en mi hombro derecho. Al parecer, en algún momento me había quedado dormido y *achan* Pa me despertaba con su ojos brillantes y profundos, acompañados de su enorme sonrisa.

Estaba amaneciendo. Una vez más, *achan* Pa me sorprendió iniciando la recitación del Sutra del Corazón de la Sabiduría, no solo porque este texto, que es el que da sentido a la escuela Mahayana, apenas es conocido fuera de esta escuela, sino porque además lo recitaba de memoria en sánscrito. Cuando me recuperé de la sorpresa, me sumé a la recitación. El sonido de la recitación y el cariño que mostraba *achan* Pa en cada estrofa me impactó de tal manera que jamás hubiera supuesto que podría llegar a una comprensión tan profunda sobre cada una de sus estrofas. Una vez finalizada la recitación del sutra, estuvimos unidos en la comprensión y, con ello, en la unión del logro de la vacuidad interdependiente de la existencia sin centro ni límites.

—Marc, no tenemos mucho tiempo —comentó *achan* Pa, transcurrido un tiempo que no sabría definir.

—¿Por qué, *achan*?

—A las diez la furgoneta pasará por la palmera y regresaremos al *wat*.

—¿Has dicho «regresaremos»? ¿Por qué hemos de regresar?

—Marc, nuestro propósito ya se ha realizado. El mío ha sido transmitir mi comprensión en el logro tras mi retiro aquí en solitario, que me ha permitido afianzarla. De no ser así, mi retiro no tendría sentido. Por eso estás tú aquí.

—Pero, *achan*, me faltan tantas cosas por aprender, entender y comprender que no creo ser merecedor de...

—Marc, la transmisión no es a tu persona, sino a través de tu persona. No olvides lo que cada uno de los seres somos: somos parte del todo, nadie es mejor o peor, más alto o más bajo... Olvídate de todo eso. Además, la transmisión en la comprensión del logro no es un fogonazo, sino una semilla que debes alimentar y cuidar en cada instante para que, llegado el momento, puedas transmitirla. Y sí, quedan muchas cuestiones por conocer, entender y comprender, pero ya vendrán. Tú solo tienes que permanecer abierto.

Cuando acabó su explicación, me hizo una señal para que recogiera mis cosas y me diera prisa, cosa que no me supuso mucho problema, ya que mis pertenencias se reducían a la pequeña mochila que me había preparado *prasong* Anisara. Nos pusimos en marcha a través de la jungla. El sol se filtraba entre la espesura creando bonitos efectos de luces en las hojas. Cuando llegamos al punto de encuentro, buscamos un refugio a la sombra de la palmera, donde sentarnos a esperar.

—Marc, relaja toda la musculatura. Empieza por el cráneo y continúa hasta la punta de los dedos de los pies —me indicó *achan* Pa—. Suaviza tu respiración hasta que sea imperceptible para ti. Ten bien abiertos los ojos, los oídos, todos tus sentidos. Penetra en la naturaleza de los árboles, de las plantas que nos rodean, en los sonidos. En esa calma percibirás que todo tú, lo que percibes y todo lo que te rodea se mueve suavemente al mismo ritmo.

Y así permanecimos los dos, meciéndonos junto al universo. La facilidad con que *achan* abría mi mente me parecía increíble.

De pronto oí el ruido de un motor a lo lejos y al rato apareció la furgoneta. Al ver a *achan* Pa, el conductor se quedó sorprendido, ya que el viejo *achan* no se había dejado ver desde su partida al bosque, por lo que enseguida se detuvo y se apresuró a bajar, y se postró ante él en señal de respeto y de reconocimiento. Tras el intercambio de saludos, nos montamos los tres en la furgoneta y nos pusimos en marcha rumbo al *wat*. Mientras nos alejábamos traqueteando, observé a *achan* Pa, que contemplaba absorto la espesa vegetación que le había dado cobijo durante su retiro solitario.

El inesperado regreso del viejo *achan* del *wat* de la tradición del bosque fue toda una sorpresa para la *sangha*, que rápidamente lo rodeó y se postró ante él. Sin embargo, él los invitó a levantarse y los abrazó uno a uno diciéndoles que él solo era uno más en la *sangha*.

Mi tío me recibió con una amplia sonrisa y me abrazó largo rato.

—Marc, no sabes cuánto me alegro de vuestro regreso. —Se separó un poco de mí y añadió—: El hecho de que el viejo *achan* regrese contigo tiene un significado muy importante: la transmisión de sus conocimientos y comprensiones a tu persona. —Su sonrisa se ensanchó—. La comunidad del *wat* tiene dos nuevos *achan*: él y tú.

—Pero, tío, yo no he solicitado ese título. Además, no sé exactamente qué enseñar.

—Marc, tú solo muestra lo que percibes, lo que entiendes y comprendes. Muestra tu experiencia.

No quise insistir. Yo no me sentía un *achan* y me imponía mucho respeto asumir ese título, pero no era yo quien lo había decidido, así que opté por no darle más vueltas al tema y aproveché que la *sangha* estaba pendiente de *achan* Pa para ir a asearme y a cambiarme de ropa, ya que llevaba dos días sin hacerlo. Después me dirigí al comedor, donde estaba reunida la *sangha*, comiendo lo que habían preparado con las ofrendas del día. Al finalizar, mi tío me pidió que explicara mis experiencias en la jungla.

Hablé del encuentro con *achan* Pa, de su cabaña, del riachuelo, de nuestras rutinas y conversaciones y de las experiencias que habíamos vivido juntos en meditación. Cuando acabé, toda la *sangha* recitó al unísono:

—*Satthu*, *satthu*, *satthu*.

Era una palabra en pali para referirse al maestro o guía, que pronunciaron tres veces en señal de reconocimiento. A partir de ese momento, todos se referían a mí como *achan* con la mayor naturalidad. Para mí, ese tratamiento implicaba una responsabilidad enorme.

De repente me vino a la cabeza Pol. Tenía que contárselo. Más bien, primero tenía que dar señales de vida, porque nos habíamos separado en Bangkok y no había tenido contacto con él desde mi llegada al *wat*. Me dirigí a la oficina del *wat* para recoger mis efectos personales, que había dejado a buen recaudo en manos de *prasong* Anisara, quien me entregó la bolsa donde había guardado mi teléfono móvil.

Llamé inmediatamente a Pol.

—¡Hey, *brother*! ¿Qué me cuentas? —me respondió entusiasmado.

—¡Pol, tío! ¿Qué tal por Bangkok? ¿Me has echado de menos?

—¡Qué va! No he tenido tiempo. Nid me ha tenido muy entretenido. Es una guía turística fantástica, ya te contaré. Esta ciudad es increíble.

—Me alegro mucho, Pol. La verdad es que Bangkok es interminable, y si vas con una persona que se la conoce al milímetro, puede ser lo más.

—¿Y tú qué, Marc? ¿Qué me cuentas? ¿Dónde paras?

—Estoy en el *wat*. Mañana a primera hora volaré hacia Bangkok.

—¿Nos volvemos a Barcelona?

—Sí. ¿Podrías cambiar los billetes para coger un vuelo mañana? Llegaré a Suvarnabhumi sobre las once y creo que el vuelo hacia Barcelona sale sobre las cuatro de la tarde.

—Perfecto, déjalo en mis manos, Marc. Tengo ganas de verte y de que me cuentes todo con detalle.

—Llámame *achan* —bromeé.

—¿Cómo?

—Nada, Pol, mañana te cuento. Abrazo fuerte, *brother*.

Salí de la oficina y me dirigí a la biblioteca en busca de mi tío. Al acercarme, lo oí conversar con *achan* Annan y con *achan* Pa.

Llamé a la puerta y, cuando pedí permiso para entrar, me lo concedieron los tres a la vez. Les mostré mis respetos con el saludo tradicional y ellos me saludaron del mismo modo.

—Tío, vengo a comunicarte que mañana por la mañana regreso a Barcelona.

—Bien, *achan*.

Me sorprendió que mi tío se dirigiera a mí de aquel modo.

—Aún me quedan muchas cosas por entender y comprender, y me gustaría quedarme más tiempo aquí, pero…

—Hay veces que tienes que hablar como si fueras Marc, pero ahora no es una de ellas —se apresuró a cortarme mi tío—. Aquí está tu aprendizaje, pues es aquí donde has encontrado las herramientas, las has entendido y comprendido. No obstante, el desarrollo debes realizarlo en el lugar al que perteneces, pues allí es donde obtendrás el verdadero desarrollo de la comprensión que todo lo abarca. Ahora y aquí debes hablar como *achan* Chit.

—Sí, sé que debe ser así, *achan*. Pero que sepas que os echaré de menos, a ti, a vuestra presencia, a la de toda la *sangha* y a este lugar. Todo ello es para mí una fuente de inspiración.

—Es normal, forma parte de la toma de refugio —me respondió *achan* Annan.

—*Achan*, no he preguntado cuál es tu nombre —dije dirigiéndome al viejo *achan*—. Para mí eres *achan* Pa, pero me gustaría saber cuál es.

—Me gusta *achan* Pa, aunque aquí me dieron el nombre de *achan* Mong-Khon. ¿Cuál te gusta a ti, *achan* Chit?

—Todos te quedan bien, pero me gusta Mong-Khon; «auspicioso» es más inspirador.

Los cuatro nos dirigimos a la sala de reuniones, donde nos esperaba la *sangha* del *wat* al completo, y nos dispusimos a recitar todos juntos el Satipatthana Sutta, como homenaje a todo lo que nos había traído hasta allí.

> *Así he oído:*
> *En una ocasión, vivía el Buddha entre los Kurus. En Kammasadamma, una ciudad de mercado de los Kurus.*
> *Allí, el bienaventurado se dirigió a los monjes:*
> *—Monjes.*
> *Y ellos le contestaron:*
> *—Venerable Señor.*
> *Y el Bienaventurado habló como sigue:*
> *—Monjes, el único camino para la purificación de los seres, para la superación de la pena y las lamentaciones, para la destrucción del dolor y la aflicción, para alcanzar el recto sendero, para la realización del Nibbana es este:* LOS CUATRO FUNDAMENTOS DE LA ATENCIÓN.
> *—¿Y estos cuatros cuáles son?*
> *He aquí…*

Terminadas las recitaciones y la práctica, me despedí de cada uno de mis hermanos en el Dharma, ya que al día siguiente era muy probable que no tuviera ocasión de hacerlo, y luego nos retiramos a descansar en nuestras pequeñas habitaciones. La mía era la que me habían asignado siempre desde mi primer día en el *wat*, cuando conocí a Chet. Tuve el tiempo justo para quitarme la ropa y quedarme profundamente dormido.

Al amanecer, la *sangha* se puso en marcha como de costumbre. Finalizadas las rutinas y la práctica de la mañana, me apresuré a despedirme de mi tío, quien me sorprendió con un cada vez más habitual y más sentido abrazo y me deseó un viaje y un regreso seguros. Correspondí al abrazo y le aseguré que volvería en un futuro no lejano. Recogí mi escaso equipaje y me dirigí a la furgoneta del *wat*, que me estaba esperando con el motor en marcha.

El encuentro con Pol en el aeropuerto de Suvarnabhumi también se tradujo en un abrazo, un abrazo mucho menos comedido, con apretones de manos y palmadas en la espalda, que incomodó a unas gentes poco dadas a las muestras de afecto.

—Marc, tío, te veo más delgado, ¿es posible?

—Puede ser. Estos días la comida no ha sido una de mis prioridades.

—Pues eso tiene arreglo. Vamos.

Teníamos tiempo de sobra, así que tramitamos la tarjeta de embarque y pasamos el control de seguridad para quedarnos más tranquilos, y nos instalamos en un restaurante del aeropuerto para picar algo y ponernos al día.

Llevábamos un rato charlando cuando sonó mi móvil.

—¿Sí? ¿Hola?

—¡Hey, chavalín!

—¿Elsa? ¡Qué sorpresa!

Elsa quería saber cuándo estaría de vuelta en Barcelona porque tenía un tema entre manos que quería comentarme y, según ella, tenía que hacerlo en persona.

—Es un tema delicado, Marc.

—Al menos dime de qué va, que me tienes intrigado.

—No te lo quería comentar por teléfono, pero, bueno, digamos que han solicitado nuestros servicios para la resolución de un conflicto, en concreto tus servicios.

—¿Los míos? —pregunté sorprendido.

—Sí, el cliente ha puesto como condición que lleves tú el caso.

—¿Y el cliente es…?

—Pues nada más ni nada menos que Naciones Unidas, y el encargo es directo.

—¡Uau! Ese sí que es un cliente importante.

Pol me miró enarcando las cejas.

—Pues sí, y es muy raro que soliciten nuestros servicios, teniendo como tienen equipos superbuenos.

—No lo entiendo. ¿Qué más sabes?

—Pues verás, el tema ha venido a través del secretario general, que es de nacionalidad tailandesa y, no sé por qué, sabe de ti y de tus trabajos como mediador en conflictos. Y diría que sabe unas cuantas cosas más.

—Estoy alucinando.

Ahora miré yo a Pol con los ojos como platos.

—Se ve que está interesadísimo en..., a ver cómo te lo explico, en un descubrimiento arqueológico. Por lo visto, en una expedición arqueológica organizada y financiada por Naciones Unidas, se han encontrado diversos objetos superantiguos, uno de ellos llamado «los sueños de Abraham». Hasta aquí todo bien. El conflicto ha surgido porque dos países se disputan la posesión de ese descubrimiento. Son países de culturas distintas y que no se tienen demasiada simpatía, y ambos afirman que ese hallazgo les pertenece y exigen que les sea entregado. Ahora no te puedo contar más. En cuanto llegues a Barcelona, pásate por la ofi y te amplío la información. ¡Ah!, y por cierto, que te quede claro que soy parte del equipo que lleva el caso, ¿oído, Marc?

—Creo que te ha oído hasta Pol.

—Pues ya sabes...

—No creo que sea un caso fácil, pero parece interesante. Bueno, Elsa, ya me contarás. Aunque...

—Aunque qué.

—Aunque me imagino quién ha dado mi nombre al secretario general... Por cierto, Elsa, esto... Ya que tienes tanto interés en que nos veamos cuanto antes, ¿qué te parece si vienes a recogernos al aeropuerto?

—Hecho, Marc. Envíame un *whatsapp* con los datos del vuelo.

—Ok, Elsa, ahora mismo te los envío. Nos vemos en un rato.

—Hasta luego, Marc. Buen vuelo.

Colgué y Pol me fulminó con la mirada.

—¿Qué eso de Naciones Unidas?

Le repetí la información que me había dado Elsa.

—¿Y nada más?

—No. Es lo único que sé. Cuando Elsa venga a recogernos, le pediré más detalles.

—Pues ya sabes la que te va caer…

—¿A qué te refieres?

—A que este tema no me lo quiero perder. Vamos, que me apunto, y no me digas que no, Marc.

Comimos tranquilamente. Yo le hablé a Pol de mi visita al *wat,* de mi inesperado encuentro con *achan* Mong Khon y de las enseñanzas y transmisiones que había recibido. Pol me relató sus aventuras por Bangkok en compañía de mi medio prima Nid.

—¿Y Marta?

—¿Qué?

—¿Ya te destrozó el corazón?

—Tío, lo siento, pero va a ser que no. Digamos que aún soy su chico simpático.

Un par de horas más tarde, estábamos instalados en el avión y a punto de despegar.

—¿Sabes qué, Marc? Por lo que me has contado, diría que para ti habrá un antes y un después de este viaje a Tailandia.

—Pues sí, Pol. Para mí ha sido increíble. No te imaginas lo que he llegado a recibir y a comprender en poco tiempo.

—O sea que has ampliado tu visión. ¿Esa sería la conclusión?

—Sí, aunque, como conclusión, yo recitaría una oración de un monje budista llamado Tenzin Gyatso, el decimocuarto Dalia Lama, que dice así:

Pueda llegar a ser en todo momento, tanto ahora como para siempre,
un protector para los que no tienen protección,
una guía para aquellos que han perdido su camino,
un barco para aquellos que tienen océanos para cruzar,
un puente para los que tienen ríos por cruzar,
un santuario para aquellos en peligro,
una lámpara para los que no tienen luz,
un lugar de refugio para aquellos que carecen de refugio,
y un sirviente para todos los necesitados.

«Señoras y señores pasajeros, en breves minutos nos dispondremos a aterrizar en el aeropuerto de El Prat de Barcelona. Rogamos…»

Desperté poco a poco. Qué bien sonaban en mis oídos esas palabras. Barcelona era mi ciudad y yo volvía a sentirme en casa.

Al fin y al cabo, las cosas son como son en el momento que son. ¿No es así, Kipal?

AGRADECIMIENTOS

Quiero mostrar mis agradecimientos a todas y cada una de las personas que se han cruzado en mi camino. A l@s maestr@s del Dharma de las diferentes escuelas y linajes, a mis amig@s y compañer@s en el viaje de la búsqueda de LA RESPUESTA. También a aquellas que, no siendo ni esto ni aquello y sin pretenderlo, me impulsaron a dar más importancia a la compresión que a la razón. A Ditas, por poner orden en lo escrito para que tú puedas comprenderme, a Mercé a Lluis y a Cuca por su incondicional apoyo, y muy especialmente, mi agradecimiento muy sentido a Rafael Santandreu, ya que es el culpable de que tú estés leyendo esta historia. También todo mi agradecimiento a la persona que me acompaña y da un sentido especial a mi presente, convirtiendo cada instante en un regalo: mi amiga y esposa Parani (Bell), y como no podía ser de otra manera, gracias a Marc, a Pol, a Elsa y al resto de los personajes que me han permitido que los utilizara para poder contar este relato.